INHALT

VORWORT

Das Lebensmittelangebot in Deutschland ist riesig und nimmt im Zuge der wachsenden Verschmelzung der Weltmärkte immer weiter zu. Selbst in den Theken der Supermärkte finden sich heutzutage internationale und exotische Spezialitäten verschiedenster Art – von Wurstwaren aus Italien über Käsespezialitäten aus Frankreich und feinsten Ölen aus Spanien bis hin zu besonderen Gewürzen aus Asien und exotischen Früchten aus aller Herren Länder. Dazu kommt das riesige Angebot einheimischer Produkte, die – wie im Fall von Obst und Gemüse – meist saisonfrisch auf die regionalen Märkte kommen. Gelegentlich erlangen auch altbekannte, zwischenzeitlich in Vergessenheit geratene Lebensmittel wieder neue Popularität, wie zum Beispiel Petersilienwurzel und Pastinake, die in den letzten Jahren eine wahre Renaissance erlebt haben. Manchmal spielt dabei auch die Einführung eines neuen Produktnamens eine Rolle. So wurde die Rauke bereits im Mittelalter in Mitteleuropa angebaut und wurde in den 1980er Jahren unter dem italienischen Namen Rucola zum neuen Modesalat.

Wer heute einkaufen geht, hat also die Qual der Wahl. Dieses Lexikon soll Sie mit allen notwendigen Informationen versorgen, um sich im Dschungel der Lebensmittelvielfalt zurechtzufinden. Bestimmt haben Sie in der Obsttheke Ihres Supermarktes schon einmal Granatäpfel gesehen – aber wissen Sie, was man damit machen kann? Haben Sie schon einmal Pimpinelle oder Zitronengras verwendet und wissen Sie, wie diese Kräuter schmecken? Wussten Sie, dass es weltweit rund 10.000 Reissorten gibt, dass die Erdnuss biologisch gesehen keine Nuss ist und haben Sie eine Ahnung, worin sich Fleur de Sel von herkömmlichem Tafelsalz unterscheidet? Welches Fleischstück nehme ich für Suppen und welches ist für Braten geeignet? Und wie sieht eigentlich eine Dorade aus? Auf all diese Fragen gibt dieses Küchenlexikon die richtige Antwort! Jedes Lebensmittel wird mit einem Farbfoto veranschaulicht, damit Sie es auf Ihrer Einkaufstour sofort wiedererkennen. Zudem liefert das Buch wertvolle Einkaufs- und Lagerungstipps sowie interessante weiterführende Informationen zu Herkunft und Verwendung der verschiedenen Lebensmittel.

Da der Erfolg Ihrer Kochkünste nicht zuletzt von der Kenntnis über die richtige Anwendung und Zubereitung der verwendeten Zutaten abhängt, ist dieses Buch ein unentbehrlicher Begleiter für alle Hobbyköche und solche, die es werden wollen. Es begleitet Sie durch das verwirrende Labyrinth des Warenangebotes und hilft Ihnen, Ihre Palette der in der Küche verwendeten Lebensmittel zu erweitern. In diesem Sinne wünschen wir Ihnen nun viel Spaß beim Stöbern, Entdecken und Nachschlagen!

SALATE

SALAT

Ob nussig, zart, frisch, rettichscharf, bitter oder leicht süßlich – Salate können viele Geschmacksrichtungen aufweisen. Man unterscheidet allgemein zwischen Pflücksalaten und kopfbildenden Sorten. Bei den Pflücksalaten lässt man in der Regel die Herzen stehen und pflückt nur die äußeren Blätter ab, die dann wieder nachwachsen, dazu zählen beispielsweise Lollo Bianco und Lollo Rosso, aber auch ungewöhnlichere Varianten wie zum Beispiel rote Teufelsohren. Die kopfbildenden Sorten – hierzu zählen zum Beispiel Batavia, Eisberg- und Kopfsalat – werden als Ganzes genommen. Viele Salatsorten – wie Romanasalat und Kopfsalat – zählen außerdem zu den Lattichgewächsen. Man erkennt sie am charakteristischen weißen Saft, der aus den Schnittstellen austritt. Ihnen wird eine beruhigende Wirkung nachgesagt.

Einkauf und Lagerung

Generell schmecken die Freilandsorten intensiver, die Blätter sind robuster, der Nährstoffgehalt höher und die Nitratmenge niedriger. Sie sind daher den Gewächshaussorten vorzuziehen. Da Salate nicht lange haltbar sind, sollten sie möglichst schnell nach dem Kauf verzehrt werden, sonst verlieren sie Geschmack, Biss und Vitamine. Bis zur Verwendung gehören sie in einen Frischhaltebeutel verpackt in den Kühlschrank.

Verwendung in der Küche

Je nach Salat eignen sich verschiedene Dressings: Als Faustregel gilt dabei: Je mehr Eigengeschmack der Salat hat, desto geschmacksintensiver kann auch das Dressing ausfallen. Bei der Konsistenz gilt ähnliches: Je feiner und zarter die Blätter sind, desto leichter sollte das Dressing zubereitet sein und umgekehrt. Feste, geschmacksintensive Sorten vertragen gut geröstete Nüsse und gebratene Speckwürfelchen, feine leichte Sorten nur eine sanfte Vinaigrette.

Generell sollten Blattsalate erst kurz vor dem Servieren mit dem jeweiligen Dressing angemacht werden, da sie sonst zusammenfallen und ihren Biss verlieren. Bei zartblättrigen Sorten passiert dies noch schneller als bei Sorten mit robusteren Blättern, wie zum Beispiel dem Eisbergsalat.

Manche Salatsorten eignen sich auch für den warmen Verzehr. Es gibt sie gedünstet, überbacken, gegrillt oder gebraten. Meist sind es die geschmacksintensiven und festblättrigen Sorten wie Chicorée oder Radicchio, die so zubereitet werden.

Batavia

Die Neuzüchtung aus Frankreich ist kopfbildend und gehört zur Gruppe der Eissalate. Sowohl was die Lagerungsfähigkeit als auch Konsistenz und Geschmack der leicht krausen Blätter angeht, liegt Batavia zwischen Kopfsalat und Eisbergsalat. Ebenso wie den Kopfsalat gibt es ihn in grün und rot, sein Kopf kann recht groß ausfallen. **Geschmack**: geschmacklich intensiver als Kopfsalat. **Verwendung**: Im Gegensatz zu vielen anderen Blattsalaten bleibt Batavia auch mit Marinade noch eine Weile knackig-frisch und fällt nicht so schnell zusammen.

Brunnenkresse

Die Brunnenkresse wächst am und im Wasser. Beim Selbstsammeln sollte darauf geachtet werden, dass das Wasser sauber ist. Die Brunnenkresse sollte immer gründlich gewaschen werden. Heute wird Brunnenkresse meist angebaut, es gibt sie fast das ganze Jahr über. **Geschmack**: leicht scharf und rettichartig. **Verwendung**: Meist werden nur die Blätter verwendet, in Asien auch die Wurzeln. Die Blätter eignen sich roh als Salatbeigabe oder aber kurz mitgegart zu vielerlei Gemüse. Auch als Suppeneinlage und als Würzkraut für Füllungen wird Brunnenkresse verwendet.

Chicorée

Nachdem die Chicoréewurzeln auf dem Feld gezogen werden, wandern sie ins Treibhaus, wo die Sprossen vollständig im Dunkeln gedeihen. Die Dunkelheit verhindert die Ausbildung des Pflanzenfarbstoffes Chlorophyll und sorgt dafür, dass die Sprossen nicht zu bitter schmecken. Im Haushalt muss Chicorée dunkel gelagert werden, da ansonsten noch Bitterstoffe ausgebildet werden können. **Geschmack**: leicht bitter, fest und wohlschmeckend. **Verwendung**: Wird meist als Rohkost mit Zitrusfrüchten zubereitet, schmeckt aber auch gedünstet und überbacken.

Eichblattsalat

Die Blätter dieses kopfbildenden Salattyps sind charakteristisch geformt und erinnern an die namensgebenden Eichenblätter. Es gibt ihn in hellgrün und rotbraun, die Konsistenz der Blätter ist mit Kopfsalat vergleichbar, jedoch leicht fester. Der Salat sollte nicht länger als 1 Tag aufbewahrt werden. **Geschmack**: nussig-kräftig. **Verwendung**: ideal in Salatmischungen, auch als Dekoration.

Eichblattsalat Lattughino

Die Neuzüchtung mit den auffallenden lang zulaufenden Blättern gibt es in grün und rot. Die relativ starke Mittelrippe verleiht dem Salat Biss. Der Salat ist etwas robuster als der normale Eichblattsalat. **Geschmack**: nussig-kräftig. **Verwendung**: ideal in Salatmischungen, auch zur Dekoration geeignet.

Eisbergsalat

Auch Eissalat. Die robuste Blattsalatsorte ist mehrere Tage lang im Kühlschrank haltbar und ganzjährig erhältlich. Freilandzüchtungen haben dunklere, lose Umblätter, Treibhauszüchtungen sind durchweg hellgrün und kompakt. **Geschmack**: knackig, fleischig, mit Biss. **Verwendung**: Hauptsächlich im Salat, die Blätter bleiben auch mit Dressing knackig.

Feldsalat

In der Schweiz heißt er Nüsslisalat, in Österreich Vogerlsalat und in Deutschland auch Ackersalat oder Rapunzel. Wird in der kalten Jahreszeit in Handarbeit geerntet. **Geschmack**: nussig-fein, die Blättchen sind recht fest und robust. **Verwendung**: Damit aller Schmutz entfernt wird, sollten die Wurzeln entfernt und der Salat mehrmals gewaschen werden. Verträgt intensive Dressings, lässt sich auch dünsten.

Forellenschluss

Die alte, sehr dekorative österreichische Herbstsalatsorte hat feste Blätter. Die rotbraune Sprenkelung ist namensgebend, sie erinnert an Forellen. Erst bilden die Pflanzen offene Blätter aus, später Köpfe. **Geschmack**: ganz leicht bitter, fest und knackig. **Verwendung**: ideal in Blattsalatmischungen, aber auch mit Kürbiskernöl angemacht zu Kartoffelsalat.

Frisée

Der kopfbildende Salat wird auch krause Endivie genannt, er ist nicht so lange haltbar wie die glatte Endivie. In der Mitte des Kopfes sind die Blätter charakteristisch gelb-grün, außen mittel- bis dunkelgrün. Es gibt auch Wintersorten, die durchgängig dunkelgrüne Blätter haben. **Geschmack**: leicht bitter, fester Biss. **Verwendung**: optisch und geschmacklich ideal in Blattsalatmischungen.

Glatte Endivie

Botanisch zu den Zichoriengewächsen gehörig, weist auch dieser kopfbildende Salat leichte Bitterstoffe auf. Die großen Salatköpfe wachsen im Spätsommer und Herbst. Sie sind gut haltbar. Glatte Endivie wird auch Winterendivie oder Escariol genannt. **Geschmack**: leicht bitter mit festen, robusten Blättern, die auch mit Dressing nicht sofort zusammenfallen. **Verwendung**: als Blattsalat ideal.

Kopfsalat

Er gehört zur Familie der Lattichgewächse, erkennbar am milchig-weißen Saft, der eine beruhigende Wirkung haben soll. Der Kopf ist fest, die Außenblätter sind kräftig und dunkelgrün, die inneren gelbgrün und zart. Es gibt auch rote Sorten. **Geschmack**: frisch, leicht, Innenblätter leicht süßlich. **Verwendung**: selten in Mischungen, meist als reiner Blattsalat mit leichtem Dressing.

Löwenzahn

Hartnäckiges, fast weltweit verbreitetes „Unkraut". Insbesondere die jungen, im März und April geernteten Blätter sind eine köstliche Salatzutat. **Geschmack**: bitter und sehr aromatisch. **Verwendung**: Löwenzahn kann wie Spinat zubereitet, aber auch in Gemüseeintöpfen und -suppen verwendet werden. Ihm wird eine heilende, entgiftende Wirkung zugeschrieben.

Lollo Bianco

Wie auch der Lollo Rosso ist der Lollo Bianco ein Pflücksalat. Die Blätter sind bei beiden Sorten stark gekraust. Geschmacklich unterscheiden sich die Sorten nicht voneinander. Da sich in den Blättern gerne Sand absetzt, muss der Salat gründlich gewaschen werden. **Geschmack**: zart, leicht nussig. **Verwendung**: Das Dressing sollte erst kurz vor dem Verzehr über den Salat gegeben werden.

Lollo Rosso

Bei einem Pflücksalat wie dem Lollo Rosso können die äußeren Blätter gepflückt und das Herz stehen gelassen werden, sodass die Blätter immer wieder nachwachsen. In den Blättern setzt sich gerne Sand ab, daher muss der Salat gründlich gewaschen werden. **Geschmack**: zart, leicht nussig. **Verwendung**: Das Dressing sollte erst kurz vor dem Verzehr über den Salat gegeben werden.

Novita

Die Neuzüchtung aus den Niederlanden gibt es erst seit 1985. Die mittelgroße, kopfbildende Sorte ist mit leicht krausen Blättern stark gefüllt, aber lose, die hellgrünen Blätter sind zart, aber knackig, jedoch nicht lange haltbar. **Geschmack**: frisch, ähnlich wie Kopfsalat, aber knackiger. **Verwendung**: Die Blätter sollten erst kurz vor dem Verzehr mit einem leichten Dressing überzogen werden.

Radicchio

Im Bild ist der sehr kompakte runde „Radicchio di Chioggia". Als „Radicchio di Treviso" hat der Salat lockere, lange Blätter. Es gibt auch Züchtungen mit gelbgrünen Blättern. Hauptanbaugebiet ist Norditalien. **Geschmack**: Der rote Radicchio ist angenehm bitter, die Blätter sind fest und knackig. **Verwendung**: rot im Risotto, gegrillt, gebraten oder in Blattsalaten; grün nur roh.

Romanasalat

Eine sehr große, bis zu 40 cm hoch wachsende Salatsorte, die auch unter dem Namen *Sommerendivie* bekannt ist. Die Köpfe sind entweder rund oder oval. Im Handel gibt es häufig auch nur die hellgrünen Herzen zu kaufen. Der Salat hält gekühlt bis zu 3 Tage. **Geschmack**: kräftiger, knackiger Biss. **Verwendung**: meist roh, fällt mit Dressing nicht sofort zusammen, manchmal auch gedünstet.

Rote Teufelsohren

Locker kopfbildende alte Lattichsalatsorte aus Frankreich mit roten bis rotgrünen, spitz zulaufenden, bisweilen auch gezahnten Blättern. Der Salat kann sehr groß werden. Geerntet werden immer nur die äußeren Blätter, das Herz bleibt stehen. **Geschmack**: herzhaft, leicht herb. **Verwendung**: optisch und geschmacklich ideal in bunten Blattsalatmischungen.

Rucola

Wird auch Rauke genannt. Im Handel ganzjährig erhältlich. Frei wachsende Sorten haben etwas dickere und noch geschmacksintensivere Blätter. Der Salat enthält viel Jod und Folsäure, bei falscher Zucht leider auch viel Nitrat. **Geschmack**: rettichartig scharf, herb, nussig. **Verwendung**: als Salat (mit geschmacksintensiven Dressings), als Garnitur, Pesto, auf der Pizza und als Würzkraut.

GEMÜSE

Gemüse	Jan.	Feb.	März	April	Mai	Juni	Juli	Aug.	Sep.	Okt.	Nov.	Dez.
Artischocken					●	●			○	●	●	●
Auberginen	○	○	○	○	●	●	●	●	●	○	○	○
Blumenkohl	○	○	○	○	○	●	●	●	●	●	○	○
Bohnen, grüne					○	●	●	●	●	○		
Brokkoli					○	○	●	●	●	●	○	○
Chinakohl	●	●	●	○	○	●	●	●	●	●	●	●
Erbsen					○	●	●	●	○			
Fenchel	○	○	○	○				●	●	●	●	○
Frühlingszwiebeln	○	○	○	○	○	●	●	●	●	●	○	○
Grünkohl	●	●	○	○						○	●	●
Gurken				○	○	●	●	●	●	●	○	
Karotten	○	○	○	○	○	●	●	●	●	●	●	●
Kohlrabi	○	○	○	○	○	●	●	●	●	●	○	○
Kürbis	○						○	●	●	●	○	
Lauch	●	●	○	○	○	○	○	●	●	●	●	○
Mais							○	●	●	●		
Mangold					○	●	●	●	●	○		
Paprikaschoten	○	○	○	○	○	●	●	●	●	●	○	○
Pastinaken	●	●	●	●	●						●	●
Petersilienwurzeln	○	○					○	○	○	●	●	●
Radieschen	○	○	○	○	●	●	●	●	●	○	○	○
Rettich	○	○	○	○	●	●	●	●	●	○	○	○
Romanesco					○	●	●	●	●	○		
Rosenkohl	●	●	○						●	●	●	●
Rote Bete	●	●	○	○	○	○	○	○	●	●	●	●
Rotkohl	○	○	○	○	○	○	●	●	●	●	●	○
Schwarzwurzeln	○	○	○							○	●	●
Sellerie (Knolle)	●	●	●	○	○	○	○	○	●	●	●	●
Sellerie (Staude)	○	○	○	○	○	○	●	●	●	●	○	○
Spargel			○	●	●	●						
Spinat	○	○ ○	●	●	●	○	○	○	●	●	○	○
Spitzkohl				○	○	○	●	●	●	○		
Tomaten	○	○	○	○	○	○	●	●	●	●	○	○
Weißkohl	○	○	○	●	○	○	○	○	●	●	●	○
Wirsing	○	○	○	○	●	●	●	●	●	●	●	○
Zucchini	○	○	○	○	○	●	●	●	●	●	○	○
Zuckerschoten						○	●	●	●	●		

Salate	Jan.	Feb.	März	April	Mai	Juni	Juli	Aug.	Sep.	Okt.	Nov.	Dez.
Chicorée	●	●	●	●					○	○	●	●
Eichblattsalat	●	●	●	●	○					●	●	●
Eisbergsalat	○	○	○	○	○	●	●	●	●	○	○	○
Endiviensalat						○	○	○	○	●	●	●
Feldsalat	●	●	●	●	○	○	○	○	○	●	●	●
Friséesalat						○	○	○	○	○	●	●
Kopfsalat	●	●	●	●	●	●	●	●	●	●	●	●
Lollo Rosso/Bionda				●	●	●	●	●	●	○		
Löwenzahn			●	●	○							
Radicchio	●	●	●	●	●					●	●	●
Rucola				○	●	●	●	●	●	○		
Römischer Salat								○	●	●	●	○
Sauerampfer			●	●	●	○						

Heimisches Obst	Jan.	Feb.	März	April	Mai	Juni	Juli	Aug.	Sep.	Okt.	Nov.	Dez.
Äpfel						○	○	●	●	●	●	
Aprikosen						○	●	●				
Birnen							○	●	●	●	●	
Brombeeren							○	●	●	○		
Erdbeeren					●	●	●	○	○			
Heidelbeeren						○	●	●	●			
Himbeeren					○	●	●	●	●			
Holunderbeeren									●	●		
Johannisbeeren						○	●	●	○			
Kirschen						●	●	●				
Mirabellen							○	●	●			
Nektarinen						●	●	●	○			
Nüsse							○	○	●	●	●	○
Pfirsiche							●	●	●			
Pflaumen							●	●	●			
Preiselbeeren								●	●	●		
Quitten									○	●	●	○
Renekloden							●	●	●			
Rhabarber				●	●	●	○					
Stachelbeeren						●	●	●	○			
Weintrauben								○	●	●		
Zwetschgen							●	●	●			

● = Haupterntezeit ○ = Vor- bzw. Nachsaison

BLATT- UND KOHLGEMÜSE

Während Blattgemüse eher ein Sammelbegriff für Pflanzen ist, bei denen hauptsächlich die Blätter verzehrt werden, ist der Begriff Kohlgemüse klarer definiert. Unter den Kohlgemüsen finden sich alle Pflanzen der zur Familie der Kreuzblütler gehörenden Kohlarten. Grundsätzlich unterscheidet man zwischen Blätterkohl und Kopfkohl. Der hohe Gehalt an Senfölen, der für alle Kohlarten typisch ist, ist für den mitunter etwas strengen Geruch und den so typischen Geschmack verantwortlich.

Da viele Sorten winterhart sind, gelten Kohlgewächse zwar als typische Herbst- und Wintergemüsesorten, manche Kohlsorten gibt es allerdings bereits im Frühjahr und Sommer.

Ernährungsphysiologischer Nutzen

Ein hoher Gehalt an Vitamin C, K und Folsäure, viele sekundäre Pflanzenstoffe und Mineralien wie Phosphor und Kalzium machen Kohlpflanzen besonders gesund. Das besondere Plus des Kohls ist, dass bei ihm nicht wie bei anderen Pflanzen durch das Kochen Vitamin C zerstört wird, sondern zusätzliches Vitamin C aus einer im Kohl enthaltenen Vorstufe entsteht.

Doch trotz der vielen gesundheitlichen und geschmacklichen Vorzüge: Ihren Ruf als typisches Arme-Leute-Essen konnten die Pflanzen erst in den letzten Jahren loswerden. In Deutschland, wo Kohl fast 60 % der gesamten Gemüseernte ausmacht, ist er besonders beliebt, was den Deutschen im englischsprachigen Ausland auch die Bezeichnung „Krauts" einbrachte.

Um die unerwünschten, blähenden Wirkungen des Kohls zu lindern, hilft es, ein wenig Kümmel oder Fenchelsamen mitzukochen oder nach dem Essen ein Tässchen Pfefferminz- oder Fencheltee zu trinken. Diese Zutaten wirken verdauungsfördernd und gleichzeitig entkrampfend.

Blumenkohl

In den Handel kommen die Knospen der Pflanze, die weiß bleiben, weil sie durch die äußeren großen grünen Hüllblätter vor Licht geschützt sind. In Österreich ist die leicht verdauliche Pflanze unter der Bezeichnung Karfiol bekannt. Regional heißt er auch Käsekohl oder Blütenkohl. **Geschmack**: mild, leicht nussig. **Verwendung**: Er kann sowohl roh als auch gekocht verzehrt werden. Roh als Salat oder Rohkost, ansonsten gekocht, gedünstet, frittiert oder überbacken. Gern wird er auch als pürierte Zutat in Suppen und Saucen verwendet.

Brokkoli

Nicht nur die Röschen dieser besonders zarten Kohlsorte sind für den Verzehr geeignet, sondern auch die Blätter und die geschmacksintensiven Stiele, die allerdings geschält werden müssen. Brokkoli ist verwandt mit dem Blumenkohl, aber feiner und zugleich würziger im Geschmack. Es gibt auch violette Sorten. **Geschmack**: würzig, nussig, sehr zart. **Verwendung**: roh als Rohkost oder im Salat; gekocht als Gemüse. Aufgrund seiner wertvollen Inhaltsstoffe sollte er nicht zu lange gekocht werden, damit diese erhalten bleiben.

Chinesischer Brokkoli

Er hat seinen europäischen Namen aufgrund seines Geschmacks, der an Brokkoli und Blumenkohl erinnert. Allerdings ist er ein reiner Blattkohl, d. h. ihm fehlen die charakteristischen Röschen. Die Pflanze ist stark verzweigt und wird bis zu 1 m hoch. Hauptexportland ist Thailand. Nach dem Einkauf sollte das Gemüse nicht länger als 2 Tage im Kühlschrank gelagert werden. **Geschmack**: erinnert an Brokkoli. **Verwendung**: Die saftigen Blätter und fleischigen Stängel werden gedünstet oder gekocht verzehrt. Dicke Stängel müssen vorgegart werden.

Chinakohl

Die Kreuzung aus chinesischem Senfkohl bzw. Pak-Choi und Speiserübe wird auch Japankohl genannt. Im Gegensatz zu den meisten anderen Kohlsorten ist er leicht verdaulich und hat sehr zarte Blätter. Seine Form ist oval bis spitz-oval oder länglich, die Farbe weiß-gelb, nur die äußeren Blätter sind hellgrün. **Geschmack**: sehr mild, leicht süßlich. **Verwendung**: Roh kann er als Salat gegessen werden, als Gemüse sollte die Gardauer kurz sein, sodass er noch bissfest ist. Entweder kurz blanchiert, gebraten oder gedünstet.

Grünkohl

Nach dem Kochen hat er meist eine bräunliche Färbung, daher wird er auch Braunkohl genannt. In der Schweiz heißt er Feder-, regional auch Kraus- oder Winterkohl. Die Blätter sind in rohem Zustand dunkelgrün und kraus, am besten schmeckt er nach dem ersten Frost. Er kann den ganzen Winter hindurch geerntet werden und hat einen hohen Gehalt an Vitamin C. **Geschmack**: mild-würzig. **Verwendung**: Er verträgt kräftige Zutaten wie Speck oder Schinken, kann aber auch einfach nur blanchiert werden. Kann auch roh in Smoothies püriert werden.

Mangold

Die Blätter werden bis zu 30 cm lang und ähneln dem Spinat. Die weißen, starken Blattrippen benötigen eine längere Garzeit als die restlichen Blattbestandteile und müssen daher herausgeschnitten und vorgegart werden. Die Blätter können glatt sein oder leicht gewellt, bisweilen sind die Blattrippen rot. **Geschmack**: erdig, leicht süßlich, Mangold mit roten Blattrippen schmeckt intensiver. **Verwendung**: wie Spinat, gedünstet, bei sehr starken Blattrippen können diese separat wie Spargel verzehrt werden.

Pak-Choi

Das Blattstielgemüse heißt auch chinesischer Senfkohl. Die Blätter sind locker und dunkelgrün, die Blattadern weiß. Pak-Choi erinnert optisch an Miniaturmangold. **Geschmack**: kaum Kohlgeschmack, saftig, aromatisch, leicht bitter. Verwendung: blanchiert als Salat, kurz gebraten oder gedünstet als Gemüse. **Verwendung**: in asiatischen Gerichten oder aber wie Mangold oder Spinat. Die Blätter sind recht hitzeempfindlich; sie sollten auf keinen Fall zu lange gegart werden, sonst zerfallen sie, und die wertvollen Inhaltsstoffe gehen verloren.

Portulak

Die weltweit verbreitete Pflanze ist sowohl als Gemüse als auch als Würzkraut zu verwenden. Portulak gilt wegen seines hohen Vitamin-C-Gehalts, der vielen Mineralstoffe und seiner ungesättigten Fettsäuren als sehr gesund. Die zarten Blätter sind fleischig und bissfest. Sommerportulak lässt sich gut im Garten ziehen. **Geschmack**: leicht nussig, säuerlich-salzig, erfrischend. **Verwendung**: roh als Salatzutat in Mischsalaten, gedünstet als Gemüse, als Würzkraut in Suppen, Saucen, Dips, Eiergerichten und Quarkzubereitungen.

Romanesco

Blumenkohlvariante in grün oder violett. Der Blütenstand hat sich nicht vollständig lichtgeschützt entwickelt, sodass es zur Färbung kommen konnte. Durch die Lichtzufuhr ist der Vitamin-C-Gehalt höher als beim Blumenkohl. Die türmchenartige Struktur macht ihn attraktiv. **Geschmack**: etwas intensiver als Blumenkohl, nussig, zart. **Verwendung**: wie Blumenkohl roh oder gekocht.

Rosenkohl

Die „Rosen" sind Miniatur-Kohlköpfe, die am Ansatz der Stängelblätter wachsen. Die winterharten Pflanzen gelten als sehr gesund. **Geschmack**: nussig mit Kohlaromen, zart und leicht süßlich. **Verwendung**: gedünstet oder gekocht, mit Béchamelsauce oder mit Käse überbacken, auch herzhaft mit Speck als Beilage oder ganz zart in die einzelnen, nur kurz blanchierten Blätter zerteilt.

Rotkohl

In Bayern auch Blaukraut. Je nach ph-Wert des Bodens ist er roh bläulich, violett oder rötlich. Je mehr Essig beim Kochen zugegeben wird, desto röter wird das Kraut. Er bildet festere Köpfe als Weißkohl. **Geschmack**: leicht süßlich. **Verwendung**: gehobelt als Rohkost oder im Salat, geschmort zu deftigen Enten- und Bratengerichten, ganze Blätter als Hülle für Rouladen.

Senfkohl

Wird auch Amsoi, Blattsenf oder japanischer Senfkohl genannt. Von dieser Kohlsorte gibt es ganz unterschiedliche Formen. Wie auf dem Bild blättrige, aber auch kopfbildende und sogar rote Sorten. Kultiviert wird die Pflanze meist in Südostasien. **Geschmack**: würzig, leicht bitter. **Verwendung**: geeignet zum Kochen oder kurz zum Dünsten, aber auch zum Pfannenrühren.

Spinat

Geschmack: würzig bis zart. **Verwendung**: Winterspinat hat dunkelgrüne, stark gewellte, sehr feste Blätter. Er eignet sich für Füllungen, als Basis für Cremesuppen, aber auch als Beilage. Sommerspinat ist zarter und wird meist als Blattspinat zubereitet. Frühlingsspinat ist der zarteste. Die ganz jungen und zarten Blätter werden als Salat verzehrt, aber auch als Blattspinatzubereitung.

Spitzkohl

Eine frühe Weißkohlsorte mit spitz zulaufender Form. Die Blätter können fest geschlossen bis locker sein. Als früheste Kohlsorte ist der Spitzkohl bereits im Frühjahr erhältlich. Im Sommer heißt er im Handel auch Sommerkohl. **Geschmack**: mild, feiner als Weißkohl. **Verwendung**: roh als Salat, aber auch gedünstet oder in Eintöpfen. Die Garzeit ist kürzer als beim Weißkohl.

Stielmus

Auch Rübstiel. Es handelt sich dabei um die stark gefiederten Blätter von Rüben- und Kohlpflanzen. Da die Blätter schnell welken, sollten sie bald nach dem Kauf zubereitet werden. **Geschmack**: durch die enthaltenen Senföle leicht scharf mit Kohlnuancen, sehr aromatisch. **Verwendung**: gedünstet zu Fleisch, als Würzkraut zu Kartoffelpüree, in Eintopfgerichten oder roh als Salat.

Weißkohl

Regional auch Weißkraut genannt. Die Pflanze ist die wichtigste kopfbildende Kohlart. Die Kopfform ist meist rund, kann aber auch spitz zulaufen. **Geschmack**: Frühe Sorten sind milder im Geschmack, späte kräftiger. **Verwendung**: fein geraspelt und roh als Rohkost oder im Salat, milchvergoren als Sauerkraut, gedünstet oder als Zutat für Eintöpfe. Ganze Blätter als Rouladenhüllen.

Wirsing

Dunkelgrüner Kohl mit hellgrünem Herz und mit mehr oder weniger krausen Blättern. Es gibt ihn ab Mai als Frühwirsing, später als frostharten Herbst- und Winterwirsing. Sehr zart, mit einem hohen Gehalt an Vitamin C und A. **Geschmack**: fein-würzig, nussig. **Verwendung**: Frühwirsing roh als Salat oder Rohkost, ansonsten meist in Eintöpfen und Aufläufen oder blanchiert als Gemüsebeilage.

KNOLLEN- UND WURZELGEMÜSE

Der Begriff Wurzelgemüse ist ein handelsüblicher, aber nicht fest definierter Sammelbegriff für alle Gemüsearten, deren essbarer Teil an einer Wurzel ausgebildet ist. Zu Wurzelgemüse werden zum Beispiel Kartoffeln, Möhren, Knollensellerie, Pastinaken und Schwarzwurzeln ebenso gezählt wie Rote Bete oder Radieschen. Oft wird Wurzelgemüse auch als Synonym für Suppengemüse verwendet.

Knollengemüse ist ebenfalls ein Sammelbegriff, der nichts über die botanische Verwandtschaft der Pflanzen aussagt. Streng genommen ist die verzehrfähige Knolle keine verdickte Wurzel, wie meist angenommen wird, sondern ein Rhizom, also ein unterirdischer Spross, der als Speicherorgan der Pflanzen dient.

Ernährungsphysiologischer Nutzen

Aus unserer Ernährung ist Knollen- und Wurzelgemüse nicht wegzudenken, es ist zudem aus ernährungsphysiologischer Sicht ein wichtiger Lieferant von Magnesium, Kalzium, Kalium und Natrium und besonders in der Winterzeit Lieferant für Vitamine. In der Regel ist Wurzelgemüse sehr aromatisch und durch seine feste Konsistenz vielseitig in der Küche verwendbar.

Fast vergessen – jetzt wiederentdeckt

Ob gekocht, gebraten, eingelegt oder zum Teil auch roh – Wurzelgemüse ist Bestandteil vieler Küchenklassiker. Gerade in den letzten Jahren wurden viele alte Sorten aus dem Bereich Knollen- und Wurzelgemüse in der gehobenen Küche wiederentdeckt. So war beispielsweise Topinambur ebenso wie Petersilienwurzel, Pastinake und Schwarzwurzel lange in Vergessenheit geraten und erfreut sich inzwischen wieder großer Beliebtheit. Das bekannteste Wurzel- und Knollengemüse ist und bleibt jedoch die Kartoffel, gefolgt von der Möhre.

Daikon

Auch chinesischer Rettich, japanischer oder asiatischer Rettich. Er ist lang und schlank und hat ein Gewicht von rund 2 kg. In Ostasien zählt er zu den wichtigsten Gemüsesorten. **Geschmack**: Im Vergleich zu europäischen Rettichsorten milder im Geschmack. **Verwendung**: eingelegt, gerieben als Einlage in Suppen oder in Saucen, gekocht und püriert, roh als Salat oder gerieben und getrocknet.

Gemüsefenchel

Auch Knollenfenchel. Hauptanbaugebiet ist der Mittelmeerraum. Je nach Sorte unterschiedlich geformt, von rund und gedrungen bis schmal und lang. Das zarte Fenchelgrün sollte nie weggeworfen werden – es eignet sich später, um das Gericht zu aromatisieren, aber auch zur Dekoration. Zudem ist das Grün ein Indikator für Frische. **Geschmack**: würzig, süßlich, anisartig. **Verwendung**: dünn geraspelt als Rohkost oder im Salat, ansonsten geschmort, gedünstet oder überbacken, meist zu Fisch, aber auch zu hellem Fleisch und Geflügel.

Herbstrübe

Auch weiße Rübe, Kraut- und Ackerrübe, verwandt mit der Mairübe. Erntezeit von Oktober bis November. Es gibt sie kugelig oder länglich. Kommen Teile von ihr mit Licht in Berührung, verfärben diese sich violett. Im Mittelalter galt sie als Grundnahrungsmittel, später wurde sie fast vollständig von der Kartoffel verdrängt. In den letzten Jahren auch von der feinen Küche wiederentdeckt. **Geschmack**: kräftig-würzig, leicht herb. **Verwendung**: in Eintöpfen und Schmorgerichten, aber auch geraspelt als Rohkost oder im Salat.

Knollensellerie

Auch Sellerie oder Wurzelsellerie. Die Knollen wiegen zwischen 500 und 1000 g und sollten sich beim Kauf fest anfühlen. Vor der Verarbeitung muss Knollensellerie geschält werden, das darunterliegende weiße Fleisch oxidiert schnell und sollte daher rasch weiterverarbeitet oder mit Zitronensaft beträufelt werden. Knollensellerie enthält wertvolle ätherische Öle und gilt als sehr gesund. **Geschmack**: würzig, frisch. **Verwendung**: als Suppen- und Röstgemüse, roh im Waldorfsalat, gekocht und püriert als Püree oder Suppe.

Kohlrabi

Kohlsorte mit grün-weißer bis rot-blauer, oberirdisch verdickter Knolle, ganzjährig im Handel erhältlich. Die Herbstsorten sind lagerfähig, die Frühlingssorten besonders delikat. Kleine Exemplare kaufen, größere können holzig sein. Auch die Blätter sind für den Verzehr geeignet. Kohlrabi ist reich an Mineralien und Vitaminen. **Geschmack**: kohlartig, süßlich-würzig. **Verwendung**: Die Knolle schmeckt roh als Rohkost und gekocht als Gemüse. Die Blätter werden roh im Salat, als Suppeneinlage oder zum Knollengemüse gegessen und gekocht wie Spinat verwendet.

Kohlrübe

Auch Steckrübe. Bis zu 2 kg schwere Knollen mit dicker Schale und gelblichem bis weißem Fruchtfleisch. In Europa von September bis Mai im Handel. Waren sie früher hauptsächlich Viehfutter, sind sie mittlerweile sogar in der gehobenen Küche angekommen. Beim Einkauf sollten möglichst kleine Exemplare gewählt werden, große können holzig sein. Sie halten sich im Kühlschrank bis zu 2 Wochen frisch und sollten nicht zu lange gekocht werden. **Geschmack**: herb-süß. **Verwendung**: gekocht oder gebraten als Gemüsebeilage, Püree oder in der Suppe.

Möhre

Auch Karotte, Mohrrübe, gelbe bzw. rote Rübe. Mit rund 300 Arten eine der weltweit wichtigsten Gemüsesorten. Meist ist die gelbe Möhre im Handel, die rote ist etwas seltener zu finden. Es gibt auch weiße und violett gefärbte Möhren. Geschmacklich unterscheiden sich diese von den gelben Sorten kaum. Ernährungsphysiologisch sind Möhren besonders wichtig aufgrund ihres Karotingehalts. **Geschmack**: fein süßlich. **Verwendung**: roh, gekocht, eingelegt und gebraten; als Salat, Gemüse, Suppe, für Pürees, auch als Saft.

Pastinake

Bis zum 18. Jahrhundert in vielen Ländern Grundnahrungsmittel, wurden die Pastinaken dann von ihren Verwandten, den Möhren, und den Kartoffeln fast vollständig verdrängt. Zuerst von der Vollwertküche wiederentdeckt, sind Pastinaken mittlerweile auch in der gehobenen Küche angekommen. Sie schmecken am besten nach dem ersten Frost. Kleine Exemplare kaufen, große können holzig sein. **Geschmack**: ähnlich wie Möhren, aber würziger und nicht so süßlich. **Verwendung**: roh, gekocht, eingelegt und gebraten; als Salat, Gemüse, Suppe, für Pürees.

Radieschen

Gehören zur Familie der Rettiche und enthalten wie diese Senföle, die für die Schärfe verantwortlich sind. Es gibt rote, weiße und rot-weiße Sorten. Letztere sind von der Form her etwas länglicher. Auch die sogenannten Eiszapfen zählen zu den Radieschen; sie sind weiß und länglich. Freilandradieschen sind schärfer als Gewächshausware. Sie halten sich im Kühlschrank mehrere Tage frisch, allerdings sollte dann das Grün entfernt werden. **Geschmack**: scharf, frisch. **Verwendung**: roh als Brotbelag und im Salat. Die Blätter können wie Spinat verwendet werden.

Rettich

Auch Radi. Am bekanntesten ist der kurze, gedrungene weiße Rettich, es gibt ihn aber auch in rot, schwarz und weiß-länglich. Letztere Sorte schmeckt etwas milder. Der schwarze Rettich hat eine Knollenform und eignet sich zum Lagern. Allerdings ist die Schale fest und muss vor dem Verzehr entfernt werden. Bei allen Rettichsorten sorgen Senföle für die Schärfe. Rettich ist gesund und appetitanregend. **Geschmack**: scharf, frisch. **Verwendung**: meist roh als Rohkost, im Salat oder auf dem Brot.

Rote Bete

Auch Rote Rübe, Rahnde oder Rahne. Häufig vorgekocht und vakuumverpackt im Handel. Frische Exemplare sind stark färbend und sollten immer mit Küchenhandschuhen verarbeitet werden. Das bekannteste Gericht mit Rote Bete ist wohl der Borschtsch. Rote Bete gilt durch ihren hohen Vitamin B-, Eisen-, Kalzium- und Folsäuregehalt als gesund, sollte aber nur einmal und nicht zu stark erhitzt werden, da sie Nitrat einlagert. **Geschmack**: süß-säuerlich, würzig. **Verwendung**: in der Schale gekocht, im Ofen gebacken, roh als Rohkost, als Saft und dosiert als Färbemittel.

Schwarzwurzel

Auch Winterspargel. Sie hat ein delikates, zartes Aroma und ist ein klassisches Wintergemüse. Es gibt sie von November bis März, mit brauner oder schwarzer Schale. Die Schwarzwurzeln sollten beim Kauf schön fest sein. Da sie stark färbend sind und nach dem Schälen sofort oxidieren, sollten sie mit Küchenhandschuhen unter fließendem Wasser geschält und anschließend sofort in Zitronenwasser gelegt werden. **Geschmack**: delikat, zart-nussig, cremig. **Verwendung**: gekocht und gebraten als Gemüse, für Suppen und Salat.

Teltower Rübchen

Auch Märkische Rübe und Rübchen genannt. Kleine Zwergform der weißen Rübe mit einer Länge von ca. 5 cm. Seit dem 18. Jahrhundert als regionale Spezialität in der Region um Teltow angebaut. Während der DDR-Zeit fast in Vergessenheit geraten, erleben die Teltower Rübchen wie viele andere Wurzelgemüse in den letzten Jahren ein Comeback. Die Erntezeit ist im Oktober und November. **Geschmack**: mild-süßlich, leicht rettichscharf. **Verwendung**: roh als Salat, gekocht als Gemüsebeilage, im Gratin oder in Suppen.

Wurzelpetersilie

Auch Knollenpetersilie oder Petersilienwurzel. Eine Variante der Blattpetersilie mit verdickter, spitz zulaufender Wurzel, die wie viele andere Sorten von Knollen- und Wurzelgemüse wiederentdeckt wurde. Die frostharte Wurzel ist ein typisches Wintergemüse, die Erntezeit beginnt im Oktober. Beim Einkauf sollte sie sich fest anfühlen. Sie enthält viel Eiweiß, Eisen und Kalium, Kalzium und Vitamin B. **Geschmack**: delikat mild, süßlich. **Verwendung**: roh geraspelt im Salat; meist jedoch gekocht und gebraten, als Gemüsebeilage, Suppe, Püree, auch als Suppengemüse.

Yam-Wurzel

Auch Brotwurzel, Yams und Yams-Wurzel. Stärkereiche Knollen, die in Südamerika, Afrika und der Karibik verbreitet, in Europa jedoch seltener zu finden sind. Sie können bis zu 60 kg schwer und 2 m lang werden, es gibt aber auch Sorten mit kleineren Knollen. Roh sind sie giftig. Sie werden sowohl als Nahrungs- als auch als Futterpflanze genutzt. **Geschmack**: süßlich, ähnlich wie Esskastanien, Kartoffeln und Süßkartoffeln. **Verwendung**: gekocht, frittiert und gebacken wie Kartoffeln, in Anbauländern auch als Chips, Flocken, Mehl oder Stärke im Handel.

DIE KARTOFFEL

Bereits vor 2000 Jahren wurde die Kartoffel in Südamerika angebaut, doch erst die Spanier brachten sie im 16. Jhd. nach Europa. Erst wurde sie ausschließlich als Ziergewächs angesehen, wegen ihrer attraktiven Blüten. Es sollte eine Weile dauern, bis die Kartoffel zum Grundnahrungsmittel wurde. Heute gibt es rund 5000 Sorten, und das Nachtschattengewächs ist in weiten Teilen der Welt ein wichtiges Nahrungsmittel. Bis es so weit war, gab es eine Reihe von Missverständnissen – und nicht wenige Leute wurden durch den Verzehr des gekochten oberirdischen und hochgiftigen Krauts vergiftet. Lange Zeit war die Knolle zudem als Arme-Leute-Essen verpönt.

Botanisch gesehen ist die Kartoffel ein Nachtschattengewächs und nicht verwandt mit Topinambur oder der Süßkartoffel.

Reifezeit und Kocheigenschaften

Man unterscheidet Kartoffeln durch ihre Reifezeit und ihre Kocheigenschaften.

Bei der Reifezeit unterscheidet man frühreife (Ernte: Juni - Juli), mittelfrühreife (Ernte: Juli – August) und spätreife Kartoffelsorten (Ernte: September – Oktober). Frühe Sorten enthalten in ihren Knollen weniger Stärke als späte.

Die jeweiligen Kocheigenschaften der Kartoffeln bestimmen ihren Verwendungszweck. In der EU werden Kartoffeln nach 4 Kocheigenschaften unterteilt, die mit den Buchstaben A–D gekennzeichnet werden. Festkochende Sorten (zum Beispiel Annabell, Cilena, Nicola) werden mit A oder A–B gekennzeichnet, sie eignen sich für Bratkartoffeln, im Salat oder Gratin; vorwiegend festkochende Sorten (zum Beispiel Christa, Désirée, Gala, Satina) sind mit B–A und B gekennzeichnet. Sie eignen sich als Salz- und Pellkartoffeln, in Suppen, als Salatkartoffel aber auch als Bratkartoffel. Die mehligkochenden Sorten (zum Beispiel Aula, Bintje, Mariella) werden mit B–C und C gekennzeichnet. Sie eignen sich für Eintöpfe, als Püree, für Schupfnudeln, Gnocchi und Klöße. Die restlichen Kartoffeln werden mit C–D und D gekennzeichnet. Sie sind sehr stark mehligkochend, besonders locker und zerfallen oft beim Garen. Es gibt sie kaum im Handel.

Ackersegen

Sehr spätreif, vorwiegend festkochend. **Geschmack**: stark würzig. **Verwendung**: geeignet als Salzkartoffel, Pellkartoffel, Bratkartoffel.

Adretta

Mittelgroße frühe bis mittelfrühe Sorte, mehligkochend. Sehr delikater **Geschmack**. **Verwendung**: für Püree, Schupfnudeln und Knödel.

Bamberger Hörnchen

Alte festkochende Sorte von 1870, Kartoffeldelikatesse. **Geschmack**: würzig. **Verwendung**: geeignet für Kartoffelsalat und Bratkartoffen.

Batate

Süßkartoffel mit hohem Zuckeranteil. **Geschmack**: süßlich. **Verwendung**: passt zu exotischen Gerichten, harmoniert gut mit Schärfe.

Blauer Schwede

Auch Blue Congo. Alte Sorte von 1880, vorwiegend festkochend. **Geschmack**: nussig, süßlich. **Verwendung**: für Salat und Bratkartoffeln.

Cherie

Neue frühe Sorte, festkochend, dünne Schale. **Geschmack**: sehr aromatisch. **Verwendung**: geeignet als Pell- und Bratkartoffel und im Salat.

Désirée

Mittelfrühe Sorte, vorwiegend festkochend, feste Schale. **Geschmack**: dezent. **Verwendung**: für Pommes frites und als Bratkartoffel.

Edzell Blue

Alte schottische Sorte, mehligkochend. **Geschmack**: delikat, cremig. **Verwendung**: geeignet für Kartoffelpüree, zum Backen und Frittieren.

Fringilla

Späte Sorte mit innen wie außen gelben Knollen. Vorwiegend festkochende Sorte. **Geschmack**: mild. **Verwendung**: vielseitig einsetzbar.

Nicola

Mittelfrühe Lagerkartoffel, festkochend. **Geschmack**: dezent, leicht süßlich. **Verwendung**: als Pell-, Salz- und Salatkartoffel.

Rosemarie

Exzellente mittelfrühe Sorte, festkochend. **Geschmack**: speckig, cremig. **Verwendung**: geeignet als Salat- und Pellkartoffel und im Gratin.

Topinambur

Auch Erdbirne und Erdartischocke genannt, Verwandter der Sonnenblume. **Geschmack**: süßlich-wässrig. **Verwendung**: roh im Salat oder gekocht.

ZWIEBELGEMÜSE

Zwiebeln zählen botanisch zu den Lauchgewächsen. Ihre Knollen sind keine Wurzeln, sondern Rhizome, die ihnen als Energiespeicher dienen und ihnen helfen, Trockenheit oder Kälte zu überdauern. Als Speise- und Gewürzpflanze blickt die Zwiebel auf eine uralte Tradition zurück.

Die Zwiebel – eine alte Kulturpflanze

Die Zwiebel war schon im alten Ägypten als Nahrungsmittel bekannt, auch die Griechen und Römer wussten sie bereits in der Antike zu schätzen. Sie galt als Heilmittel, war Opfergabe und wichtiges Nahrungsmittel zugleich. In Mitteleuropa hielt sie spätestens seit dem Mittelalter Einzug. Mit dem Auftreten der Pest im 14. Jahrhundert wurde ihre heilende und antiseptische Wirkung genutzt, und sie wurde – ähnlich wie Knoblauch – nicht nur als Nahrungsmittel, sondern eben auch als Medizin verwendet.

Die Zwiebel als Heilpflanze

Die Bedeutung der Zwiebel in der Naturmedizin ist bis heute ungebrochen. Ihr hoher Schwefelgehalt ist dafür verantwortlich, dass sie bei vielen Beschwerden hilft. So wirkt Zwiebelsirup antibakteriell und entzündungshemmend bei Husten, Halsschmerzen und Schnupfen. Hierfür schneidet man eine geschälte Zwiebel klein und lässt sie abgedeckt mit Zucker eine Weile ziehen, bis sich 1–2 Esslöffel Sirup gebildet haben. Diesen nimmt man langsam und teelöffelweise zu sich. Zwiebelkompressen wirken auch äußerlich schmerzlindernd und werden zum Beispiel bei Ohrenschmerzen eingesetzt. Doch trotz ihrer langen Tradition als Heilmittel ist die Zwiebel vor allem eines: ein wahres Multitalent in der Küche.

Verwendung in der Küche

Egal ob roh, geschmort, gebraten, gedünstet, geröstet, gekocht, frittiert, gefüllt, gehackt oder in Ringen – die Zwiebel ist aus der Küche nicht wegzudenken. Ob als Gewürzpflanze oder als Gemüse – sie verleiht Salaten und Füllungen Schärfe, Saucen Sämigkeit und Süße und den meisten herzhaften Gerichten erst das richtige Aroma. Da sie in so vielen Gerichten zum Einsatz kommt und so alltäglich geworden ist, erfährt die Zwiebel leider nicht immer die Anerkennung, die ihr eigentlich gebührt. Stattdessen wird eher moniert, dass sie einem gerne einmal die Tränen in die Augen treibt. Doch woran liegt das eigentlich?

Warum weint man beim Zwiebelschneiden?

Die schwefelhaltigen Substanzen, die die Zwiebel zum Heilmittel machen, sind für die Reizung der Schleimhäute verantwortlich, die uns beim Zwiebelschneiden die Tränen in die Augen treiben. Ein Schluck kaltes Wasser im Mund soll beim Zwiebelschneiden allerdings die unerwünschten Nebenwirkungen im Zaum halten. Doch ob es wirklich etwas hilft, sollte wohl jeder selbst ausprobieren.

Cipolla

Cipolla ist das italienische Wort für Zwiebel, aber auch eine flache, diskusförmige Sorte. **Geschmack**: fein. **Verwendung**: vielseitig, roh, gekocht oder eigelegt.

Frühlingszwiebel

Auch Lauchzwiebel. Muss nicht geschält werden und wird mit Grün verzehrt. **Geschmack**: mild. **Verwendung**: roh im Salat oder Quark, gebraten als Beilage.

Gemüsezwiebel

Von der Farbe wie Speisezwiebeln, aber deutlich größer. **Geschmack**: wesentlich milder als Speisezwiebeln. **Verwendung**: roh im Salat, gefüllt und geschmort.

Lauch

Auch Porree. Muss nicht geschält werden, das Grün ist essbar. **Geschmack**: würzig-süßlich. **Verwendung**: geschmort, gebraten, in der Suppe, als Suppengemüse.

Perlzwiebel

Sehr kleines Exemplar. Nicht identisch mit der noch milderen Silberzwiebel. **Geschmack**: mild. **Verwendung**: eingelegt, im Ganzen geschmort, frittiert, gebraten.

Schalotte

Kleine Sorte, meist mit mehreren Zehen unter der Außenhaut. **Geschmack**: mild-würzig. **Verwendung**: oft im Ganzen geschmort, gehackt in Saucen und Füllungen.

Braune Speisezwiebel

Unterschiedlich groß, je kleiner, desto geschmacksintensiver. **Geschmack**: sehr würzig und scharf. **Verwendung**: die Zwiebel für alle Gelegenheiten.

Rote Speisezwiebel

Dekorative große Sorte, bei der auch das Grün verzehrt wird. **Geschmack**: würzig, nicht zu scharf. **Verwendung**: roh in Salaten, auch in Saucen und Füllungen.

Weiße Speisezwiebel

Milde Sorte, in unterschiedlichen Größen erhältlich. **Geschmack**: mild, leicht süßlich. **Verwendung**: roh im Salat, große Exemplare auch gefüllt und geschmort.

SPROSS- UND STÄNGELGEMÜSE

Unter diese Zuordnung werden ganz unterschiedliche Gemüsearten gefasst. Ihnen gemeinsam ist, dass in erster Linie entweder ihre Sprossen oder ihre Stiele und Stängel zum Verzehr geeignet sind. Meist sind die Stängel dieser Pflanzen auch fleischig verdickt. Das bekannteste Spross- und Stängelgemüse ist der Spargel.

Spargel

Die Spargelzeit für weißen und violetten Spargel beginnt Anfang April und endet am Johannitag, dem 24. Juni. Doch muss Spargel nicht immer weiß bzw. violett sein. Der grüne Spargel wird immer beliebter. Er ist nicht an so strikte Erntezeiten gebunden, muss nur im unteren Drittel geschält werden und eignet sich ebenfalls für die vielfältigsten Zubereitungsarten.

Geschichtliches

Schon die alten Griechen kannten Spargel und schätzten ihn wegen seiner vielen Vorzüge als Nahrungs- aber auch als Heilmittel.

Er wurde sowohl bei Rheumaleiden als auch bei Zahnschmerzen oder bei Bienenstichen eingesetzt. Gleichzeitig wurde er schon damals als delikates Gemüse hoch geschätzt.

Die Römer begannen damit, Spargel anzubauen und machten ihn auch in Mitteleuropa bekannt. In der feinen Gesellschaft war er eine geschätzte Delikatesse. Mit dem Untergang des römischen Imperiums geriet Spargel dann als Nahrungsmittel fast vollständig in Vergessenheit und wurde nur noch hinter Klostermauern wegen seiner harntreibenden und blutreinigenden Wirkung angebaut. Spargel als Delikatesse wurde im 17. Jahrhundert wiederentdeckt – am Hofe des Sonnenkönigs in Versailles. Waren damals die Stangen in der Regel noch grün und nur für die vornehmsten Kreise reserviert, hat sich das heutzutage geändert. Ein Luxusgemüse ist Spargel allerdings geblieben – schließlich ist die Ernte aufwendig und die Spargelzeit begrenzt.

Ernährungsphysiologischer Nutzen

Spargel enthält kaum Kalorien, dafür aber umso mehr Vitamine, Spurenelemente, Mineralien und – besonders die grünen Sorten – sekundäre Pflanzenstoffe wie zum Beispiel Chlorophyll in großen Mengen. All dies macht den Spargel sehr gesund – aber es macht aus ihm nicht das Wundermittel, für das er immer mal wieder ausgegeben wird. Freuen wir uns also über eine Delikatesse, die schmeckt, aber im Unterschied zu vielen anderen Verlockungen nicht dick macht.

Hinweise für den Kauf

Beim Kauf sollten die Stangen möglichst frisch sein, d. h. die Enden sollten im Idealfall noch feucht aussehen. Am besten bereitet man den Spargel rasch zu, im Kühlschrank bleibt er in einem feuchten Küchentuch eingewickelt noch 2 Tage frisch.

Grüner Spargel

Immer beliebter werdendes Gemüse mit dem Vorteil, dass es nur im unteren Drittel geschält werden zu muss. Er wird in vielen Ländern kultiviert, es gibt ihn in guter Qualität fast das ganze Jahr. **Geschmack**: kräftig, nussig, angenehm bitter. **Verwendung**: gekocht, gedämpft und gebraten als Beilage, in Wokgerichten, Pastasaucen, Eierspeisen und Suppen. Auch in Teig ausgebacken.

Violetter Spargel

Wenn Weißer Spargel die Erdoberfläche durchbricht, färben sich seine Spitzen violett. Er wird dann mitunter violetter Spargel genannt. Anders aber der Violette Spargel, der vor allem in den Sonnengebieten Kaliforniens angebaut wird. Er ist äußerlich komplett tiefviolett, innen grün. Beim Kochen verfärbt er sich bräunlich. **Geschmack**: vergleichsweise kräftiges Aroma. **Verwendung**: wie grüner Spargel

Weißer Spargel

Die weiße Färbung verdankt er dem lichtfernen unterirdischen Wachstum in aufgeworfenen Erdwällen. Er muss einzeln gestochen werden, was sich im Preis niederschlägt. Saison ist von April bis Juni. **Geschmack**: mild, angenehm bitter. **Verwendung**: meist gekocht oder gedämpft mit zerlassener Butter oder Sauce Hollandaise, aber auch in Suppen, Pastasaucen, Eierspeisen u.v.m.

Thaispargel

Auch Minispargel. Die kurzen, dünnen Stangen müssen nicht geschält werden. Es gibt ihn im Asialaden das ganze Jahr über, auch immer mehr Supermärkte führen ihn im Kühlregal. Sein Vorteil ist seine kurze Garzeit. **Geschmack**: frisch, zart, ähnlich wie grüner Spargel. **Verwendung**: meist im Wok als Teil einer Gemüsemischung, ansonsten auch gekocht oder gedämpft als Beilage.

RHABARBER

Neben dem Spargel findet beim Spross- und Stängelgemüse besonders der Rhabarber große Beachtung. Vielleicht liegt es daran, dass er genauso wie der Spargel nur recht kurz Saison hat – und dafür umso begehrter ist.

Für viele ist Rhabarber der Inbegriff des Frühlings. Wenn die sauren Stangen mit dem großen dunkelgrünen Blatt endlich wieder auf den Märkten auftauchen, dann hat sich der Winter definitiv verabschiedet. Meist gibt es Rhabarber von Mitte April bis Ende Juni. Danach werden die Stangen zum einen schnell holzig, zum anderen enthalten sie dann immer mehr Oxalsäure, die in großen Mengen gesundheitsschädlich ist. Rhabarberblätter enthalten besonders viel von dieser Säure und sollten generell nicht verzehrt werden. Auch in der Schale findet sich recht viel davon, sodass die sauren Stangen immer geschält werden sollten. Ansonsten ist Rhabarber sehr gesund und schmackhaft – wenn die Qualität stimmt.

Die jungen, zarten und blassen Stängel der besonders frühen Rhabarberpflanzen, die schon vor April in den Handel kommen, sind fast immer im Gewächshaus gezogen und geschmacklich eher fade. Am besten schmeckt Rhabarber von April bis Juni – und das ganz besonders in Kuchen, Cremes und Konfitüren, in denen seine Säure mit Zucker umwerfende Verbindungen eingeht. Doch warum ist Rhabarber eigentlich ein Gemüse und kein Obst? Da Rhabarber botanisch zu den Knöterichgewächsen zählt, wird er Gemüse zugerechnet – obwohl er fast nur in süßen Speisen zum Einsatz kommt und somit wie Obst verwendet wird.

Geschichtliches

Lange Zeit wurde Rhabarber ausschließlich als Heilpflanze verwendet, und auch heute gilt er als äußerst gesund und wahrer Jungbrunnen. Bereits vor 4000 Jahren kam er als Heilpflanze in China zum Einsatz. Seine Verwendung in der Küche ist erst seit Mitte des 18. Jahrhunderts dokumentiert.

Heute wird Rhabarber in allen gemäßigten Zonen der Erde angebaut. Man unterscheidet die einzelnen Sorten nach Farbe der Haut und des Fleisches. Es gibt grünstieligen Rhabarber mit grünem Fleisch, rotstieligen Rhabarber mit grünem Fleisch und rotstieligen Rhabarber mit rotem Fleisch. Die rote Sorte ist die mildeste, der vollständig grüne Rhabarber die sauerste Sorte.

Palmenherzen

Auch Palmherzen und Palmito genanntes essbares Mark der jungen Triebe am oberen Ende verschiedener Palmensorten. Meist stirbt der Baum, wenn ihm das Mark entnommen wird – eine Ausnahme bilden Pfirsichpalmen. Kokospalmen wird dann das Herz entnommen, wenn sie zu alt sind, um Früchte zu tragen und sowieso gefällt werden würden. **Geschmack**: nussig, zart. **Verwendung**: roh geraspelt im Salat, in Europa meist nur eingelegt in Gläsern oder Konserven erhältlich, dann gekocht und gebraten in Gemüsemischungen und Wokgerichten.

Rhabarber

Rhabarber hat eine kurze Saison: von Mitte April bis Ende Juni. Später wächst Rhabarber zwar noch, sollte jedoch nicht mehr verzehrt werden, da dann sein Gehalt an der schwer abbaubaren Oxalsäure zu hoch ist. Diese wird durch den Kochvorgang etwas minimiert, außerdem ist Schälen sinnvoll. **Geschmack**: sauer, frisch. **Verwendung**: gekocht in Chutneys, Marmeladen, als Kompott, gebacken in Crumbles und Kuchen, gebraten als Beilage für herzhafte Gerichte.

Stangensellerie

Er bildet nur kleine Knollen aus, dafür wächst er bis zu 50 cm hoch und hat dicke Blattstiele. Es gibt gebleichte, hellgrüne bis gelbgrüne Sorten, den sogenannten Bleichsellerie und ungebleichte, dunkelgrüne Sorten. Die Stangen sollten beim Kauf frisch und fest sein und beim Biegen nicht nachgeben, sondern brechen. Im Kühlschrank halten sich die Stangen mehrere Tage lang frisch. **Geschmack**: würziges frisches Aroma. **Verwendung**: roh geraspelt im Salat, auf dem Brot, als Rohkost mit Dip, gekocht, gebraten und gedünstet.

FRUCHTGEMÜSE

Fruchtgemüse ist ein Sammelbegriff, üblicherweise verwendet für die essbaren Früchte einjähriger Gemüsepflanzen. Die Früchte entstehen dabei aus befruchteten Blüten. Dennoch ist eine exakte Definition schwierig, und meist scheiden sich die Geister an der Frage, wann von Obst und wann von Gemüse gesprochen wird.

Obst oder Gemüse?

Botanisch betrachtet gehört alles zu Obst, was aus einer Blüte entsteht. Danach müssten Avocados, Paprika, Tomaten & Co. zum Obst gezählt werden. Umgangssprachlich allerdings werden nur Früchte mit süßem Geschmack Obst zugeordnet. Auch die Unterscheidung zwischen möglichem rohen Verzehr bei Obst und gekochtem Verzehr bei Gemüse passt nicht, denn schließlich werden viele Fruchtgemüsesorten, wie beispielsweise Tomaten, auch sehr gerne roh gegessen. So lässt sich am Ende nur festhalten: Die Früchte einjährig angebauter Gemüsearten werden meist zum Fruchtgemüse gezählt.

Doch wichtiger als alle Definitionen sind sowieso die kulinarischen Schlemmereien, die sich mit Fruchtgemüse zubereiten lassen. Davon gibt es unzählige – aber wie so oft kommt es natürlich auch auf die Qualität der Grundprodukte an. Saisonales Freilandfruchtgemüse ist Treibhausware immer vorzuziehen und ungespritzte Bio-Produkte gespritzter Ware. Nur Freilandgemüse enthält die volle Vielfalt an Vitaminen, Mineralien und sekundären Pflanzenstoffen. Vor allem aber enthält nur Freilandgemüse den vollen Geschmack.

TIPP

Das mit Abstand populärste Fruchtgemüse ist die Tomate – und das nicht nur in Italien. Gerade die sonnengereiften Freilandtomaten bestechen durch ihr süßes und dennoch mit Säure durchzogenes Aroma. Im Kühlschrank dürfen die Früchte allerdings nicht gelagert werden, sonst ist auch das beste Aroma dahin.

Aubergine

Auch Eierfrucht. Die verschiedenen Sorten unterscheiden sich geschmacklich kaum, beim Kauf sollte die Ware prall und fest sein. **Verwendung**: Meist werden Auberginen vor der Weiterverarbeitung gesalzen, wodurch ihnen Bitterstoffe und überflüssiges Wasser entzogenwerden. Danach können sie gebraten, gekocht, geschmort, frittiert oder gebacken werden.

Avocado

Die bekanntesten Sorten sind Fuerte und Hass. Avocados liefern viele Nährstoffe, ihr Fettgehalt ist mit 30 % sehr hoch. Reife Avocados geben bei Druck leicht nach. Für eine schnellere Reifung können unreife Exemplare zusammen mit Äpfeln in einer Papiertüte gelagert werden. **Geschmack**: samtig, cremig, leicht nussig. **Verwendung**: überwiegend roh, auf Brot, in Salaten, als Dip.

Gemüsebanane

Auch Koch- oder Mehlbanane. Es gibt sie in unterschiedlichen Größen und Formen. Reife Exemplare sind meistens noch grün, sie können aber auch gelblich bis schwarz sein. Schwarze Kochbananen sind meistens am besten. **Geschmack**: leicht süßlich, zart. **Verwendung**: mit oder ohne Schale gekocht, gedämpft, frittiert, gegrillt oder gebraten. Rohe Kochbananen sind ungenießbar.

Okra

Die fingerdicke, kantige Okraschote gibt beim Kochen eine schleimige Substanz ab, die sich zum Eindicken der jeweiligen Speisen eignet. Ist dies nicht erwünscht, werden Okras erst blanchiert und danach abgeschreckt oder vor der eigentlichen Verarbeitung geputzt in Zitronenwasser gelegt. **Geschmack**: mild. **Verwendung**: gebraten in Wok-Gemüsemischungen, gekocht in Eintöpfen, Saucen.

Grüne Olive

Unreif geerntete Oliven. Frisch schmecken reife und unreife Oliven ungenießbar bitter. Vor der eigentlichen Verwendung müssen sie erst mehrfach eingelegt und gewässert werden. **Geschmack**: meist frisch und fruchtig-pikant. **Verwendung**: eingelegt und mariniert als Antipasti, püriert als Brotaufstrich, in Saucen, zu Geschmortem und Gebratenem.

Schwarze Olive

Vollreif geerntete Oliven. Erst nach mehrfachem und mehrtägigem Einlegen und Wässern sind die Bitterstoffe entfernt und die Oliven können verarbeitet werden. **Geschmack**: von pikant und würzig bis mild und cremig. **Verwendung**: eingelegt und mariniert als Antipasti, püriert als Brotaufstrich, in Saucen, zu Geschmortem und Gebratenem. Vollreife Oliven dienen auch zur Ölherstellung.

PAPRIKA UND TOMATEN

Paprikas und Tomaten sind die beiden beliebtesten Fruchtgemüsesorten, weltweit verbreitet und außerordentlich vielfältig einsetzbar.

Paprika

Es gibt 85 Paprikagattungen, die sich in rund 2000 Sorten unterteilen lassen – je nach Farbe, Form, Größe und Geschmack. Zuerst einmal unterscheidet man zwischen Gewürz- und Gemüsepaprika. Die Gemüsepaprikasorten besitzen im Gegensatz zu den Gewürzpaprikas keine Schärfe. Es gibt sie in länglich, eckig und spitz zulaufend und in eckig und abgestumpft oder rundlich. Die Farben variieren von grün über gelb, orange, rot, weißlich bis schwarz. Rote Gemüsepaprikasorten sind süßer als die eher herben und würzigen grünen Varianten. Die roten Exemplare enthalten auch mit Abstand das meiste Vitamin C. Gelbe Sorten schmecken fruchtig mit herben Anteilen, die weißen Sorten sind die neutralsten.

Beim Einkauf sollte frische Paprika glatt, fest und glänzend sein. Weiche Exemplare sind zu alt. Paprikaschoten sollten nicht zu kalt gelagert werden, im Gemüsefach des Kühlschranks halten sie sich aber problemlos mehrere Tage lang frisch.

Tomaten

Schätzungen zufolge gibt es rund 3.000 verschiedene Tomatensorten, und jedes Jahr kommen ein paar neue hinzu. Während lange Jahre nur nach der Optik und der Haltbarkeit gezüchtet wurde, hat sich in den letzten Jahren glücklicherweise der Trend zu mehr Geschmack durchgesetzt. So wurden auch Tomatensorten wiederentdeckt, die jahrelang eher ein Schattendasein führten, da sie zwar geschmacksintensiv und voller Süße und Säure waren, aber nicht lange genug haltbar, um im Großhandel Fuß fassen zu können.

Charleston

Auch Carliston. Die weißlich-grünen, länglichen Paprikaschoten werden rund 20 cm lang. Überwiegend findet man sie in türkischen Lebensmittelgeschäften. Die Schoten sind besonders zart. **Geschmack**: würziger als dunkelgrüne Paprikaschoten, leicht scharf. **Verwendung**: in Salaten, gefüllt und gebacken, aber auch geschmort oder gegrillt.

Süße Minipaprika

Kleine Zuchtformen liegen im Trend – auch bei Paprika. Die süßen Minipaprika sind sehr festfleischig. **Geschmack**: ausgeprägt fruchtig und intensiv süßlich. **Verwendung**: besonders als Antipasti oder Fingerfood geeignet, dann meist gefüllt mit diversen Frischkäsezubereitungen. Aber auch geschmort und eingelegt zu empfehlen oder im Salat.

Rote Spitzpaprika

Es gibt verschiedene Sorten, die sich in Geschmack und Schärfe unterscheiden. Kleine Spitzpaprika können sehr scharf sein, wenn es sich um Gewürzpaprika handelt. Bei der abgebildeten Schote handelt es sich um eine Gemüsepaprika, der die Schärfe weggezüchtet wurde. **Geschmack**: süßlich, fruchtig, leicht herb. **Verwendung**: geschmort, gegrillt, gefüllt.

Tomatenpaprika

Unreif grün, reif rot. Die dickfleischigen Früchte ähneln optisch Strauchtomaten und haben eine leicht gerippte Oberfläche. **Geschmack**: Die Früchte sind besonders fruchtig und haben ein intensives süßliches Aroma. **Verwendung**: geeignet zum Einlegen, zum Belegen von Pizzen, für Salate und mitgeschmort zu Braten. Auch gegrillt, gehäutet und mit Frischkäse gefüllt ein Genuss.

Cocktailtomate

Auch Kirsch- oder Cherrytomate, mit einem Gewicht bis maximal 40 g. Von der Farbgebung meistens rot, es gibt aber auch gelbe, grüne, schwarze und sogar gestreifte Sorten. **Geschmack**: intensiv, süßlich, fruchtig mit feiner Säure. **Verwendung**: meist roh in Salaten oder auf Spießchen als Fingerfood. Auch gegrillt auf Spießen mit Fisch oder Fleisch.

Cœur de bœuf

Auch Ochsenherztomate. Wiederentdeckte Fleischtomatensorte mit ausgezeichnetem Aroma. Vollreife Exemplare sind nicht lange haltbar und sollten bald verzehrt werden. Die Früchte werden bis zu 500 g schwer, sind stark gerippt, meist hellrot und stark fleischig. **Geschmack**: fruchtig. **Verwendung**: meist roh und noch leicht grün mit Mozzarella und Basilikum, aber auch geschmort in Saucen.

Cumato

Auch Kumato. Die amerikanische Neuzüchtung hat außen eine schwarz-braune Färbung, das Fruchtfleisch ist intensiv rot, die Samenkörner dunkelgrün. Die Cumato ist sehr lange haltbar und gilt durch ihren besonders hohen Gehalt an Lykoptin, einem Radikalenfänger, als besonders gesund. **Geschmack**: intensiv fruchtig. **Verwendung**: durch ihr Äußeres hauptsächlich roh für Salate.

Eiertomate

Auch Roma-Tomaten. Es gibt verschiedene Sorten, auf dem Bild „San Marzano". Generell besitzen Eiertomaten viel Fruchtfleisch, wenig Samen und sind süßer und aromatischer als runde Tomaten. Sie lassen sich auch leichter schälen und werden daher häufig eingekocht. **Geschmack**: aromatisch fruchtig **Verwendung**: ideal für Salate, aber auch sehr gut für Saucen.

Fleischtomate

Den verschiedenen Sorten gemein ist ihre besonders dicke Fruchtfleischschicht, gepaart mit relativ wenig gallertartiger Masse im Inneren. Sie sind meist rund, die Oberfläche ist mehr oder weniger stark gerippt. **Geschmack**: eher mild. **Verwendung**: meist gefüllt, zum Beispiel mit Hackfleisch oder Kräutern und geschmort. Auch roh in Salaten.

Strauchtomate

Meist wie auf dem Bild runde Sorten mit relativ hohem Fruchtsäureanteil und vielen Kernen. Die prallen, glänzenden Früchte sind lange haltbar. Strauchtomaten werden als ganze Trauben geerntet und müssen daher gleichmäßig reifen. **Geschmack**: intensiver als Fleischtomaten. **Verwendung**: zum Kochen, Schmoren und roh.

Gelbe Tomate

Lange Zeit selten zu finden, mittlerweile sind wieder viele verschiedene Sorten im Handel. Die ältesten Tomatensorten waren sehr wahrscheinlich gelb, denn der italienische Name für Tomaten „pomodoro" bedeutet so viel wie Goldapfel. Auf dem Foto die „goldene Königin", eine alte Sorte von 1884. **Geschmack**: sehr aromatisch. **Verwendung**: meist roh in Salaten oder geschmort.

Grüne Tomate

Auch Tomatillo. Verwandt mit der Lampionblume. Die Früchte sind in einer lampionähnlichen Umhüllung, die später aufreißt. Reife Exemplare sind grün oder lilafarben und reich an Mineralien und Vitaminen. **Geschmack**: säuerlich-würzig. **Verwendung**: sehr beliebt in der südamerikanischen Küche für Salsas, Saucen und Dips. Auch in Chilis, Eintöpfen und Mischgemüsegerichten.

KÜRBIS- UND BLÜTENGEMÜSE

Die Artischocke

Die Artischocke ist ein Distelgewächs, das in mediterranen Ländern viele Anhänger hat, in Mittel- und Nordeuropa dagegen noch nicht vollständig etabliert ist. Möglicherweise liegt es zum einen daran, dass die Pflanze in den warmen Mittelmeerregionen und nicht in kälteren Gebieten heimisch ist, zum anderen eventuell daran, dass sie lange Zeit als schwierig zu essen galt. So waren Artischocken nur Form von Artischockenböden in Gläsern und Konserven erhältlich. Das hat sich geändert – und geschmacklich sind frische Exemplare eingelegter Ware sowieso immer vorzuziehen.

Kauf und Saison

Artischockensaison ist von Juni-November, ganz kleine Exemplare gibt es bereits im Frühling im Handel. Geerntet werden nur die Knospen – von diesen sind der untere fleischige Teil der Blätter sowie der Artischockenboden essbar. Das sich darüber befindliche Heu sowie die trockenen Blattspitzen sind nicht zum Verzehr geeignet.

Beim Kauf sollten sich Artischocken prall und schwer anfühlen, die Enden sollten nicht holzig oder trocken aussehen – nur dann sind die Artischocken frisch und liefern ungetrübten kulinarischen Genuss.

Zubereitung

Am besten bereitet man Artischocken noch am Kauftag zu, sie lassen sich in ein feuchtes Tuch eingewickelt aber noch ca. 2 Tage im Kühlschrank aufbewahren. Vor dem Kochen sollten Artischocken im Ganzen abgespült und anschließend der Stiel dicht an der Knospe abgeschnitten werden. Da Artischocken sehr schnell oxidieren, sollte die Schnittstelle sofort mit einer halben Zitrone abgerieben werden.

Auch ins gesalzene Kochwasser kommt etwas Säure, in Form von Zitronensaft, Weißwein oder Essig. Artischocken sind nach 30–40 Minuten gar. Danach sollten sie kopfüber kurz in einem Sieb abtropfen. Im Ganzen serviert eignen sich Artischocken sehr gut als Vorspeise. Man zupft die Blätter heraus und tunkt den unteren fleischigen Teil in aromatische Vinaigrette oder in Saucen. Nachdem die innersten Blätter und das Heu entfernt wurden, bleibt zum Schluss der Boden als Krönung. Ganz junge Exemplare enthalten kaum Heu und sind auch nicht holzig. Sie können daher komplett gegessen werden und schmecken sogar roh in Salaten. Häufig werden nur die Artischockenböden verwendet. Sie eignen sich für vielerlei Gerichte, zum Beispiel als Belag für Quiches, gefüllt als Vorspeise oder in Butter oder Olivenöl geschwenkt als delikate Gemüsebeilage.

Artischocken vorbereiten

1 Zunächst die Artischocke gründlich waschen. Dann die Spitze nach Belieben abschneiden, da die Blätter für den Verzehr zu klein sind. Zudem wird dadurch die Garzeit etwas verkürzt.

2 Die Spitzen aller unteren Blätter mit einer Küchenschere abschneiden, da sie trocken und nicht zum Verzehr geeignet sind. Anschließend den Stiel dicht am Artischockenkopf abschneiden.

3 Die Schnittstelle sofort mit Zitronensaft einreiben, damit sie nicht unschön verfärbt. Zitronensaft (oder Essig) gehört zudem zusammen mit etwas Salz ins Kochwasser.

Artischocke

Saison von Juni bis November, ganz kleine Exemplare bereits im Frühling. Von den Knospen sind der untere fleischige Teil der Blätter sowie der Boden essbar. Beim Kauf dürfen die Enden nicht holzig oder trocken aussehen. Da die Schnittstellen schnell oxidieren, sofort mit Zitronensaft beträufeln. **Geschmack**: nussig, würzig, leicht herb. **Verwendung**: meist gekocht.

Einlegegurke

Sehr kleine Exemplare, auch Cornichon, Essig- und Pfeffergurke, etwas größere auch Gewürz- und saure Gurke. Die Freilandgurken werden meist mit Schale mit Gewürzen und Kräutern in Essig oder Milchlake eingelegt. Saison von Juli bis Oktober. **Geschmack**: von süß-pikant bis säuerlich. **Verwendung**: auf kalten Platten, für Füllungen, zu belegten Broten, Bratkartoffeln und Wurst.

Minigurke

Eine kleine Freilandsalatgurke, die vor dem Verzehr geschält und entkernt werden sollte, da Schale und Kerne sehr fest sind. Wie alle Gurken sehr gesund durch viele Mineralien bei fast keinen Kalorien. Beim Kauf sollten sich Gurken prall und fest anfühlen. **Geschmack**: angenehm süßlich-aromatisch. **Verwendung**: meist roh als Salat oder Rohkost, sonst geschmort oder eingelegt.

Salatgurke

Auch Schlangengurke genannt. Meist als Gewächshausware das ganze Jahr erhältlich. Die Schale kann nach gründlichem Waschen mitgegessen werden. **Geschmack**: mild, unaufdringlich. **Verwendung**: meist geschält und ohne Kerne roh im Salat oder als Rohkost, auf dem Brot oder auch püriert als Suppe, aber auch geschmort.

DER KÜRBIS

Kaum zu glauben, aber bis vor wenigen Jahren waren Kürbisse auf mitteleuropäischen Märkten noch recht selten anzutreffen. Dies hat sich gründlich geändert und die Zeiten, in denen es höchstens den großen, gelben Gartenkürbis gab, sind lange vorbei. Immer mehr Sorten tauchen auf, europäische, aber auch immer mehr Exoten.

Die von wenigen hundert Gramm bis zu stattlichen 100 kg schweren Früchte wachsen nicht nur in gemäßigten Breiten, sondern auch in tropischen und subtropischen Gebieten, wo sie schon vor mehreren Tausend Jahren ein Grundnahrungsmittel waren.

Der Kürbis hat viele Anhänger

Aufgrund ihrer stattlichen Größe und ihres Formen- und Farbenreichtums haben Kürbisse weltweit viele Anhänger, was in allerlei Kürbisfestivals zum Ausdruck kommt, in denen die größten und skurrilsten Exemplare gekürt werden. Legendär ist ein über 400 kg schwerer Kürbis aus den USA, in Europa liegt der dokumentierte Rekord bei 136 kg eines belgischen Exemplars.

Aus den USA kommt die Tradition, Kürbisse an Halloween auszuhöhlen, Augen und Münder zu schnitzen und sie mit Kerzen von innen heraus zu beleuchten. Längst ist diese Mode auch in Europa angekommen, und immer häufiger werden große Exemplare im Herbst und Winter „zweckentfremdet". Dabei sind die Früchte fast zu schade, um nur reine Dekoration zu sein, sie schmecken einfach viel zu gut.

Kulinarischer Wert

Kulinarisch betrachtet sind Kürbisse höchst vielfältig einsetzbar. Sie kommen püriert als Suppe, gebacken als Gemüsebeilage, eingekocht als Chutney und sogar als Kuchenbelag und süßes Kompott auf den Tisch. Kürbiskernöl wird aus Riesen- und Speisekürbissamen gewonnen. Seine grüne Farbe erhält es durch den hohen Anteil an Chlorophyll. Kürbissamen gelten als überaus gesund und können entweder pur wie Nüsse geknabbert werden oder in Brotmischungen verwendet werden. Das Kürbisfruchtfleisch harmoniert mit vielerlei Gewürzen. In Mode gekommen ist die Kombination mit asiatischen Würzzutaten wie Ingwer, Chili und Kokosmilch. Doch auch mit Olivenöl und vielen mediterranen Kräutern und Gewürzen wie Thymian oder Knoblauch gehen Kürbisse hervorragende Verbindungen ein.

Butternusskürbis

Birnenförmiger Kürbis mit buttriger Konsistenz. **Geschmack**: zart-nussig. **Verwendung**: für Suppen, Eintöpfe, aber auch für süße Zubereitungen.

Flaschenkürbis

Die verschiedenen Sorten werden unreif verzehrt. Auch Blätter und Sprossen sind essbar. **Geschmack**: sehr aromatisch. **Verwendung**: meist gekocht in Currys.

Hokkaidokürbis

Kann mit Schale verzehrt werden. **Geschmack**: nussig, buttrig. **Verwendung**: gebraten, gebacken, gekocht, gedämpft, als Suppe, Gemüsebeilage, Chutney u.v.m.

Moschuskürbis

Von flaschenförmig und bräunlich bis gedrungen und dunkelgrün. **Geschmack**: süßlich-cremig. **Verwendung**: gebraten, gekocht und gegrillt.

Patisson

Auch Bischofsmütze. Kreuzung zwischen Gurke und Kürbis. Saison von Juli bis Oktober. **Geschmack**: süßlich. **Verwendung**: gegart als Beilage oder gefüllt.

Riesenkürbis

Auch Speise- oder Winterkürbis. Dicke Schale, gelbes Fleisch. **Geschmack**: fruchtig. **Verwendung**: gekocht, gedünstet, gebacken für Suppen, Chutneys, Kompott.

Spaghettikürbis

Fruchtfleisch bildet spaghettiähnliche Fäden, Saison von August bis Dezember. **Geschmack**: nussig. **Verwendung**: kalt als Salat, warm wie Spaghetti mit Saucen.

Zucchini

„Zucche" bedeutet so viel wie kleine Kürbisse. **Geschmack**: gelbe und grüne frisch und würzig. **Verwendung**: roh im Salat, gegrillt, gekocht, gebraten.

Zucchiniblüten

Dekorative Blütenstände des Zucchino. **Geschmack**: unaufdringlich. **Verwendung**: roh als Dekoration oder gefüllt und frittiert, gebacken oder gedünstet.

SPROSSEN

Sprossen sind nicht mehr nur im asiatischen Raum Grundnahrungsmittel, sondern werden auch bei uns immer beliebter, denn längst wurden die vielen Vorzüge der Sprossen erkannt:

- Sie sind schmackhaft und dekorativ
- Sie lassen sich vielfältig einsetzen
- Sie können problemlos selbst gezogen werden
- Sie sind überaus gesund

Je nach Sorte schmecken die Sprossen scharf, mild oder würzig – immer sind sie allerdings sehr frisch, zart und knackig zugleich und bereichern so Salate, Brote, Suppen, Gemüse- oder Fischgerichte. Auch als Beilage zu Fleisch oder als Dekoration sind sie geeignet. So viele Einsatzmöglichkeiten sind gute Gründe, den Hobbygärtner in sich zu entdecken.

Sprossen selbst ziehen: Tipps & Tricks

Als Saatgut sollten chemisch unbehandelte Samen aus Naturkostläden oder Reformhäusern besorgt werden. Es eignen sich Getreidesorten wie Weizen, Roggen, Gerste, Hirse, Amaranth, Quinoa oder Hafer, bei den Hülsenfrüchten sind Erbsen, Kichererbsen, Linsen und Mungobohnen besonders geeignet, bei den anderen Saatgutsorten sind Radieschen, Kresse, Alfalfa, Rettich und Senf zu empfehlen.

Kleine Samen wie Alfalfa oder Kresse müssen 4–6 Stunden in kaltem Wasser eingeweicht werden, mittlere und große Samen werden am besten über Nacht in ausreichend frischem, kaltem Wasser eingeweicht. Nach dem Einweichen werden die Samen mit frischem Wasser abgespült und danach in eine spezielle Keimbox oder in ein Weckglas gefüllt, über das mit einem Gummi Mull oder Gaze gespannt wird.

Damit die Keimlinge genügend Platz haben, sollten pro Box oder Glas nur 2 Esslöffel Saatgut eingefüllt werden. Am ersten Tag sollten die Keimlinge noch dunkel stehen, ab dem zweiten Tag ist dann Lichtzufuhr ideal, aber keine direkte Sonneneinstrahlung. Die beste Keimtemperatur liegt bei 20 bis 21 °C, die Heizung ist also nicht der ideale Ort für die Gläschen.

Die Keimdauer beträgt bei Getreide und bei Hülsenfrüchten 2–4 Tage, bei dem meisten anderen Saatgut zwischen 4–6 Tagen.

Die Keimlinge müssen während dieser Zeit täglich mindestens zweimal lauwarm abgespült werden. Damit sich kein Schimmel bildet, sollten sie anschließend gut abtropfen, bevor sie wieder ins Glas kommen. Generell ist sowohl beim Saatgut als auch bei den Saatgefäßen auf penible Sauberkeit zu achten – dann allerdings steht gesundem Genuss nichts mehr im Wege. Vor dem Verzehr müssen Bohnen- und Erbsensprossen jedoch abgekocht werden, da sie das giftige Phasin enthalten.

Sprossen ziehen

1 Samen reichlich mit Wasser bedecken, kleine Samen mehrere Stunden, große Samen über Nacht einweichen lassen. Danach gut abspülen.

2 Nicht zu viele Samen gut verschließen (z.B. in einem Weckglas) und bei 20–21°C lagern; zunächst dunkel, dann heller, aber keine direkte Sonne.

3 Während der Keimzeit (ca. 2–6 Tage) mehrfach lauwarm abspülen. Vor dem Verzehr die Sprossen kurz abkochen, um das giftige Phasin abzubauen.

Alfalfa

Sehr eiweißreiche feine Keimlinge der Luzerne. **Geschmack**: frisch, saftig, mild. **Verwendung**: meist roh im Salat, auf Sandwiches und in Suppen.

Bambussprossen

In der asiatischen Küche eine Grundzutat. In rohem Zustand giftig. **Geschmack**: gekocht relativ neutral. **Verwendung**: oft sauer oder scharf eingelegt angeboten.

Erbsensprossen

Enthalten Phasin und sollten nur gekocht verzehrt werden. **Geschmack**: spargelähnlich. **Verwendung**: gekocht in Suppen, als Gemüsebeilage, in Wokgerichten.

Lauchsprossen

Sehr dekorativ durch zartes Grün mit schwarzen Samen. **Geschmack**: mild-würziges Laucharoma. **Verwendung**: gekocht oder gebraten zu Fisch, roh zu Salaten.

Radieschensprossen

Zarte Sprossen mit feinem Radieschengeschmack. **Geschmack**: scharf-würzig. **Verwendung**: roh in Salaten und auf Broten; passt zu herzhaften Gerichten.

Rote-Bete-Sprossen

Sehr dekorative Sprossen. **Geschmack**: zart und mild. **Verwendung**: meist roh als Deko auf hellen Suppen, in Salaten, auf Broten, zu Fleischgerichten.

Rotkohlsprossen

Dekorativ. **Geschmack**: frisch und mild. **Verwendung**: meist als Deko zu Käseplatten, auch in Rohkostsalaten, auf dem Brot und als Suppeneinlage.

Sojabohnensprossen

Keime der Mungobohne, deshalb auch Mungobohnensprossen, sollten nicht roh verzehrt werden. **Geschmack**: mild. **Verwendung**: in Wokgerichten.

HÜLSENFRÜCHTE

Zu den etwa 10.000 Pflanzenarten, die zu den Hülsenfrüchten gezählt werden, gehören Bohnen ebenso wie Erbsen und Linsen. Doch auch die Erdnuss zählt botanisch gesehen dazu.

Hülsenfrüchten ist gemein, dass ihre Samen in länglichen Hülsen heranwachsen. Vollreif springen diese dann auf einer Seite auf und geben die Samenkörner preis. Die Samenkörner der Hülsenfrüchte sind die wichtigsten pflanzlichen Eiweißlieferanten und gerade in den ärmeren Regionen der Welt ein lebenswichtiges Grundnahrungsmittel. Außerdem liefern die Pflanzen wichtige Mineralien, Vitamine und Ballaststoffe – alles Nährstoffe, die für eine gesunde und ausgewogene Ernährung wichtig sind.

Es gibt zwei Möglichkeiten des Verzehrs: Entweder bereitet man die Samen und teilweise auch die Schoten frisch zu oder man trocknet die Samen und verzehrt sie, nachdem sie durch Einweichen und Kochen wieder weich geworden sind.

Frische Bohnen und Erbsen – Einkauf, Lagerung, Zubereitung

In Mitteleuropa gibt es die ersten frischen Freilandbohnen ab dem Frühsommer. Zuerst kommen meist die breiten Sorten und die dicken Bohnen auf den Markt. Hauptsaison für alle Bohnensorten ist jedoch die Zeit von Juni bis September. Im Oktober ist dann endgültig Schluss, und man muss auf Treibhausware und importierte Bohnen zurückgreifen. Diese kommen besonders aus dem Mittelmeerraum, Holland und immer öfter auch aus Afrika.

Durch die längeren Transportwege muss bei importierter Ware allerdings besonders auf die Qualität geachtet werden, denn so haltbar und robust getrocknete Hülsenfrüchte sind, so sensibel sind die frischen Exemplare.

Beim Kauf sollten die Bohnen noch frisch und fest sein. Bruchstellen dürfen nicht trocken und braun verfärbt sein, nur dann ist die Ware einwandfrei. Am besten werden die Bohnen noch am Tag des Einkaufs verzehrt. Sollen sie aber erst später verarbeitet werden, so muss man beachten, dass Bohnen auf Druck und Nässe sehr empfindlich reagieren. Am besten werden frische Hülsenfrüchte trocken und locker in einer verschließbaren Plastiktüte im Gemüsefach gelagert. So bleiben sie noch rund drei Tage frisch. Sind sie schon etwas schlaff geworden, so können sie vor der Zubereitung noch kurz in Eiswasser gelegt werden.

Buschbohnen

Auch Fisolen. Meist grüne Bohnensorte. **Verwendung**: nie roh, wegen Phasin. Meist gekocht und erkaltet als Salat oder warm. Auch blanchiert und gebraten.

Dicke Bohnen

Auch Saubohne, Puffbohne oder Pferdebohne. Gegessen werden nur die Samen. **Geschmack**: mehlig. **Verwendung**: für Eintöpfe, aber auch geschmort mit Speck.

Gelbe Bohnen

Auch Wachs- oder Butterbohne. Sie sind sehr zart. **Geschmack**: cremig. **Verwendung**: kurz blanchiert als Gemüsebeilage oder erkaltet als Salat.

Keniabohnen

Sehr dünne grüne Bohnensorte aus Kenia, samenlos mit kurzer Garzeit. **Geschmack**: intensiv. **Verwendung**: nie roh, wegen Phasin. Entweder gekocht oder gebraten.

Markerbsen

Frische Erbsen mit noch weichen Samen, von Juni bis September im Handel. **Geschmack**: sehr zart, saftig und süßlich. **Verwendung**: gedünstet oder gekocht.

Schlangenbohnen

Eine asiatische Bohne, die bis zu 90 cm lang wird. Im Asia-Laden zu finden. **Geschmack**: kräftig. **Verwendung**: gebraten oder gekocht in Wok- und Currygerichten.

Stangenbohnen

Hier eine platte Sorte, dann auch Breite Bohne oder Coco Bohne. **Geschmack**: erinnert an Maronen. **Verwendung**: nie roh; gekocht, blanchiert und gebraten.

Sugar Snaps

Auch Zuckererbsen. Kleine Markerbsensorte. **Geschmack**: süß. **Verwendung**: gedünstet oder gekocht als Salat, Gemüse oder Suppe.

Zuckerschoten

Besonders zarte Erbsen, die komplett mit Hülse verzehrt werden. **Geschmack**: frisch, süßlich, saftig. **Verwendung**: blanchiert als Gemüse oder erkaltet im Salat.

BOHNENKERNE UND LINSEN

Getrocknete Bohnenkerne und Linsen sind für große Teile der Weltbevölkerung ein wichtiges Grundnahrungsmittel. Sie liefern hochwertiges pflanzliches Eiweiß, viele Mineralien, Vitamine und Ballaststoffe, zudem sind sie äußerst preisgünstig und gut zu lagern – kein Wunder also, dass getrocknete Hülsenfrüchte überall auf der Welt zu Hause sind.

Was in der englischen Küche die Baked beans, sind in der französischen die Cassoulets und in der italienischen die Minestrone, für die die kräftigen Borlotti-Bohnen unverzichtbar sind. Bohnengerichte zählen weltweit zu den Klassikern. Das belegen auch Gerichte wie das Chili con Carne für Mexiko, unzählige Dal-Speisen in Indien, die nordafrikanische Falafel oder auch die deutsche Linsensuppe mit Würstchen.

Da die getrockneten Bohnen, Linsen und Erbsen meist nur ein zartes Eigenaroma besitzen, harmonieren sie auch mit den unterschiedlichsten Gewürzen und Kräutern – ob europäisch, fernöstlich oder afrikanisch.

Ob Estragon oder Rosmarin, Bohnenkraut oder Thymian, Minze oder Knoblauch – bei Kräutern lohnt es sich zu experimentieren, denn viele Kräuter gehen mit Hülsenfrüchten exzellente Verbindungen ein. Bei den Gewürzen hat man die Qual der Wahl zwischen feurigen Chilis, diversen Currymischungen, Kreuzkümmel oder Safran, um nur einige zu nennen. Bevor es allerdings ans Würzen geht, müssen fast alle getrockneten Hülsenfrüchte eingeweicht werden. Natürlich werden sie auch uneingeweicht irgendwann gar, das Problem ist dabei eher die Optik. Weicht man Hülsenfrüchte nicht ein, so zerfallen sie beim Garvorgang früher oder später. Nur ausreichend lange eingeweicht behalten sie ihre Form.

Vor dem Einweichen sollten Hülsenfrüchte abgespült werden, die Einweichzeit beträgt je nach Größe zwischen 7 und 12 Stunden. Beim Einweichen ist zu beachten, dass die Hülsenfrüchte noch stark aufquellen. Ausreichend Wasser sollte daher vorhanden sein. Hülsenfrüchte, die auf der Oberfläche schwimmen, sollten entfernt werden, sie könnten von Schädlingen befallen sein.

Beim Garen ist zu beachten, dass Hülsenfrüchte erst in fertig gegartem Zustand gesalzen werden dürfen. Gibt man Salz schon ins Kochwasser, so bleiben sie hart.

Neben ihren vielen Vorzügen haben Hülsenfrüchte jedoch auch einen Nachteil: Besonders bei Menschen mit empfindlichen Mägen führen sie zu Blähungen. Hier helfen eine oder zwei Tassen Fencheltee.

Beluga-Linsen

Kleine, schwarze, kugelige Sorte, die optisch an Kaviar erinnert. Kurze Einweich- und Kochzeit. **Geschmack**: fein. **Verwendung**: als Beilage und Salat.

Berglinsen

Mittelgroße, delikate Sorte mit fester Schale. Einweichzeit über Nacht. **Geschmack**: kräftig nussig. **Verwendung**: als Beilage, Suppeneinlage und Salat.

Borlotti-Bohnen

Mittelgroße Sorte. Über Nacht einweichen, dann kochen. **Geschmack**: mehlig, leicht süß. **Verwendung**: klassisch in der Minestrone, aber auch als Salat.

Grüne Linsen

Große Sorte mit einer Einweichzeit über Nacht und relativ langer Kochzeit von 45 Minuten. **Geschmack**: kräftig. **Verwendung**: klassisch für Linsensuppe.

Kichererbsen

Getrocknet oder als Konserve erhältlich. Einweichzeit über Nacht. **Geschmack**: mehlig cremig. **Verwendung**: klassisch für Falafel, auch für Pasten und Suppen.

Kidney-Bohnen

Mittelgroße Bohnensorte. Getrocknet oder in der Konserve erhältlich. **Geschmack**: kräftig. **Verwendung**: klassisch im Chili con Carne, aber auch für Salate.

Mungobohnen

Erbsengroße, grüne Sorte aus Asien. Aus dem Mehl werden auch Glasnudeln hergestellt. **Geschmack**: frisch, süßlich. **Verwendung**: gekocht als Suppe oder Beilage.

Rote Linsen

Kleine, zarte Sorte, beliebt in Indien und Nordafrika. Keine Einweichzeit, kurze Kochzeit, zerfallen schnell. **Geschmack**: mild. **Verwendung**: als Salat, Beilage, Füllung.

Sojabohnen

Gelbliche bis bräunliche Sorte mit viel hochwertigem Eiweiß. **Geschmack**: nussig kräftig. **Verwendung**: meist für Tofu, Pasten oder Sauce, auch eingeweicht und gekocht.

Dulse-Alge

Zarte, leuchtend rötliche bis lilafarbene Rotalge. Sie lebt im kalten Wasser des Atlantiks, wo sie beispielsweise auf Steinen und Muscheln Halt findet. In der Bretagne und Irland ist sie seit Jahrhunderten beliebt. Ihr **Geschmack** ist würzig und leicht nussig. Wie alle Rotalgen hat sie einen relativ geringen Jodgehalt, dafür enthält sie umso mehr Eisen, Fluor und die Vitamine B 6 und B 12. **Verwendung**: in Suppen, Snacks und Salaten. Sie muss nicht gekocht, lediglich kurz eingeweicht werden.

Higiki

Auch Hijiki oder Hiziki. Die aus Japan stammende, glänzend schwarze und dickfleischige Alge wird dort schon seit Jahrhunderten geschätzt. Sie hat eine feste Konsistenz, einen sehr feinen, leicht süßlichen **Geschmack** und gilt als Delikatesse. Vor der Zubereitung muss sie gründlich gewaschen und mindestens 20 Minuten eingeweicht werden. Die Kochzeit beträgt rund 45 Minuten, die äußerst gesunde Alge vergrößert sich dabei um das Fünffache. **Verwendung**: in Suppen und Eintöpfen, zu Nudelgerichten.

Kombu-Alge

Die Braunalge kommt aus Japan, wo sie in großen Mengen produziert wird. Enthält von allen Speisealgen die meisten Mineralstoffe und Vitamine, sie hat auch den höchs-ten Jodgehalt und enthält natürliches Glutamat. Lange Kochzeit. **Geschmack**: zart. **Verwendung**: unverzichtbarer Bestandteil der japanischen Dashi-Suppe, in Japan auch frittiert beliebt als würziger Snack. Fein zerstoßen auch geeignet als Salzersatz und Würze, besonders geeignet für Kombinationen mit Hülsenfrüchten.

MEERESGEMÜSE

In den letzten Jahren – und besonders, seit Sushi in fast allen Küchen der Welt seinen kulinarischen Siegeszug antrat – sind Algen weltweit immer beliebter geworden. Doch in vielen Ländern und Regionen sind Algen, Seetang oder Meeresgras schon seit Urzeiten ein wichtiges Nahrungsmittel, besonders in Japan. Aber auch in der Bretagne oder in Irland kann das gesunde und würzige Meeresgemüse auf eine jahrhundertealte Tradition zurückblicken.

Ernährungsphysiologischer Nutzen

Algen galten schon vor Urzeiten als bekömmlich und gesund und wurden besonders im asiatischen Raum auch als Heilmittel verwendet. In der traditionellen chinesischen Medizin beispielsweise ist der Einsatz von Algen als Heilpflanze bereits vor mehreren tausend Jahren belegt.

Algen wirken blutdrucksenkend, blutreinigend, antiviral und -bakteriell sowie magen- und darmschützend. Auch das Krebsrisiko soll durch regelmäßigen Algengenuss gesenkt werden.

Algen enthalten sehr viele Mineralstoffe und Enzyme, darüber hinaus die sogenannte Algininsäure – eine Säure, die dem Körper bei der Entgiftung hilft. Algininsäure bindet radioaktive Substanzen ebenso wie Schwermetalle, sodass diese aus dem Körper transportiert werden und sich nicht in den Fettdepots einlagern können. Man geht auch davon aus, dass sie den Cholesterinspiegel senken.

Besonders wertvoll ist der hohe Jodgehalt der Algen. Gerade für Menschen aus Jodmangelgebieten, wie zum Beispiel Süddeutschland oder den Alpenländern, sind Algen eine wichtige Nahrungsbereicherung.

Meeressalat

Die Grünalge kommt hauptsächlich im Atlantik vor. Sie lebt im Flachwasserbereich der Küsten oder in nährstoffreichem Brackwasser und findet auf Steinen Halt oder wächst freitreibend. Da sie auf Düngung stark anspricht, kann sie regional zur Plage werden. Beim Einkauf auf kontrollierte Herkunft achten. **Geschmack**: frisch. **Verwendung**: besonders in Frankreich frisch oder wieder aufgeweicht zum Marinieren von Fisch oder als Umhüllung beim Dünsten. Auch in Suppen, Salaten und Gebäck.

Nori-Alge

Die Rotalge ist durch den Sushi-Boom die populärste Algensorte. Stammt aus Japan, wo sie in großem Stil produziert wird. Sie muss weder gewaschen noch gekocht werden. Wie alle Rotalgen ist der Jodgehalt relativ gering, dafür enthält sie viel Eiweiß, Eisen und die Vitamine A und B12. **Geschmack**: zartwürzig. **Verwendung**: zum Einrollen der Maki-Sushis, für Salate, Suppen und Nudelgerichte. Im Mörser zerstoßen auch Würze für Suppen und Fischgerichte.

Wakame

Die Braunalge stammt aus Japan, wird aber mittlerweile auch erfolgreich in der Bretagne kultiviert. Im Handel gibt es die Alge entweder in großen Blattstücken oder fein gehobelt als Instantprodukt. Sie gilt als Delikatesse und kann roh eingeweicht oder gekocht verzehrt werden. Bei der Zubereitung vergrößert sie sich um das Siebenfache. Wakame enthält relativ wenig Jod, dafür sehr viel Eisen. Sie fördert die Entgiftung und Reinigung des Darms. **Geschmack**: würzig. **Verwendung**: meist in Suppen, aber auch in Salaten.

Jod

Der tägliche Jodbedarf liegt laut Untersuchungen bei 0,2 mg, während der Schwangerschaft und Stillzeit noch höher. Alleine durch den Einsatz von jodiertem Speisesalz wird dieser Wert in aller Regel jedoch nicht erreicht. Findet sich auf dem Speiseplan daher nicht mindestens einmal in der Woche Meeresfisch, so ist ein Jodmangel sehr wahrscheinlich. Algen können hier helfen. Doch nicht alle Algensorten haben einen gleich hohen Jodgehalt – manche enthalten sogar so viel Jod, dass gerade bei Menschen mit einer Schilddrüsenunterfunktion eine langsame Gewöhnung angeraten ist, um eine Überreaktion zu vermeiden. Je nach Algenart sind täglich 1–5 g getrocknete Algen jedoch völlig unbedenklich.

Den niedrigsten Jodgehalt haben Nori-Algen, mit nur rund 7 mg Jod pro 100 g getrocknete Alge. Auch die Dulse-Alge, Wakame, Meeressalat und Higiki sind in aller Regel unbedenklich. Die Kombu-Alge mit bis zu 500 mg Jod pro 100 g getrocknete Alge allerdings sollte nicht in zu großen Mengen verzehrt werden.

Weitere Nährstoffe

Algen sind auch deshalb so gesund, weil sie lebenswichtige Mineralien, Spurenelemente und Vitamine in einer sehr hohen Konzentration enthalten. Neben Jod sind besonders Kalzium, Magnesium, Eisen, Kalium, Selen und Zink und die Vitamine A, B, C und E, Niacin und Folsäure in außergewöhnlich hoher Konzentration vertreten. Algen verhelfen damit auch zu schöner Haut und glänzenden Haaren, stabilen Fingernägeln und einem straffen Bindegewebe – sie sind also natürliche Schönmacher für Haut und Haar.

Da Algen aber auch in verschmutztem und verunreinigtem Wasser gedeihen, sollte beim Einkauf ganz besonders auf die Herkunft und auf ständige Qualitätskontrollen geachtet werden.

Pilze und Trüffel

Alleine in Mitteleuropa gibt es rund 3.000 Arten, und gerade in den letzten Jahren kommen auch verstärkt asiatische Arten auf den Markt – an Pilzen gibt es also eine reiche Auswahl und geschmackliche Vielfalt, von sehr intensiven Sorten, wie dem Trüffel, bis zu sehr milden, wie dem weißen Champignon.

Am besten schmecken natürlich selbst gesammelte Waldpilze – diese sind besonders aromatisch und frisch. Allerdings sollten besonders hier einige Dinge beachtet werden.

Pilze selbst gesammelt

Die Fotos und die Beschreibungen der Pilze dieses Buches sind nicht ausreichend, um damit unerfahren in den Wald loszuziehen und Pilze zu sammeln. Jedes Jahr gibt es zahlreiche Pilzvergiftungen, die nicht immer glimpflich ablaufen. Zum Pilzesammeln gehören daher am besten eine erfahrene und kundige Begleitung, ein Pilzerkennungsbuch und Vorsicht. Gesammelt werden sollten nur diejenigen Pilze, die zweifelsfrei als essbar identifiziert werden können. Besser ist es daher, sich auf wenige Arten zu beschränken, zum Beispiel auf Pfifferlinge, Steinpilze, Maronenröhrlinge und Rotkappen – und alle anderen Pilze stehen zu lassen.

In vielen Städten gibt es zudem Pilzberatungsstellen, die die selbst gesammelten Pilze nochmals kontrollieren. Wenn eine Pilzberatungsstelle aufgesucht wird, können natürlich auch Pilze gesammelt werden, bei denen man sich nicht zu hundert Prozent sicher ist. Diese allerdings sollten nie mit den garantiert sicheren Pilzen gemeinsam in einen Korb gelegt, sondern immer separiert werden.

Pilze sammeln, aber richtig

Pilze sollten nie in unbekannten Gegenden oder im Ausland gesammelt werden. Oft wachsen hier Arten, die den heimischen sehr ähnlich, aber giftig sind. Außerdem sollten alte Exemplare stehen gelassen werden. Oft erkennt man sie zum einen an der Größe, zum anderen am Hut, der außen aufgeschirmt ist.

Pilze, die auch ohne die Stielbasis zweifelsfrei identifiziert werden können, werden dicht über dem Boden abgeschnitten, alle anderen vorsichtig herausgedreht. Die

entstandene Öffnung des Waldbodens wird anschließend wieder mit Reisig bedeckt, damit das Pilzgeflecht nicht austrocknet. Anhaftende Nadeln, Laubreste, Humus oder Schnecken werden am besten schon im Wald entfernt. Von Maden angefressene Stellen werden ebenfalls direkt herausgeschnitten und Schleim auf der Huthaut entfernt, damit das Sammelgut nicht zusammenklebt. Die so gereinigten Pilze werden locker in einen Korb, niemals in eine Plastiktüte gelegt.

Zu Hause angekommen, sollten die Pilze möglichst innerhalb von 24 Stunden zubereitet und bis dahin kühl und luftig aufbewahrt werden, zum Beispiel in einem Spankörbchen im Kühlschrank. Kondenswasserbildung sollte unbedingt vermieden werden, denn Pilze schimmeln schnell.

Pilze mit Geruchs- oder Konsistenzabweichung sollten nicht verarbeitet werden. Beachten Sie: Die meisten Pilzvergiftungen sind „unechte" Pilzvergiftungen. Sie entstehen durch die Zubereitung von alten, in zu großen Mengen, oder falsch zubereiteten Pilzen. Da einige Wildpilze roh ungenießbar oder sogar giftig sind, ist Durchgaren wichtig, außerdem vertragen sich einige Pilzarten nicht mit Alkohol. Das Glas Wein sollte also nicht während des Essens, sondern besser 3 Stunden später genossen werden. Gerichte aus Waldpilzen sollten besser nicht mehr aufgewärmt werden.

Konservierungsmethoden

Viele Pilze lassen sich wunderbar konservieren, sodass man das ganze Jahr etwas davon hat. Die bekannteste Methode ist sicher das Trocknen. Gerade festfleischige Arten, wie zum Beispiel viele Röhrlinge (also Steinpilze, Maronenröhrlinge oder Rotkappen) sind zum Trocknen geeignet. Wenn die Pilze etwas älter sind, sollte das Porenkissen unter dem Hut entfernt werden. Danach werden die madenfreien Pilze gereinigt – aber nie gewaschen – und in ca. 3 mm dicke Scheiben geschnitten. So können sie auf einen Faden aufgefädelt und an einem warmen, gut durchlüfteten Ort einige Tage zum Trocknen aufgehängt werden. Sie können aber auch bei 70–80 °C im Ofen bei leicht geöffneter Backofentür einige Stunden lang gedörrt werden. Die getrockneten Pilze halten sich in Schraubgläsern dunkel und kühl gelagert rund 1 Jahr und verfeinern Saucen, Risottogerichte und viele andere Speisen mit ihrem typischen Aroma.

Pilze lassen sich aber auch roh geputzt, aufgeschnitten und ungewürzt einfrieren. Einige Pilzarten wie Pfifferlinge oder Hallimasch müssen jedoch vorher kurz blanchiert werden. Sonst werden sie bitter.

Austernpilz

Beliebter Zuchtpilz mit weißen Lamellen. Sehr guter Speisepilz. **Geschmack**: fein. **Verwendung**: zu Pasta, in Suppen und Gemüsemischungen.

Birkenröhrling

Wilder Speisepilz mit festem Fleisch und weißen, später gelben Röhren. Unter Birken von Juni bis Oktober. **Geschmack**: mild. **Verwendung**: gebraten und geschmort.

Brauner Buchenpilz

Auch brauner Shimeji. Würziger Zuchtpilz, bissfest und zart, lange haltbar. **Geschmack**: süßliches Nussaroma. **Verwendung**: gekocht, gebraten oder gedünstet.

Weißer Buchenpilz

Auch weißer Shimeji. In Japan sehr beliebt, würzig-nussiger **Geschmack**. Nach dem Garen bissfest und zart. **Verwendung**: gebraten, gekocht oder geschmort.

Brauner Champignon

Beliebter Zuchtpilz, sanft im **Geschmack**, festes Fleisch. Jung mit weißen Lamellen, ältere Exemplare schwarz. **Verwendung**: gebraten, gekocht oder roh.

Weißer Champignon

Beliebtester Zuchtpilz, festfleischig und mild im **Geschmack**. Wild als Wiesenchampignon weit verbreitet. **Verwendung**: in Saucen, Füllungen, sogar roh im Salat.

Chinesische Morchel

Auch Mu-Err-Pilz oder Judasohr. In China beliebte Delikatesse. Wächst auf Holunderholz. Getrocknet oder frisch im Handel. **Verwendung**: in Suppen, Wokgemüse.

Enoki

Auch Samtfußrübling oder Schneepilz. **Geschmack**: mild-nussig. Kann roh und gegart verzehrt werden. **Verwendung**: zu Salaten, Fleischgerichten, Suppen.

Kräuterseitling

Beliebter, sehr guter Zuchtpilz mit breitem Stiel. Südlich der Alpen auch wild von März bis November. **Geschmack**: aromatisch. **Verwendung**: gebraten oder geschmort.

Maronenröhrling

Sehr guter, wilder Speisepilz. In Nadelwäldern von Juni bis November, jung sehr festfleischig. **Geschmack**: kräftig. **Verwendung**: gebraten oder geschmort.

Pfifferling

Auch Eierschwamm. In Nord- und Osteuropa von Mai bis Oktober, in Südeuropa Januar bis März. **Geschmack**: kräftig. **Verwendung**: gebraten, geschmort, gekocht.

Pied Bleu

Auch Nackter Ritterling. Meist wild von Oktober bis November, auch gezüchtet. **Geschmack**: kräftig. **Verwendung**: oft gebraten zu Wild, auch zu Pasta.

Portobello

Auch Riesenschirmling oder Parasolpilz. Sehr guter Speisepilz, wild wachsend. Stiel nicht verwendbar. **Verwendung**: gebraten, gegrillt und ausgebacken.

Riesenträuschling

Auch als Braunkappe bekannt. Wilder und gezüchteter Speisepilz. **Geschmack**: neutral. **Verwendung**: eher für Pilzmischpfannen.

Semmelstoppelpilz

Auch Semmelgelber Stacheling. Wilder Speisepilz. **Geschmack**: ältere Exemplare können leicht bitter sein. **Verwendung**: wie Pfifferlinge gebraten und geschmort.

Shiitake

Asiatischer Zuchtpilz mit festem, weißem Fleisch. Recht lange haltbar. **Geschmack**: kräftig. **Verwendung**: gebraten, geschmort oder gekocht.

Spitzmorchel

Wilder Speisepilz. Geeignet zum Trocknen. Verwechslungsgefahr mit giftigem Frühjahrslorchel. **Geschmack**: erdig. **Verwendung**: geschmort in Saucen, im Risotto.

Steinpilz

Hervorragender Wildpilz mit festem, weißen Fleisch. Zum Trocknen geeignet. **Geschmack**: kräftig. **Verwendung**: gebraten oder geschmort zu Pasta und Wild.

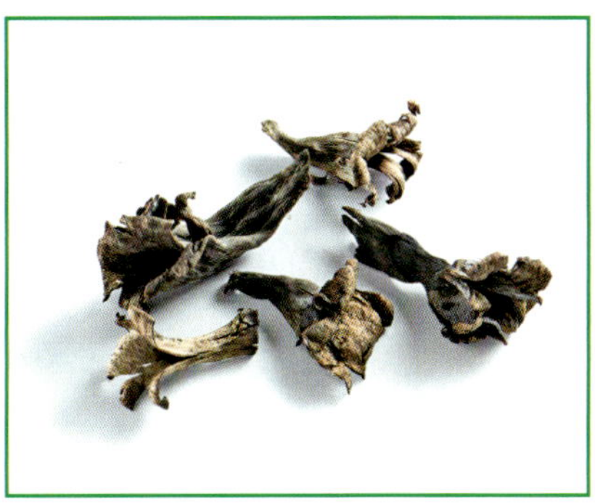

Totentrompete

Auch Herbsttrompete. Frisch eher wertlos, getrocknet ausgezeichnet. **Geschmack**: mild-nussig. **Verwendung**: geschmort im Risotto, zu Gemüsegerichten und Fleisch.

Schwarzer Trüffel

Bester Wildpilz, kostbar, selten, exklusiv. Achtung: Brauner Trüffel ist deutlich fader. **Verwendung**: roh gehobelt über viele Gerichte, eingelegt in Öl.

Weißer Trüffel

Das weiße Gold von Alba im Piemont gehört zu den kostbarsten Delikatessen. Knoblauchartiger Geruch, milder **Geschmack**, Erntezeit Oktober bis Dezember.

OBST

BEERENOBST

Sommerzeit ist Beerenzeit, von wenigen Ausnahmen wie Hagebutten oder Weißdorn einmal abgesehen. Erdbeeren, Himbeeren, Heidelbeeren und viele mehr haben im Sommer Hauptsaison und lassen sich zu köstlicher Konfitüre, in Muffins, im Müsli, auf Torten oder zu Süßspeisen, Smoothies und Eiscreme verarbeiten. Für Beerenfans schmecken die Früchte allerdings am besten pur – frisch vom Strauch oder von einer Beerenplantage.

Ernährungsphysiologischer Nutzen

Ein besonderes Plus beim ist die gesundheitsfördernde Wirkung der Beeren bei gleichzeitig wenig Kalorien. Zudem enthalten Beeren viele Ballaststoffe. Diese füllen Magen und Darm, denn sie quellen nach dem Verzehr stark auf und sorgen dafür, dass man insgesamt weniger isst und so Kalorien spart. Zudem sind Ballaststoffe gut für die Verdauung und damit fürs Wohlbefinden und wirken ausgleichend auf den Blutzuckerspiegel. Dieser bleibt lange stabil, sodass Heißhungerattacken effektiv verhindert werden.

Während die Ballaststoffe eher für Figurbewusste von Bedeutung sind, enthalten Beeren jedoch auch noch jede Menge anderer Inhaltsstoffe, die für eine gesunde Ernährung sorgen. Lebenswichtige Vitamine, Mineralstoffe und gesundheitsfördernde sekundäre Pflanzenstoffe machen aus köstlichen Beeren gesunde Snacks. Besonders Vitamin C, Kalium und Eisen sind in vielen Beeren in großen Mengen vorhanden. Vitamin C sorgt für ein gutes Immunsystem, ist wichtig für den Zellschutz und beschert uns ein straffes Bindegewebe. Kalium reguliert im Zusammenspiel mit Natrium den Wasserhaushalt unseres Körpers und sorgt für gute Nerven- und Muskelreize. Eisen wiederum ist für die Blutbildung zuständig und macht uns somit fit. Die sekundären Pflanzenstoffe der Beeren sind für ihre schöne Farbgebung verantwortlich. Die wichtigsten sekundären Pflanzenstoffe sind Carotinoide und Polyphenole – beides Stoffe, die unsere Abwehrkräfte stärken und sogar bestimmten Krebsarten vorbeugen sollen.

Beeren selbst sammeln

Beeren schmecken frisch vom Strauch gepflückt einfach am allerbesten. Allerdings sollten ein paar Dinge dabei beachtet werden:

Manche Beeren wachsen bevorzugt in Naturschutzgebieten wie Moor- oder Heidegebieten. Betreten Sie nur Flächen, die Sie auch betreten dürfen.

Einige Beeren sind gefährdet und stehen unter Naturschutz. Informieren Sie sich vor dem Sammeln, ob die Beeren, die Sie sammeln möchten, gesetzlich geschützt sind.

Beim Sammeln selbst sollten Sie darauf achten, dass Sie tatsächlich nur die Beeren pflücken und die restliche Pflanze intakt lassen.

Sammeln Sie nur Beeren und Früchte, die Sie kennen und bei denen Sie sicher sind, dass es sich nicht um giftige Exemplare handelt.

Bei niedrig wachsenden Pflanzen ist Vorsicht geboten, denn die Eier des Kleinen Fuchsbandwurms können daran haften und für schwerste gesundheitliche Schäden sorgen. Sie werden erst durch Erhitzen über 60 °C abgetötet. Waschen oder Einfrieren sind in diesem Fall wirkungslos.

Brombeere

Auch Kratzbeere. Streng genommen keine Beere sondern eine Sammelsteinfrucht. In Mitteleuropa seit Jahrhunderten heimisch und seit rund 150 Jahren Kulturpflanze. Waldbrombeeren sind kleiner, dafür aromatischer als Zuchtfrüchte. Die Beeren sind schnell verderblich, aber sehr gesund. **Verwendung**: für Cremes, Eis, getrocknet im Müsli, Konfitüren, Liköre. Aus den Blättern wird Tee.

Himbeere

Keine eigentliche Beere, sondern botanisch gesehen eine Sammelsteinfrucht. Köstlicher, süßer Geschmack mit charakteristischer Säure. Sehr druckempfindlich, daher nicht maschinell zu ernten und somit teurer. Schnell verderblich und empfindlich, sollten die Beeren zügig verbraucht und nur kurz abgespült werden. **Verwendung**: für Torten, Cremes, Gelee, Marmelade, aber auch Likör.

Erdbeere

Eine der beliebtesten Beeren, die streng genommen jedoch eine Sammelnussfrucht ist. Sehr hoher Vitamin-C-Gehalt. Stammt aus einer Kreuzung von chilenischen und nordamerikanischen Erdbeersorten. Große Qualitätsunterschiede, je nach Sorte und Anbau. Erdbeeren reifen nicht nach, sollten deshalb nur reif und saisonal gekauft werden. **Verwendung**: für Süßspeisen, wie Cremes, Eis, Konfitüren.

Walderdbeere

Dunkelrote Beere, die streng genommen jedoch eine Sammelnussfrucht ist. Die exklusive Rarität ist nur entfernt verwandt mit den Zuchterdbeeren und deutlich geschmacksintensiver als diese. Neben süßen auch herbe Noten. Nur im Frühsommer und Sommer auf Märkten zu finden oder zum Selbersammeln. Vorsicht vor Fuchsbandwurmbefall! **Verwendung**: für Cremes, Torten oder Törtchen.

Hagebutte

Früchte der Heckenrose, die meist schon ab dem Spätsommer zu finden sind. Sie gelten als sehr gesund, enthalten viel Vitamin C, A, B1 und B2 und sind vielseitig verwendbar. Bei der Verarbeitung Handschuhe tragen, sonst droht Juckreiz. **Verwendung**: als Marmelade, Mus, Likör und Tee. Als Kompott auch als Beilage für deftige Gerichte geeignet oder um Saucen zu verfeinern.

Heidelbeere

Auch Blaubeeren. Die wild wachsenden Früchte des Heidelbeerstrauchs sind deutlich kleiner, aber ungleich aromatischer als ihre gezüchteten Varianten und haben dunkelviolettes Fruchtfleisch. Vorsicht beim Selbersammeln wegen des Fuchsbandwurms. **Verwendung**: als Konfitüre, frisch für Obstkuchenbeläge, in Cremes, auch in Pfannekuchen und Muffins oder pur mit Schlagsahne.

Kulturheidelbeere

Auch Kulturblaubeere. Sie stammt ursprünglich aus Nord-amerika und wird heute meist aus Frankreich und Polen exportiert. Die Beeren sind größer als die der wild wachsenden Varianten, haben weißliches Fruchtfleisch und schmecken zwar gut, aber nicht so intensiv wie wilde Früchte. **Verwendung**: getrocknet im Müsli, frisch als Kuchenbelag, in Cremes, Muffins, Pfannekuchen.

Holunder

Auch Holler oder Holder. Altes Volksheilmittel gegen verschiedene Beschwerden. Meist als Schwarzer Holunder zu finden und in Mitteleuropa, Vorderasien und Nordafrika verbreitet. Saison von August bis September. Unreife Beeren rot, reife schwarz mit färbendem Fruchtfleisch. **Verwendung**: für Marmeladen und Kompott, Saft und Tee. Blüten auch ausgebacken oder zu Sirup verarbeitet.

Rote Johannisbeere

Die am häufigsten zu findende Sorte mit saurem, leicht zusammenziehendem Aroma. Enthält viel, aber nicht ganz so viel Vitamin C wie die Schwarze Johannisbeere. Außerdem nennenswerte Mengen an Eisen und Betacarotin. Die vielen kleinen Kerne kurbeln zudem die Verdauung an. **Verwendung**: roh im Müsli ein echter Muntermacher, als Gelee, Marmelade, Sirup und in Backwaren.

Schwarze Johannisbeere

Die schwarzen Perlen sind kaum säuerlich und besitzen ein kräftiges, charakteristisches Aroma. Sie haben eine dickere Schale als die roten und weißen Beeren und enthalten sehr viel Vitamin C – etwa dreimal so viel wie Zitronen. Neben Vitamin C auch nennenswerte Mengen an Kalzium. **Verwendung**: roh im Müsli oder in Quarkzubereitungen, als Konfitüre, Gelee, Kompott oder Saft.

Weiße Johannisbeere

Milder und nicht so säuerlich wie die Rote Johannisbeere. Selten im Handel. Genauso schnell verderblich wie die schwarzen und roten Verwandten und sollte daher direkt nach Kauf oder Ernte verbraucht werden. Erst kurz vor dem Verzehr und nach dem Waschen von der Rispe streifen, sonst gehen Inhaltsstoffe verloren. **Verwendung**: am besten roh im Müsli oder in Quarkzubereitungen.

Cranberry

Auch Kranbeere. Große amerikanische Verwandte der Preiselbeere, ist dieser im Geschmack sehr ähnlich und gerade in den letzten Jahren sehr beliebt geworden. Roh schmecken die Beeren sauer und leicht bitter, getrocknet, gekocht und zubereitet sind sie ein sehr gesunder und süßer Genuss. **Verwendung**: getrocknet pur oder im Müsli, gekocht zu Wild oder Süßspeisen, auch als Saft.

Moosbeere

Die vitaminreiche Moosbeere ist eine Verwandte der Heidelbeere, die Früchte können aber deutlich größer werden und sind gelb-rot bis rot gefärbt. Wie der Name vermuten lässt, wachsen Moosbeeren meist auf Moor- und Heideböden, das Sammeln gestaltet sich daher schwierig. Im Handel sind die Beeren äußerst selten. Roh haben die Früchte einen leicht bitteren Geschmack, der Preiselbeeren ähnelt. Saison ist von September bis Oktober. **Verwendung**: getrocknet, zu Konfitüre gekocht, für Wildgerichte, in Süßspeisen, als Tee oder Saft.

Preiselbeere

Die kleinen roten Beeren sind mit Heidelbeeren verwandt. Sie wachsen in Mooren, Heiden und im Gebirge bis 3.000 m Höhe und besitzen ein helles, festes Fruchtfleisch. Roh schmecken sie durch ihren hohen Säuregehalt leicht bitter, säuerlich und herb. Preiselbeeren gelten als Heilpflanze. Im Vergleich zu anderen Beeren ist ihr Vitamin-C-Gehalt nicht sonderlich hoch, dafür enthalten sie nennenswerte Mengen an Vitamin B 2. **Verwendung**: gekocht als Saft, meist als Kompott zu Wildgerichten, auch für Gebäck und Süßspeisen.

Sanddorn

Auch Sandbeere, Haffdorn und Weidendorn. Ursprünglich stammt der Strauch aus Nepal, heute ist er sehr weit verbreitet. Die Beeren sind sehr weich und enthalten neben vielen ätherischen Ölen auch Gerbstoffe, Karotine, Vitamin B12 und eine ungewöhnlich hohe Menge an Vitamin C. Da die Ernte schwer ist und die Sträucher erst nach 6 – 8 Jahren ausreichend Früchte tragen, sind Sanddornbeeren und –produkte relativ teuer. **Verwendung**: als Saft, Likör, Wein und Tee. Aus den Kernen Öl, aus dem Fruchtfleisch Marmelade und Mus.

Rote Stachelbeere

Die kugelige Frucht verdankt ihren Namen den borstigen Haaren, die an der Schale haften. Je nach Reifezustand und Sorte schmeckt sie von sehr süß bis säuerlich. Die Beeren werden in allen gemäßigten Klimazonen kultiviert, die Saison beginnt bereits im Mai und endet im September. Die Beeren sind sehr gut lagerfähig und können bei 0 °C bis zu 3 Wochen aufbewahrt werden. Sie sind zudem sehr gesund und enthalten reichlich Vitamin C, Folsäure, Kalium und Ballaststoffe. **Verwendung**: meist als Konfitüre und in Süßspeisen.

Weiße Stachelbeere

Die fast kirschgroßen, grün-weißen bis goldgelben Beeren schmecken je nach Reifegrad sehr süß bis säuerlich-erfrischend. Durch die namensgebenden borstigen Härchen sind sie in Privatgärten nicht sonderlich beliebt – allerdings sind sie sehr gesund. Sie gedeihen in allen gemäßigten Klimazonen, haben ab Mai Saison und sind sehr gut lagerfähig, was sie für die industrielle Nutzung attraktiv macht. **Verwendung**: meist zu Mus oder Marmelade gekocht, auch frisch für Cremes oder im Müsli und gebacken in Kuchen oder Muffins.

Sultaninen und Korinthen

Rosinen sind ein Sammelbegriff für getrocknete Weintrauben, die man meist zwischen Korinthen (re.) und Sultaninen (li.) unterscheidet. Sultaninen sind größer, weicher und heller als Korinthen. Im konventionellen Handel sind sie fast nur geschwefelt im Angebot, damit sie ihre helle Farbe behalten. Die kleinen, fast schwarzen Korinthen werden nicht geschwefelt. Rosinen enthalten bis zu 75 % Zucker und sind somit ein schneller Energielieferant. **Verwendung**: meist in Süßspeisen und Gebäck, auch im Müsli oder in herzhaften Gerichten.

Blaue Traube (Cardinal)

Die abgebildete frühreife Sorte Cardinal zählt zu den wichtigsten blauen Tafeltrauben. Ihre großen Beeren sind rötlich-blau, in der Konsistenz knackig, im Geschmack süß und frisch. Hauptanbaugebiete liegen in Südeuropa, Kalifornien und Südamerika. Trauben enthalten viel Kalium, Folsäure und Vitamin C, die Schale enthält viele Ballaststoffe. Allerdings enthalten Trauben auch sehr viel Zucker. Gerade dunkle Trauben punkten jedoch durch die farbgebenden sekundären Pflanzenstoffe, die als gesundheitsfördernd eingestuft werden.

Weiße Traube (Regina)

Bei den Traubensorten wird generell nach Farbe und zwischen kernlosen und kernhaltigen Sorten unterschieden. Muskattrauben, zu denen auch die abgebildete Sorte Regina zählt, gelten als beste Sorten. Die Regina-Traube ist eine der weltweit wichtigsten Tafeltrauben. Sie wird seit 1883 in Europa angebaut und besitzt milde, große, gelbgrüne Beeren, die eine knackige Konsistenz haben und eine etwas härtere Schale. Meist aus Italien. Griechische Regina-Trauben heißen Rozaki-Trauben, südafrikanische und israelische Waltham Cross.

Kernlose Traube (Thompson Seedless)

Die abgebildete Sorte heißt Thompson Seedless, ist ein Abkömmling der Sultana-Traube und punktet durch kernloses, süßes Fruchtfleisch. Sie ist die weltweit wichtigste Tafel- und Rosinentraube. Botanisch zählen alle Trauben zu den Beeren und werden daher auch bisweilen Weinbeeren genannt. Saison für europäische Ware ist von August bis Dezember. Trauben lassen sich nicht lange lagern und sollten erst kurz vor dem Verzehr gewaschen werden – dies jedoch gründlich, enthalten viele Tafeltrauben doch Rückstände von Pestiziden.

Maulbeere

Es gibt die Maulbeere in Weiß, Schwarz und Rot. Das Aussehen der Wildfrüchte erinnert stark an die Brombeere. Insbesondere die Früchte der Roten und Schwarzen Maulbeere sind äußerst süß, haben aber auch eine herbe Note und ein kräftiges Aroma. Sie sind reif so weich und saftig, dass sie sich kaum transportieren lassen, und werden deshalb kaum gehandelt. **Verwendung**: für Sirup, Gelee, Marmelade; getrocknet rosinenähnlich, als Süße für Tee. Nicht nur den Früchten, auch den Blättern werden zahlreiche Heilwirkungen nachgesagt.

Vogelbeere

Auch Eberesche. Die Beeren sollten nur gekocht verzehrt werden. Roh können sie mittlere bis schwere Magenverstimmungen hervorrufen. Die dafür verantwortliche Parasorbinsäure wird jedoch durch Erhitzen zerstört, gekocht sind die Beeren sehr gesund. Sie enthalten viel Vitamin C und helfen bei vielen Beschwerden. Nach dem ersten Frost verlieren sie ihren bitteren Geschmack und werden leicht süßlich. **Verwendung**: getrocknete Beeren für Tee, gekocht als Saft, auch für Schnaps und Likör sowie als Kompott für Wildgerichte.

Weißdorn

Der mit spitzen Dornen übersäte Weißdornstrauch wächst sowohl in Laub- und Mischwäldern als auch auf Wiesen in Hecken. Aufgrund der Dornen empfehlen sich beim Sammeln Handschuhe. Saison ist von April bis Juli, die roten Beeren schmecken säuerlich oder süßlich-herb und haben ein leicht mehliges Fruchtfleisch. Auch die nussigen Blätter können verzehrt werden. Im Zusammenspiel aller Wirkstoffe sind die Beeren des Weißdorns sehr gesund und sollen bei Herz-Kreislauf-Beschwerden helfen. **Verwendung**: meist als Marmelade, Mus oder Likör.

KERNOBST

Seit Hunderten von Jahren wird der Apfel kultiviert, und ob er nun roh verkostet, zu Mus verarbeitet, als Bratapfel, Apfelkuchen oder anderweitig zubereitet daherkommt – ein Apfel ist immer ein köstliches Obst, dessen man eigentlich nie überdrüssig wird.

Die heutigen süßen und großen Apfelsorten haben mit den wilden Ursprüngen nicht mehr viel gemein. Die Früchte des ursprünglichen Holz- oder Waldapfels waren walnussgroß und sehr sauer. Doch schon rund 1.400 v. Chr. begann man im Orient und in Ägypten damit, Obstbäume – und auch Apfelbäume – zu kultivieren.

Alexander der Große war es, der mit den Griechen gegen die Perser kämpfte und rund 360 v. Chr. von seinen Feldzügen unter anderem den Apfel nach Griechenland brachte. Von Griechenland aus verbreitete sich der Apfel dann nach Italien, und bald schon war er fast in ganz Europa bekannt. Heute gibt es weltweit rund 30.000 Apfelsorten – doch die wenigsten davon sind von wirtschaftlicher Bedeutung, und viele alte Apfelsorten sind vom Aussterben bedroht. Verschiedene Vereine haben sich aber mittlerweile dieses Problems angenommen, sodass es heutzutage wieder häufiger möglich ist, alte Sorten zu erstehen und sich des oft unverwechselbaren Aromas zu erfreuen.

Der Apfel ist ein so bedeutendes Obst, dass er auch als Symbol viele verschiedene Bedeutungen erhalten hat. So ist er längst nicht nur die sündige Frucht der Bibel, mit der Eva Adam verführte. In Form des Reichsapfels ist er Symbol der Macht, und Kaiser und Könige hielten neben dem Zepter auch einen vergoldeten Apfel in Händen, der die Weltkugel darstellte. Der Apfel taucht an zentralen Stellen in Märchen und Sagen auf und ziert noch heute die Spitze des Stephansdoms zu Wien – Äpfel sind einfach mehr als nur Obst. Doch natürlich sind sie in unserem heutigen Verständnis erst einmal das – Obst, das sich gut lagern lässt, gesund ist und schmeckt.

An apple a day …

Wahrscheinlich kennt jeder den englischen Satz: An apple a day keeps the doctor away – ein Apfel pro Tag hält den Arzt fern. Tatsächlich ist der Apfel eine wahre Vitaminbombe, die meisten Vitamine allerdings liegen direkt unter der Schale. Es empfiehlt sich daher, ungespritzte Bio-Ware zu kaufen und diese gut gewaschen, aber mit Schale zu verzehren. Die Schale enthält zudem reichlich Eisen, Magnesium, ungesättigte Fettsäuren und sekundäre Pflanzenstoffe – alles Inhaltsstoffe, die tatsächlich in der Lage sind, einen Arzt fernzuhalten.

Boskoop
Kräftig, saftig, säuerlich. Später mürbes Fruchtfleisch. Große Frucht. Hoher Vitamin-C-Gehalt. Bester Koch- und Backapfel.

Braeburn
Züchtung von 1952. Fest, süß-säuerlich, saftig-knackig. Viel Vitamin C. Mittelgroße Frucht. Zum Backen weniger geeignet.

Cox Orange
Sorte von 1825. Saftig, später mürbe, süß, aromatisch, sehr würzig, angenehme Säure. Sehr guter Back- und Kochapfel.

Elstar
Sorte von 1955. Kräftig, feinsäuerlich, würzig, süß im Geschmack. Fruchtfleisch ist saftig, fest, knackig und weißlich-gelb.

Gloster
Sorte aus den 1930er Jahren. Saftig, fest, knackig. Geschmack: mild, sanft-aromatisch, süßfruchtig mit zurückhaltender Säure.

Golden Delicious
Festes weißes Fruchtfleisch mit saftigem, sehr süßem Geschmack. Feine Säure. Geeignet für Salate, zum Kochen und Backen.

Granny Smith
Zufallssämling von 1868. Knackig-fest, sehr säuerlich. Mittlere bis große Frucht. Auch zum Backen und Kochen geeignet.

Jazz
Neuzüchtung aus Neuseeland. Kreuzung von Royal Gala und Braeburn. Feste Konsistenz, saftig, süß-sauer, frisch im Geschmack.

Jonagold
Süßes, feinsäuerliches, ausgewogenes Aroma. Saftiges, festes und knackiges Fruchtfleisch. Auch zum Backen und Kochen geeignet.

Pink Lady
Auch Cripps Pink. Australische Züchtung von 1973 aus Golden Delicious und Lady Williams. Fest, eher süßlich, helles Fruchtfleisch.

Royal Gala
Süß-fruchtig, sehr aromatisch, säurearm. Wird mit zunehmender Lagerdauer süßer. Relativ weiches Fruchtfleisch, kleine Frucht.

Rubinette
Sorte von 1966. Sehr fruchtig, aromatisch und intensiv im Geschmack. Wird mit zunehmender Lagerdauer süßer. Kleine Frucht.

DIE BIRNE

Unter dem Begriff Kernobst werden alle Obstsorten zusammengefasst, die ein Kerngehäuse aufweisen. Die Kernobstfrüchte gehören zu den beliebtesten Früchten überhaupt und lassen sich mit der richtigen Technik über Monate hinweg in fast unveränderter Qualität lagern. Nach dem Apfel – dem mit Abstand beliebtesten Kernobst – folgt die Birne auf Rang zwei. Auch sie ist seit Jahrhunderten in Europa anzutreffen und aus der Ernährung nicht mehr wegzudenken. Da ihre Lagereigenschaften nicht so gut wie die des Apfels sind, ist sie nicht in großer Sortenvielfalt das ganze Jahr über im Handel vertreten, die klassische Birnensaison geht von September bis März. Auch von ihr gibt es mehrere Tausend verschiedene Sorten, man geht von rund 5.000 aus. Die wenigsten jedoch spielen wirtschaftlich eine Rolle. Die drei wichtigsten europäischen Sorten sind die Conference, Abate Fetel und Williams Christ.

Ernte und Verwendung

Birnen entfalten wie alle Obstsorten erst im vollreifen Zustand ihren optimalen Geschmack. Dabei wird das Fruchtfleisch allerdings meist sehr weich und zartschmelzend – und die Früchte damit druckempfindlich. Die Früchte werden daher meist unreif geerntet und erst in Lagerhäusern mithilfe von Reifegasen zur vollständigen Reife gebracht. Vollreife Birnen sollten nur in kleinen Mengen gekauft werden, denn sie halten nicht sonderlich lange. Zu unreife und harte Früchte sollten jedoch auch nicht gekauft werden, denn oftmals reifen sie nicht mehr ausreichend nach. Wenn Birnen ein paar Tage halten sollen, so sind mittelreife Früchte die beste Wahl.

In der Küche sind Birnen äußerst vielseitig einsetzbar. Natürlich passen sie in die meisten Obstsalate, und es gibt auch unzählige Birnenkuchenrezepte. Oft entfalten sie aber besonders in Kombination mit herzhaften Speisen ihren Reiz. Ob gedünstet, halbiert und mit Preiselbeeren gefüllt zu Wildgerichten, in Kombination mit edlen Blauschimmelkäsen oder aber mit rohem Schinken – Birnen und starke, herzhafte Aromen harmonieren in aller Regel sehr gut miteinander.

Birnen zählen zu säurearmem Obst, weshalb ihr Verzehr auch für Menschen mit sehr empfindlichen Mägen geeignet ist. Daneben punkten sie durch ihren hohen Gehalt an B-Vitaminen, Folsäure, Pektin und Kalium. Durch das Kalium wirken sie entwässernd, Pektin kurbelt die Verdauung an. Zudem wirken Birnen entgiftend und sind gut für die Nerven. Da die meisten Nährstoffe direkt unter der Schale sitzen, empfiehlt es sich, die Früchte ungeschält zu essen. Leider sind viele Birnen stark gespritzt; da sich aber in den letzten Jahren das Angebot an Bio-Ware sukzessive erweitert hat, steht einem gesunden Verzehr mit Schale nichts mehr im Wege.

Abate Fetel
Zufallssämling von 1866 mit sehr großer, länglicher Frucht. Das Fruchtfleisch ist weiß mit einer festen, grobzelligen Struktur und feinem Aroma.

Anjou
Wahrscheinlich ein Zufallssämling aus dem 17. Jahrhundert. Kompakte, eiförmige Frucht, saftig und fruchtig mit charakteristischen Bitternoten.

Conference
Englische Züchtung von 1894 mit mittelgroßer Frucht. Das Fruchtfleisch ist gelblichweiß, vollreif gerötet, saftig, süß, schmelzend und würzig.

Kaiser Alexander
Auch Bosc's Flaschenbirne. Um 1800 entstandene Sorte. Gelbbraune Winterbirne, weiß-gelbliches Fruchtfleisch, saftig, süß, mildes, edelwürziges Aroma.

Peckham
Auch Packhams Triumph. Bauchige Wintersorte, geschmacklich der Williams Christ verwandt, weich, saftig, mit einem angenehmen Aroma, leicht muskatig.

Williams Christ
Bereits 1770 in England erwähnte Sorte. Mittelgroße, gedrungene Frucht mit gelblich-weißem Fruchtfleisch. Intensives Aroma, saftig und schmelzend.

Mispel
Sehr alte Obstart. Werden erst nach dem ersten Frost oder längerer Lagerzeit weich und aromatisch, davor sind sie bitter-herb und hart. Müssen geschält werden.

Nashi-Birne
Auch Asienbirne. Fruchtform ist apfelähnlich. Fruchtfleisch ist sehr saftig, geschmacklich zwischen Apfel, Birne und Melone. Erfrischend und süß.

Quitte
Duftende, sehr große Früchte. Roh herbsäuerlich und steinhart. Erst gekocht zu Mus, Gelee oder Saft entfaltet die Quitte ihr köstliches Aroma.

Büttners rote Knorpel

Auch Napoleon-Kirsche. Die deutsche Sorte wurde 1795 von C.G. Büttner ausgelesen und ist somit eine der ältesten gelb-roten Knorpelkirschen. Die Früchte sind mittelgroß und herzförmig, das Fruchtfleisch ist hellgelb mit weißen Adern, fest und mäßig saftig. Der Geschmack ist süß-würzig und mit feiner Säure. **Verwendung**: roh und verarbeitet, z. B. Marmelade oder Kompott.

Ferrovia

Auch Ferrovia di Turi, zu deutsch: „Eisenbahn Turis". Die italienische Sorte wurde 1930 in der Nähe von Eisenbahnschienen zwischen Turi und Sammichele di Bari entdeckt. Sie gilt als Königin unter den Kirschen. Die Früchte sind unverwechselbar herzförmig, groß und rot, das Fruchtfleisch ist sehr fest, saftig und zuckersüß. **Verwendung**: roh oder verarbeitet, z. B. zu Marmelade.

Sauerkirsche

Bei den Sauerkirschen wird zwischen dunklen Weichselkirschen mit färbendem Saft und Amarellen mit nichtfärbendem Saft unterschieden. Die hier abgebildeten Schattenmorellen zählen zu den dunklen Weichselkirschen. Sie sind sehr sauer und überaus saftig. **Verwendung**: durch ihre Säure seltener roh, vorzüglich geeignet für Marmeladen, Gelees, Schnäpse, Säfte, Sirup, Likör und Kuchenbeläge.

Dunkle Weichselkirsche

Oberbegriff für dunkle Sauerkirschen mit stark färbendem Saft. Zu den dunklen Weichselkirschen zählen neben den Schattenmorellen zum Beispiel auch die Sorten Gerema oder Karneol. Dunkle Weichselkirschen entfalten erst beim Kochen ihr volles Aroma, frisch verzehrt sind sie meist zu sauer. **Verwendung**: für Likör, Schnaps, Marmelade, Kompott, Sirup, Saft und Kuchenbeläge.

Aprikose

Auch Marille. Nur reif geerntete Aprikosen entfalten ihr volles Aroma. Dann sind sie süß-säuerlich, das Fruchtfleisch ist fest und saftig zugleich. Unreif geerntete Früchte schmecken sauer, trocken und mehlig. Im Kühlschrank gelagert verlieren Aprikosen ihr Aroma. **Verwendung**: roh, als Kompott, Likör, Marmelade, Schnaps und als Kuchenbelag.

Getrocknete Aprikose

Auch getrocknete Marille. Werden die Früchte auf natürliche Weise und ohne Zusatzstoffe getrocknet, so verfärben sie sich braun. Die im Handel üblichen getrockneten orangefarbenen Aprikosen sind geschwefelt und enthalten meist auch Farbzusätze. Die Früchte wirken leicht abführend. **Verwendung**: im Müsli, Weihnachtsgebäck, in der arabischen Küche auch zu herzhaften Gerichten.

STEINOBST

Steinobst steht für Sommer, Sonne und erfrischende leichte Snacks. Saftige Pfirsiche, Nektarinen und Mirabellen schmecken an heißen Tagen herrlich erfrischend. Doch kein anderes Steinobst lässt uns so das Wasser im Munde zusammenlaufen wie Kirschen.

Schwarzwälder Kirschtorte, Kirschenmichel, Donauwellen und Kirschkuchen mit Teiggitter – Kirschen stehen wie kein zweites Kernobst in der Beliebtheitsskala ganz oben. Die kleinen runden Früchtchen erinnern uns an Kindheit und ungetrübte Naschereien direkt vom Baum, gleichzeitig gibt es die herrlichsten Obstkuchenrezepte mit Kirschen – und natürlich darf auch das berühmte Kirschwasser in vielen Rezepten einfach nicht fehlen.

Die Großfamilie der Kirschen zählt mittlerweile rund 800 Sorten. Diese werden unterschieden in die später reifenden Sauerkirschen und die Süßkirschen, die schon im Sommer reif sind. Letztere unterscheidet man in die weichen, dunkelroten Herzkirschen und die festfleischigeren, hellroten bis gelblichen Knorpelkirschen. Bei den Sauerkirschen gibt es zum einen die dunklen, färbenden Weichselkirschen und die hellroten bis gelben Amarellen sowie die Maraska-Kirsche – Grundlage des Maraschino-Likörs.

Für jeden Geschmack und für jede Verwendung gibt es also die perfekte Kirsche – daneben sind Kirschen überaus gesund. Gerade der Farbstoff, der für ihre meist dunkelrote Färbung verantwortlich ist, ist ein wahrer Jungbrunnen, sodass man bei Kirschen getrost zugreifen kann.

EINKAUF UND LAGERUNG

Einkauf

Im Reifungsprozess bei Obst und Gemüse wird zwischen der sogenannten Pflückreife und der Genussreife unterschieden. Voll ausgereifte Früchte werden als genussreif eingestuft, pflückreif sind sie aber bereits dann, wenn sie so weit entwickelt sind, dass sie im geernteten Zustand noch vollständig ausreifen können.

Die Zeitspanne, die zwischen Pflück- und Genussreife liegt, fällt unterschiedlich aus. Bei manchen Früchten, wie zum Beispiel Trauben, fallen sie auch zusammen. In der modernen Lebensmittelindustrie werden fast alle Früchte bereits pflückreif geerntet und dann mithilfe von Lagerung und zum Teil durch den Einsatz bestimmter Reifegase zur vollständigen Reifung gebracht. Nur so lassen sich die teilweise weiten Handelswege ohne Qualitätseinbußen bewerkstelligen.

Oft aber werden Früchte auch schon vor der eigentlichen Pflückreife geerntet. Das Ergebnis liegt auf der Hand: Zwar sehen die Früchte meist von außen schön aus, der Geschmack ist allerdings auf der Strecke geblieben.

Beim Einkauf ist also nicht nur darauf zu achten, dass die Früchte schön gefärbt sind. Sie sollten auch prall und schwer in der Hand liegen, aromatisch duften und auf Fingerdruck etwas nachgeben. Wenn Früchte bereits verfärbte Druckstellen haben oder sich gar Schimmel an manchen Stellen bildet, ist vom Kauf abzuraten. Überreife Früchte schmecken modrig und vergärt.

Noch ein Wort zur Bio-Ware: Wie auch bei vielen anderen Lebensmitteln ist das Angebot an Bio-Ware im Bereich der Früchte stetig gewachsen. Gerade bei Früchten lohnt es sich, darauf zurückzugreifen, denn oftmals sitzen die Vitamine gehäuft in und direkt unter der Schale. Bei Bio-Ware ist diese im Gegensatz zum konventionellen Anbau problemlos zu verzehren – waschen sollte man die Früchte vor dem Verzehr dennoch immer.

Lagerung

Voll ausgereifte Früchte schmecken am besten – halten aber nicht lange. Der Einkauf sollte daher besser häufiger stattfinden, die Mengen sollten dafür nicht auf Vorrat angelegt sein.

Dann hängt es natürlich auch stark von der jeweiligen Fruchtsorte ab, wie lange die Ware zu Hause noch hält. Während Beeren in der Regel äußerst schnell verderben und am besten noch am Tag des Einkaufs verzehrt werden, hält Kernobst – und ganz besonders Äpfel – problemlos und ohne Qualitätsverlust noch einige Tage.

Voll ausgereifte Früchte werden am besten im Kühlschrank aufbewahrt. So wird der Reifungsprozess unterbrochen. Möchte man den Reifungsprozess beschleunigen, so empfiehlt es sich, die Früchte mit vollreifen anderen Früchten zusammen aufzubewahren. Besonders Äpfel sorgen dafür, dass andere Früchte schneller reifen. Am besten gibt man das Obst dann gemeinsam in eine luftdurchlässige Papiertüte und lässt es bei Zimmertemperatur ausreifen.

Schlehe

Vor dem ersten Frost sind die Früchte sehr herb und astringierend. Danach süßlich, aromatisch, würzig. **Verwendung**: für Saft, Marmelade, Mus, Likör.

Nektarine
Kreuzung zwischen Pfirsich und Pflaume mit festem, weißem, gelbem oder rot marmoriertem Fruchtfleisch. **Verwendung**: am besten roh als Belag oder Snack.

Gelber Pfirsich
Häufigste Sorte mit gelbem, festem und sehr saftigem Fruchtfleisch. Vorzügliches Aroma. Reift nicht gut nach. **Verwendung**: am besten z. B. im Salat.

Weißer Pfirsich
Sehr aromatisch und saftig, nicht zu süß, mit festem Fruchtfleisch. **Verwendung**: klassisch für den Bellini-Cocktail, als Snack oder im Obstsalat.

Weinbergpfirsich
Kleine weiße bis rotfleischige Sorte mit dichtem Flaum. Aromatischer als große Sorten. **Verwendung**: am besten roh als Snack oder im Salat.

Bühler Frühzwetschge
Mittelgroße Frucht. Festes, wenig saftiges Fruchtfleisch mit süß-säuerlichem Geschmack. **Verwendung**: roh als Snack, meist gebacken als Kuchenbelag.

Hauszwetschge
Auch Hauszwetsche. Dunkles Fleisch, sehr würzig, süß, saftig und weich. **Verwendung**: roh, gebacken als Kuchenbelag, gekocht als Mus oder Kompott.

Mirabelle
Kleine, runde Früchte. Charakteristischer, süßer Geschmack, weiches, saftiges Fruchtfleisch. **Verwendung**: roh, als Kuchenbelag, Marmelade und Likör.

Pflaume, gelb
Auch Shiro-Pflaume. Die Früchte können nachreifen. Das Fruchtfleisch ist sehr saftig, süß und weich, um den Kern herum säuerlich. **Verwendung**: Mus und Kompott.

Reineclaude
Auch Reneklaude. Runde grün-gelbe Frucht. Sehr weiches, saftiges Fruchtfleisch, würzig-süß, unreif hart. Die Früchte reifen nicht nach. **Verwendung**: gebacken.

ZITRUSFRÜCHTE

Zitrusfrüchte sind die bedeutendsten Baumfrüchte der Welt. Sie werden in über 100 Ländern angebaut. In Mittel- und Nordeuropa kommen die meisten von ihnen erst in den kälteren Monaten in guter Qualität in den Handel und sorgen im Winter für Vitamine. Zitronen gibt es ganzjährig in bester Qualität, sie nehmen innerhalb der Zitrusfrüchte auch eine herausragende Stellung ein, dienen sie doch weniger dem Verzehr, als vielmehr mitsamt ihrer Schale als „Universalgewürz" für die unterschiedlichsten Speisen – ob süß oder herzhaft, heiß oder kalt.

Zitrusfrüchte gehören botanisch zu den Beerenfrüchten. Allen Zitrusfrüchten ist gemein, dass sie aus drei Schichten bestehen:

- der äußeren Schale, die grün, gelb, rosa oder orange gefärbt sein kann.
- den weißen Häutchen, dem sogenannten Mesokarp, das oftmals bittere Geschmacksnoten enthält.
- dem aus acht bis zehn Segmenten bestehenden Fruchtfleisch.

TIPP

Gerade Zitrusfrüchte werden oftmals während des Wachstums stark gespritzt und auch nach dem Pflücken chemisch behandelt. Ganz besonders, wenn auch die Schale zum Aromatisieren verwendet wird, sollte daher beim Einkauf auf unbehandelte Ware geachtet werden. Unbehandelte Zitrusfrüchte sollten vor dem Verzehr dennoch heiß abgewaschen werden, danach kann die Schale dann ohne Bedenken verwendet werden.

Zitrusfrüchte reifen nach der Ernte nicht mehr nach, die meisten von ihnen können aber problemlos mehrere Wochen lang ohne Qualitätseinbußen gelagert werden. Mandarinen bilden hierbei eine Ausnahme. Sie büßen schon nach wenigen Tagen Aroma ein. Doch wie lässt sich der Reifegrad der Früchte bestimmen?

Die Schalenfarbe als Indiz für Reife heranzuziehen, ist nicht empfehlenswert. Nur bei Ländern mit hohem Tag- und Nachttemperaturunterschied ist die Schalenfarbe ein Reifekriterium, also zum Beispiel für Früchte, die aus mediterranen Ländern importiert wurden. Die niedrigen Nachttemperaturen kurz vor der Ernte wirken auf die Pflanzen als Stressfaktor. Dies bewirkt, dass Chlorophyll abgebaut wird und die Karotine zum Vorschein kommen. Die Schalenfarbe wechselt dabei von grün zu gelb oder orange. Früchten aus tropischen Ländern jedoch bleibt dieser Stress erspart, und daher tragen sie naturbelassen eine grüne oder grüngefleckte Schale – auch in voll ausgereiftem Zustand. Oftmals wird das Grün nachträglich durch Ethylen bekämpft, ein Gas, das in den Reifekammern zugeführt wird und bewirkt, dass die Schale der Früchte kein Grün mehr enthält.

Pink Grapefruit

Milde, süß-herbe Grapefruitsorte, häufig mit roséfarbener Schale. Eine mittelgroße Grapefruit deckt den Tagesbedarf an Vitamin C und enthält zudem viel Vitamin A, B1, B2, B6, Niacin und Folsäure sowie viele Mineralien. **Verwendung**: roh, halbiert und ungezuckert der ideale Frühstückssnack, gesund und erfrischend. Auch für Salate und zu herzhaften Speisen oder als Saft.

Weiße Grapefruit

Grapefruits sind entstanden aus einer Kreuzung zwischen Pampelmusen und Orangen. Sie lassen sich unterscheiden in die weißfleischigen, meist europäischen Sorten, die milden roséfarbenen und die lieblichen rotfleischigen. Weiße Grapefruits sind herb und leicht bitter, aber auch sehr gesund. **Verwendung**: gepresst als Saft, in Shakes oder Cocktails, roh halbiert und gezuckert.

Limette

Auch Limone. Es gibt süße und saure Sorten. In Europa sind nur die sauren Sorten erhältlich. Die Früchte sind etwas kleiner als Zitronen und dunkel- bis gelb-grün. Das Fruchtfleisch ist sauer, mit herben Noten. **Verwendung**: Von ungespritzten Exemplaren wird die Schale gerne zum Aromatisieren verwendet. Ansonsten meist für Cocktails, Kuchen, Süßspeisen und asiatische Gerichte.

Mandarine

Die süßeste aller Zitrusfrüchte. Klein bis mittelgroß, keine bis wenig Kerne, die Schale lässt sich leicht abpellen. Achtung: Die Clementine ist kein Synonym für Mandarinen, sondern eine besondere Sorte, die 1–2 Monate haltbar ist. Die meisten anderen Mandarinen halten nur rund 2 Wochen, dann verlieren sie an Süße und Geschmack und trocknen aus. **Verwendung**: pur oder gebacken.

Navel-Orange

Apfelsinen oder Orangen werden in 4 Gruppen unterteilt: Rundorangen, Navel- bzw. Nabel-Orangen, Blutorangen und säurefreie Orangen. Die meisten handelsüblichen Sorten zählen zu den Rund- und den Navel-Orangen. Letztere erkennt man an der sogenannten „Tochterfrucht", die sich als Beule am Ende der Frucht erkennen lässt. Die Früchte selbst lassen sich gut schälen und zerteilen, sind groß, früh reifend, samenlos und geschmacklich von hervorragender Qualität. Das Fruchtfleisch ist knackig-fest. **Verwendung**: meist frisch.

Blutorange

Die Orange oder Apfelsine wurde bereits zu Beginn des 15. Jahrhunderts in Europa kultiviert. Die Verbreitung in der Neuen Welt wird Christoph Kolumbus zugeschrieben, der sie auf seiner zweiten Reise nach Amerika 1493 dorthin gebracht haben soll. Die Blutorangen sind nicht so verbreitet wie die Rund- und die Navel-Orangen, geschmacklich sind sie etwas herber und interessanter als diese. **Verwendung**: zunehmend für die Saftherstellung verwendet.

Pampelmuse

Die zweitgrößte Zitrusfrucht nach der Pomelo ist nicht sonderlich häufig im Handel zu finden. Bisweilen wird sie auch mit der Grapefruit gleichgesetzt, was allerdings falsch ist, denn die Grapefruit ist eine Kreuzung zwischen Pampelmuse und Orange. Geschmacklich ist die Pampelmuse recht bitter. Dieser bittere Geschmack lässt sich allerdings lindern, wenn vor dem Verzehr die weiße Fruchthaut sorgfältig entfernt wird. **Verwendung**: Die filetierten Früchte sorgen in Salaten oder auf Gebäck für tolle geschmackliche Kontraste.

Pomelo

Die größte aller Zitrusfrüchte ist im Durchmesser zwischen 15 und 25 Zentimetern groß und leicht birnenförmig. Sie kann bis zu 2 kg schwer werden. Die weiß-gelbe bis grüne Schale ist sehr dick, schwammig und lässt sich gut abschälen. Das Fruchtfleisch ist saftig, gelb-grün bis rosafarben, nicht so bitter wie die Grapefruit und mittelsüß. Die Frucht enthält viel Vitamin C und soll positiv auf den Stoffwechsel und die Verdauung wirken. **Verwendung**: roh filetiert als Snack, aber auch in Salaten und in vielen Süßspeisen.

Tangelo

Unter diesen Namen werden verschiedene Fruchtsorten zusammengefasst, die aus der Kreuzung zwischen Mandarine und Grapefruit entstanden sind. Erstmals werden Tangelos 1890 in Florida erwähnt. Die Größe variiert von orangen- bis grapefruitgroß. Die wichtigsten Sorten sind Minneola (siehe Foto), Orlando, Mapo und Ugli. Die Schale variiert von orange bis zu grün-gelb. Die Früchte sind gut schälbar, sehr saftig, süß-säuerlich, leicht herb, erfrischend und enthalten kaum Kerne. **Verwendung**: am besten roh als Snack oder im Salat.

Zitrone

Die Frucht war in China schon vor unserer Zeitrechnung bekannt, die Araber brachten sie nach Europa, Christoph Kolumbus in die Neue Welt. Heute ist die Zitrone die Zitrusfrucht schlechthin und nahezu universell einsetzbar. Die ovalen bis eiförmigen Früchte wiegen zwischen 50 und 125 g. Die Schale ist je nach Reifegrad grünlich bis kräftig gelb, das blassgelbe Fruchtfleisch ist sehr saftig und sauer. **Verwendung**: Saft und die ungespritzte Schale verfeinern sowohl süße als auch herzhafte, kalte als auch warme Speisen.

SÜDFRÜCHTE

Südfrüchte wie Dattel, Feige, Kaki und Kaktusfeige auf der einen Seite und die verschiedenen Melonen auf der anderen Seite erfüllen in heißen, trockenen Gegenden zwei wichtige, um nicht zu sagen überlebenswichtige Funktionen: Sie liefern zum einen viel Energie und zum anderen viel Wasser. Der äußerst hohe Zuckergehalt von Dattel und Co. und die erfrischenden 85–90 % Wassergehalt der verschiedenen Melonenarten und -sorten werden aber auch in Europa geschätzt, insbesondere im Sommer.

Getrocknete Südfrüchte

Getrocknete Südfrüchte haben einen sehr hohen Zuckergehalt: bei Feigen liegt er bei über 50 %, bei Datteln zwischen 60 und 70 %. Durch diesen hohen Zuckeranteil konservieren sich die Datteln sozusagen selbst. In der arabischen Welt sind sie äußerst beliebt, werden als Snack zwischendurch genossen und sind fester Bestandteil der Küche. In Europa werden oft minderwertige Qualitäten angeboten, die bei Weitem nicht so weich, süß und aromatisch sind, wie gute Ware sein sollte. Es lohnt sich sehr, etwas höhere Preise zu bezahlen und, wenn vorhanden, im orientalischen, arabischen oder nordafrikanischen Lebensmittelgeschäft einzukaufen. Eine absolute Köstlichkeit sind mit Speck umwickelte und ausgebratene Datteln.

Melonen

Das Wort Melone stammt aus dem Griechischen und heißt so viel wie „Großer Apfel". Melonen zählen eigentlich zum Gemüse. Sie gehören zu der Familie der Kürbisgewächse. Melonen können nachreifen, werden nach der Ernte aber nicht mehr süßer, wohl aber saftiger und weicher. Werden sie vollreif geerntet, dann schmecken sie zwar am besten, können aber kaum noch oder gar nicht mehr transportiert werden.

Melonen sind wegen ihres enormen Wasseranteils trotz ihrer Süße relativ kalorienarm und bremsen den Appetit – sie eignen sich also hervorragend als Diätlebensmittel. Die reifen Früchte schmecken kühl sehr erfrischend, ungekühlt aromatischer und süßer. Möchte man ihr Aroma noch mehr verstärken, dann sollte man sie mit einer Prise Salz genießen.

Dattel

Frucht der Echten Dattelpalme, die v. a. in Nordafrika und im Nahen Osten verbreitet ist. Datteln werden hauptsächlich getrocknet angeboten und sind lange lagerfähig. Sie sind sehr süß, klebrig und aromatisch, ein perfekter Energielieferant in kargen Gegenden, weswegen sie auch als „Brot der Wüste" bezeichnet werden. Es gibt zahlreiche Sorten, die sich auch qualitativ stark unterscheiden, zum Beispiel Barhi, Medjoul (im Bild), Black, Deglet Nour und die Berber- oder Königsdattel. **Verwendung**: pur und in der orientalischen Küche eine beliebte Zutat.

Feige

Frucht des Echten Feigenbaums, der ursprünglich wahrscheinlich aus der Gegend zwischen der Türkei und dem Kaspischen Meer stammt, heute aber weltweit überall dort verbreitet ist, wo die Sommer warm und die Winter mild sind. Reife Früchte erkennt man an ihrer tiefvioletten Farbe. Sie können komplett mit Schale gegessen werden. **Verwendung**: Sie passen zu vielen Salaten, sind ein guter Begleiter zu Fleisch, z. B. Ente. Außerdem harmonieren sie gut mit so manchem Käse. Sie werden häufig getrocknet angeboten und sind dann intensiv süß.

Kaki

Auch Honigapfel oder Persimone. Frucht des Kakibaums, der ursprünglich aus Asien stammt, weswegen die Frucht mitunter auch Chinesische Pflaume/Dattelpflaume genannt wird. Sie gehört zu den ältesten Kulturpflanzen überhaupt, sieht der Tomate ähnlich, schmeckt süß und der Aprikose vergleichbar. Die Sharonfrucht ist eine Spezialzüchtung der Kaki aus Israel, die keine Kerne und eine weniger zähe Schale hat. Sie wird auch Chinesische Quitte oder Japanische Aprikose genannt. **Verwendung**: pur als Snack.

Kaktusfeige

Auch Distel-, Stachelfeige oder Opuntie. Frucht des Feigenkaktus, der vermutlich aus Mexiko stammt und heute in Südamerika, Australien und am Mittelmeer verbreitet ist. Die Farbe der Schale kann von gelb bis braun reichen, das gelbe bis rote Fruchtfleisch und die Kerne sind essbar; Geschmacklich erfrischend und sehr fein, zwischen Melone und Birne. **Verwendung**: meistens pur.

Kiwi

Frucht des Strahlengriffels. Die weltweit am stärksten verbreitete Sorte ist die abgebildete „Hayward" von der Art Chinesischer Strahlengriffel, auch Chinesische Stachelbeere genannt. Sie hat eine pelzige Schale, grünes Fruchtfleisch, schwarze Kerne und eine weiße Mittelachse. Das Innere ist komplett essbar, schmeckt säuerlich und erfrischend. **Verwendung**: meistens pur.

Cantaloupe-Melone

Unterart der Zuckermelone. Auch Warzenmelone. Benannt nach einer Gemeinde nördlich von Rom, wo sie um 1700 aus armenischen Samen gezogen wurde. Aromatisch duftende, bis zu 1,5 kg schwere Melone mit zerfurchter Schale und orangem Fruchtfleisch. Die Kerne befinden sich nur in der Mitte und sind leicht zu entfernen. **Verwendung**: Sehr gut geeignet für Salate und perfekt zu Parmaschinken.

Charentais-Melone

Auch Cavaillon-Melone. Bis zu 1,5 kg schwere französische Variante der Cantaloupe-Melone, die noch kräftiger duftet als ihre italienische Mutterform. Ihre Schale ist hellgrün mit dunkelgrünen Streifen. Sehr aromatisch und im vollreifen Zustand äußerst süß, mit geschmacklichen Anklängen an Papaya und Ananas. **Verwendung**: zu luftgetrocknetem Schinken, Käse oder anderem Obst.

Galiamelone

Sorte der Netzmelone, die in Israel als Kreuzung von Ogenmelone und Honigmelone gezüchtet wurde. Sie wird daneben hauptsächlich in Spanien angebaut. Sie wiegt ca. 1 kg und hat eine grüne bis orangefarbene Schale. Zur Mitte hin wird sie deutlich süßer und aromatischer. Geschmacklich erinnert sie an Nektarinen. Das innerste Fruchtfleisch ist beinahe cremig. **Verwendung**: für Salate oder pur.

Honigmelone

Eigentlich Gelbe Kanarische Melone, auch Gelbe Honigmelone, Amarillo oder Tendral Amarillo genannt. Sie ist oval, hat eine gelbe Schale, helles, fast weißes Fruchtfleisch. In der Mitte sind die Kerne, die man mit einem Löffel leicht auskratzen kann. Sie ist bis zu 3 kg schwer und reift nicht nach. Sie schmeckt nach Honig und kann vollreif sehr süß werden. **Verwendung**: in Salaten, pur, zu Schinken.

Netzmelone

Spielart der Zuckermelone, die v. a. in Südeuropa angebaut wird. Das Fruchtfleisch ist hell und changiert zwischen blassem Grün und Orange. Sie ist bis zu 3 kg schwer, sehr aromatisch mit würzig-rauchigen Geschmacksnoten. Schalennahes Fruchtfleisch ist fest und fast geschmacklos, das innere Fruchtfleisch dagegen zuckersüß. **Verwendung**: in Salaten und zu Schinken.

Wassermelone

Ursprünglich aus Süd- und Zentralafrika stammende Melone, deren Wildform auch Tsamma-Melone genannt wird. Sie kann äußerst groß und schwer werden. Sehr erfrischend und nur im vollreifen Zustand sehr süß. Die Schale ist grün, das Fruchtfleisch rot. Im Gegensatz zu fast allen anderen handelsüblichen Melonen sind die Kerne im gesamten Fruchtfleisch verteilt. **Verwendung**: meistens pur als Snack.

EXOTEN

Warum ist die Banane krumm?

Weil niemand in den Urwald zog und sie gerade bog, ist die Banane krumm. Jedenfalls haben sich Generationen hilfloser Eltern mit dieser Antwort beholfen, als der Nachwuchs nicht von dieser wichtigsten aller Fragen lassen wollte. Tatsächlich ist eines der einfachsten biologischen Phänomene, das wir alle aus eigener Anschauung millionenfach kennen, für die Krümmung der Banane verantwortlich. Pflanzen benötigen Licht und wachsen ihm entgegen. So auch die Banane, deren Stauden zunächst von oben nach unten wachsen. An den Enden der jungen Fruchtkörper befinden sich die Blüten der Pflanze. Die Banane richtet sich nach oben, sodass der Blütenansatz in Richtung Sonne wächst. Weil die Staude weiterblüht, während sie schon Früchte ausbildet, wendet sie sich also nach oben und bewirkt so die geheimnisvolle Krümmung der Banane.

Die Banane als Gemüse

In Europa kennt man die Banane vor allem als süßes Obst. In Discountern, Supermärkten und auf Märkten wird fast ausschließlich die Sorte Cavendish angeboten. Tatsächlich gibt es mindestens 100 verschiedene Sorten, darunter auch Kochbananen, die als sättigende Beilage oder Gemüse zubereitet werden und Grundnahrungsmittel und wichtiger Kohlenhydratlieferant sind.

In Venezuela ist sie eine Hauptzutat des Nationalgerichts „Pabellón criollo", einem mit säuerlichen und scharfen Dips servierten Gericht aus zerpflückten Rindfleisch (carne mechada), schwarzen Bohnen (caraotas negras), Reis (arroz) und gebackenen Kochbananen (plátanos fritos).

Ananas

Ursprünglich südamerikanische Frucht, heute weltweit in tropischen Gebieten verbreitet. Im Handel meistens die Sorte Cayenne. Das Reifestadium erkennt man daran, dass sich die schwertförmigen Blätter mühelos aus dem Fruchtkörper ziehen lassen. Im reifen Stadium vollsüß mit deutlich erkennbarer Säure im Hintergrund. Zu lange gelagerte Früchte beginnen zu alkoholisieren und am Stumpf zu schimmeln.

Banane

Auch Dessertbanane oder Obstbanane genannt. Der Weltmarkt wird seit den 60 er Jahren beherrscht von der Sorte Cavendish, benannt nach William Cavendish, Herzog von Devonshire, der im 19. Jahrhundert Bananen im heimischen Gewächshaus anpflanzte. Sie kommt ursprünglich aus Südchina. Nachreifende Frucht, je nach Reifegrad von erfrischend bis übersüß.

Babybanane

Erkennbar kleinere Zuchtform der üblichen Obstbanane. Nur circa 10 cm lang und im Gegensatz zu normalwüchsigen Bananen kaum gekrümmt. Sie unterscheidet sich ansonsten kaum von der herkömmlichen Banane, allerdings ist sie geschmacklich etwas intensiver und süßer. Zum Verzehr solo aus der Schale oder als Bestandteil von Fruchtsalaten oder Zutat von Desserts hervorragend geeignet.

Kochbanane

Auch Gemüsebanane, Mehlbanane, Backbanane oder Pisangfeige. In den Tropen und Subtropen weltweit Grundnahrungsmittel, wichtiger Kohlenhydratlieferant und sättigende Beilage. Im Gegensatz zur Obstbanane roh nicht zum Verzehr geeignet. Man kocht, brät oder frittiert sie. Wesentlich weniger süß als Obstbananen. Erkennbar an der charakteristischen, relativ gleichmäßigen Graufärbung.

Cherimoya

Der Name bedeutet so viel wie „kalte Frucht". Wird auch Jamaika-Apfel genannt. Frucht des gleichnamigen Baums, der ursprünglich aus Südamerika stammt und in subtropischem Klima gedeiht. Geschmacklich zwischen Mango, Birne und Erdbeere. Verzehrreif ist die Frucht, wenn die Haut schwarz verfärbt ist. Die Kerne sind nicht genießbar. Zum Kochen nicht geeignet.

Durian

Große, 1,5 – 3 kg schwere, stachelige Frucht des Durian- oder Zibetbaums. Wegen ihres Geruchs auch „Stinkfrucht", geschmacklich jedoch eine absolute Delikatesse. Das Fruchtfleisch erinnert sowohl von der Konsistenz als auch vom Geschmack her grob an Vanillepudding, allerdings mit großen Unterschieden von Frucht zu Frucht. Extrem wichtig ist das richtige Reifestadium.

Granatapfel

Auch Grenadine. Ursprünglich aus Asien stammend, heute in Richtung Westen bis in den Mittelmeerraum verbreitet. Die Kerne (ca. 400 pro Frucht) und der Saft im Inneren der Frucht sind essbar. Intensiv süß-sauer, geschmacklich mit der Johannisbeere verwandt. Als Farbtupfer für Salate und Desserts geeignet. Wird zu Grenadinesirup (Zutat vieler Longdrinks) verarbeitet.

Guave

Frucht der Echten Guave. Ursprünglich aus Südamerika stammend, heute weltweit in den Tropen verbreitet. Die Früchte unterscheiden sich bei den verschiedenen Unterarten hinsichtlich Größe, Form, Farbe. Vitamin-C-Bombe, geschmacklich schwer definierbar zwischen Pfirsich, Birne, Quitte, Ananas und Erdbeere. Zum Rohverzehr, für Marmeladen, Gelees, Desserts geeignet.

Karambole

Oder Karambola, auch Sternfrucht. Ursprünglich aus Südostasien, heute weltweit in den Tropen und Subtropen beheimatet. Komplett essbare, sternförmige Frucht. Farblich zwischen grün, gelb und orange changierend, geschmacklich aromatisch, zitrusartig, von säuerlich bis sehr süß. Pur verzehrbar, sehr gut geeignet für Obstsalate und dekorative Zwecke.

Kumquats

Auch Limequats, Zwergorangen, Zwergpomeranzen. Ursprünglich aus Asien stammend, heute in vielen warmen Gegenden beheimatet. Farblich wie Mandarinen, von Form und Größe wie Pflaumen. Wird komplett gegessen, geschmacklich herb-süß, leicht säuerlich. Vielseitig verwendbar, ob pur, in Desserts, als Marmelade oder Kompott, auch zu Fleisch, z. B. Ente, hervorragend.

Litschi

Oder Litschi, Lychee. Ursprünglich aus Südchina stammend, heute weltweit in den Subtropen beheimatet. Über 100 Sorten sind bekannt, die bekannteste hat eine rote, stachelige Schale, roséfarbenes Fruchtfleisch, Konsistenz wie fester Gelee. Geschmack süßlich, aber dezent, leicht an Erdbeeren erinnernd, markanter Geruch. In der chinesischen Küche sehr beliebt.

Mango

Nationalfrucht der Inder (dort sind über 1.000 Sorten bekannt), heute weltweit in den Tropen verbreitet. Relativ große Frucht mit einem flachen, länglichen Stein. Unreife Früchte sind grün, vollreife orangerot. Nur in einem relativ kurzen Reifestadium wirklich gut, dann sehr aromatisch und süß und mit zartem Fruchtfleisch. Insbesondere auch für Chutney geeignet.

Maracuja

Ein Passionsblumengewächs wie die Passionsfrucht. In den Abnehmerländern werden beide Sorten zumeist fälschlich unter beiden Namen geführt, beide sind auch als Granadilla bekannt. Als Maracuja ist aber nur die gelbe Granadilla zu bezeichnen. Ursprünglich in Südamerika beheimatet, heute weltweit in den Tropen und Subtropen verbreitet. Intensives süßsaures Aroma, etwas dezenter im Geschmack als die purpurne Zwillingsfrucht, zudem durchschnittlich etwas größer.

Papaya

Auch Baummelone. Ursprünglich vermutlich aus Mexiko, heute in allen Tropengebieten verbreitet. Die Schale ist im unreifen Zustand grün, in der Reife gelb-orange und zunehmend dünner. Insbesondere ihren ungenießbaren Kernen werden zahlreiche gesundheitsförderliche Wirkungen zugeschrieben: Sie sollen wundheilend, antitoxisch, verdauungsregulierend wirken und möglicherweise sogar gegen Tumore helfen. Mild-süßer, aromatischer Geschmack.

Passionsfrucht

Auch Purpurgranadilla oder Rote Passionsfrucht, nicht zu verwechseln mit der gelblichen Maracuja. Die purpurne Variante ist geschmacklich sehr ähnlich der gelben Ausgabe, aber tendenziell süßer und etwas aromatischer. Sie ist etwas kleiner als ihre Zwillingsfrucht und sehr vitaminreich. Essbar ist das gesamte Fruchtinnere, also die eher süßen Samen und die eher säuerliche orange Pulpe. Wenn die Haut leicht schrumpelig ist, ist die Frucht vollreif und perfekt für den Verzehr.

EXOTEN AUF GROSSER WANDERSCHAFT

Die exotischen Früchte stammen ursprünglich aus relativ kleinen Gebieten irgendwo auf der Erde, sehr viele aus Südamerika oder Südostasien. Temperaturen, Luftfeuchtigkeit, Bodenverhältnisse und vieles mehr – unter ganz besonderen Umweltbedingungen entstanden sie und stießen mehr oder weniger schnell auf klimatische, edaphische (auf den Boden bezügliche) oder andere Grenzen. Exotische Früchte waren stets Inselbewohner auf kontinentalem Boden.

Das änderte sich mit einem wichtigen Datum der Menschheitsgeschichte grundlegend. Nachdem Christoph Kolumbus 1492 Amerika entdeckt hatte, begann die botanische Globalisierung. Pflanzen wurden mit Schiffen über die Ozeane gebracht und auf fernen Kontinenten angesiedelt. Viele für uns heute alltägliche Pflanzen kamen erst mit der weltumspannenden Seefahrt nach Europa, beispielsweise die Kartoffel und die Tomate, die eigentlich aus Südamerika stammen.

Die tropischen und subtropischen Exoten wurden ebenfalls bald in alle Welt verschifft. In mindestens einem Fall spiegelt sich die „Mobilität" einer Exotenfrucht sogar in ihrem Namen wider. Die Physalis stammt nämlich eigentlich aus den südamerikanischen Anden und hatte deswegen immer schon den Beinamen Andenbeere. Anfang des 19. Jahrhunderts wurde sie dann wahrscheinlich von portugiesischen Seefahrern nach Südafrika gebracht und dort kultiviert. Seither ist sie unter dem Namen Kapstachelbeere bekannt.

Beinahe alle Exoten sind heute überall dort kultiviert, wo die klimatischen und weiteren Bedingungen erfüllt sind, die es auch in ihrer eigentlichen Heimat gibt. Südamerikanische Früchte werden in Asien, Afrika, Australien, zum Teil auch in Europa gezüchtet. Und für die vielen asiatischen Exoten gilt das ebenso.

Physalis

Auch Kapstachelbeere (sowie Andenbeere, Blasenkirsche oder Judenkirsche). Ursprünglich südamerikanische Frucht, die in Südafrika kultiviert wurde und vom Kap der Guten Hoffnung einen ihrer Namen erhalten hat. Inzwischen in vielen Ländern zu Hause. Kleine, runde Frucht, die von einer strohigen, pergamentartigen Hülle umschlossen wird. Feste Konsistenz, fein-süßlicher Geschmack, erinnert vage an Ananas, aber auch Passionsfrucht, Stachelbeere und Kirsche.

Pitahaya

Auch Drachenfrucht. Frucht einer ursprünglich aus Mexiko stammenden Kakteenart, heute weltweit in warmen und heißen Zonen beheimatet, vor allem in Südostasien. Neben der roten (siehe Abb.) gibt es auch eine gelbe Variante. Grau-weißes Fruchtfleisch mit zahlreichen winzigen schwarzen Kernen (eine seltene Variante hat dagegen rötliches Fruchtfleisch). Im Geschmack mild, süßsäuerlich, erfrischend. Wird auch zu Saft verarbeitet.

Tamarillo

Auch Baumtomate. Ursprünglich südamerikanische Pflanze, heute weltweit kultiviert, insbesondere in Neuseeland. Wie die Tomate ein Nachtschattengewächs, ihr optisch sowohl äußerlich als auch innerlich sehr ähnlich. Die Schale ist hart und herb, der Rest kann komplett geschält genossen oder ausgelöffelt werden. Geschmacklich entfernt tomatig, vollreif süß-herb und aromatisch. Wird auch zum Kochen verwendet, als Fleischbeilage, für Chutneys und Marmeladen.

Reifung von exotischen Früchten

Obst hat den höchsten Vitamingehalt, wenn es reif ist. Und es schmeckt dann natürlich auch am besten. Die Ananas ist perfekt, wenn sie leicht aromatisch riecht und wenn sich die Blätter relativ leicht herausziehen lassen. Die Mango bekommt man meistens unreif angeboten und muss sie nachreifen lassen, bis sie weitgehend gelb-rot wird und ihre Schale leicht nachgibt. An kleinen schwarzen Punkten erkennt man, dass sie vollreif ist. Man braucht bei fast allen exotischen Früchten ein wenig Erfahrung, um ihren Reifegrad erkennen zu können. Bei sehr seltenen Früchten, wie beispielsweise dem Durian, sollte man auf den fachmännischen Rat des Obsthändlers seines Vertrauens hören.

Viele Exoten werden in den Erzeugerländern unreif geerntet und reifen während des Transports und danach weiter. Die sogenannten Flugmangos und -ananas dagegen werden reif geerntet und auf dem schnellstenWeg per Flugzeug in die Zielländer gebracht. Sie sind deutlich aromatischer und süßer – aber der Transport durch die Luft ist natürlich alles andere als umweltfreundlich.

Lagerung

Die meisten exotischen Früchte vertragen Kälte und Licht nicht sehr gut. Sie sollten deswegen nicht zu kühl und einigermaßen dunkel aufbewahrt werden. Im Kühlschrank geht das Fruchtfleisch vieler Arten buchstäblich kaputt. Die meisten Exoten reifen bei Temperaturen zwischen 15 und 25 °C optimal nach. Sind sie reif und sollen nicht mehr weiterreifen, dann kann man einige Arten, wie zum Beispiel Granatapfel, Karambole und Papaya, im Gemüsefach des Kühlschranks aufbewahren – allerdings nicht allzu lange. Bevor man diese Früchte verzehrt, sollte man sie einige Stunden vorher herausholen und temperieren, sonst sind sie kein wirklicher Genuss. Andere Früchte, wie Ananas, Mango und Banane, sind bei 10 °C optimal temperiert.

NÜSSE

Die Nuss, botanisch

Auf die Frage „Was ist eine Nuss?" gibt es mindestens zwei Antworten: eine botanische und eine volkstümliche. In unserem alltäglichen Sprachgebrauch bezeichnen wir alles als Nuss, was wir optisch, haptisch, sensorisch und geschmacklich dafür halten. Botanisch sind sehr viele „Nüsse" allerdings keineswegs Nüsse.

Mandel, Pistazie, Cashew-, Pekan- und Kokosnuss sind Kerne von Steinfrüchten. Sie sind verwandt mit Pflaume, Aprikose, Olive und Kirsche, bei denen allerdings das Fruchtfleisch essbar ist, während bei ihnen der Kern genießbar ist. Die Erdnuss ist eine Hülsenfrucht und insofern mit Erbsen, Bohnen und Linsen verwandt. Die Muskatnuss ist eine Balgfrucht wie der Rittersporn oder der Sternanis. Die Karité- oder Sheanuss, aus der die berühmte Sheabutter gemacht wird, ist der Samen einer Beere, stammt also aus der gleichen Familie wie Johannis-, Heidel- und Preiselbeere. Die Paranuss ist wie Kardamom und Mohn eine Kapselfrucht.

Nüsse gehören botanisch zu den Schließfrüchten, die dadurch definiert sind, dass ihre Früchte in geschlossenem Zustand von der Pflanze abfallen und sich dann auch nicht öffnen. Nüsse haben eine Schale, die komplett verholzt ist. Genau das unterscheidet sie von anderen, im Alltagsgebrauch als Nuss bezeichneten Früchten oder Samen. Jene anderen haben in der Regel eine vergleichsweise weiche Schale. Zu den echten Nüssen gehören neben Wal-, Hasel-, Macadamianuss und Kastanie erstaunlicherweise die Erdbeeren – beziehungsweise natürlich die kleinen Kerne im Fruchtfleisch, die man tatsächlich „Nüsschen" nennt.

Nüsse in der Ernährung

Nüsse gelten insgesamt als gesund. Man sollte von übermäßigem Verzehr allerdings dennoch absehen, da sie einen hohen Fettanteil und viel Energie haben. Deswegen wurde teilweise früher von ihrem Verzehr energisch abgeraten. Inzwischen hat man jedoch entdeckt, dass Fett nicht gleich Fett ist und Nüsse mehrere sehr wertvolle Inhaltsstoffe besitzen.

Nüsse reduzieren die Wahrscheinlichkeit von vielen typischen Herz- und Kreislauferkrankungen sowie von Krebs – genau jene Krankheiten, an denen in den Industrieländern die meisten Menschen sterben. Verantwortlich für diese positiven Auswirkungen sind unter anderem die ungesättigten Fettsäuren – insbesondere die Omega-3-Fettsäuren – der Nüsse. Sie wirken sich positiv auf den Cholesterinspiegel aus, sollen das Risiko von Krebs und Infarkten vermindern und sorgen für einen stabilen Zuckerwert.

Nüsse machen außerdem glücklich, denn sie enthalten zum Teil recht viel Tryptophan. Es handelt sich dabei um eine essenzielle Aminosäure, die vom Körper nicht erzeugt werden kann und mit der Nahrung zugeführt werden muss. Es wird vom Organismus in Serotonin umgewandelt. Nüsse enthalten das „Glückshormon" aber auch selbst in zum Teil hoher Dosis. Walnüsse beispielshalber haben einen extrem hohen Serotonin-Gehalt.

Cashewkerne
Biologisch keine Nuss. Charakteristische Nierenform. Mürbe Konsistenz, leicht süßlich, insgesamt zurückhaltend im Geschmack.

Edelkastanie
Auch Marone. Nuss des europaweit verbreiteten Buchengewächses. Hoher Zuckergehalt, geröstet oder gekocht vielseitig verwendbar.

Erdnuss
Keine Nuss, sondern Hülsenfrucht. Starkes Allergen. Wird häufig zu Öl verarbeitet, insbesondere in der asiatischen Küche beliebt.

Haselnuss
Europaweit verbreitete Nuss der Gemeinen Hasel. Starkes Allergen. Markanter Geschmack, Verwendung insbesondere als Backzutat.

Kokosnuss
Frucht der tropischen Kokospalme. Fruchtfleisch wird z. B. zu Kokosmilch verarbeitet. Alleskönner, Verarbeitung zu Wein, Essig, Öl etc.

Macadamia
Aus Australien stammende Edelnuss mit geringem Ertrag, auch „Königin der Nüsse" genannt. Sehr feiner, eleganter Geschmack.

Mandel
Frucht des Mandelbaums, eines Rosengewächses. Es gibt bittere und süße Mandeln. Letztere v. a. in Marzipan und als Backzutat.

Paranuss
Samen des südamerikanischen Paranussbaums. Starkes Allergen. Sehr harte Schale, geschält allerdings schimmelanfällig und schnell ranzig.

Pekannuss
Frucht des nordamerikanischen Pekannussbaums, eines Walnussgewächses. Sieht der Walnuss sehr ähnlich, süßlich, sehr schmackhaft.

Pinienkerne
Geschälte Samen der im Mittelmeerraum verbreiteten Pinie. In der mediterranen Küche in Pesto, angeröstet zu Salaten etc.

Pistazie
Kern der Steinfrucht des Pistazienbaums, v. a. im Iran angebaut. Oft geröstet und gesalzen zum Knabbern, auch in Mortadella etc.

Walnuss
Frucht der weltweit verbreiteten Echten Walnuss. Aromatische Nuss, zum Verzehr pur, als Öl oder Zutat von Eis, Backwaren etc.

FLEISCH

SCHWEIN

Die fast ausschließlich für die Fleischerzeugung gehaltene Zuchtform des Wildschweins ist bis auf jüdisch und islamisch geprägte Kulturkreise weltweit verbreitet. Zwar ist der Konsum leicht rückläufig, dennoch ist das Zuchtschwein mengenmäßig immer noch einer der größten Fleischlieferanten.

Schweine sind sensible Tiere. Aufgrund ihrer verringerten Stressresistenz wurden in den letzten Jahren die Zucht- und Haltungsbedingungen verbessert – Fleisch aus Massentierhaltung sollte jedoch weiterhin gemieden werden. Immer noch werden Schweine in Massentierhaltung daraufhin gezüchtet, dass sie möglichst viel Fleisch und wenig Fett ansetzen. Dieses sogenannte PSE-Fleisch (pale, soft and exudative), also blass, weich und ausgetrocknet, gibt beim Braten sehr viel Flüssigkeit ab und zieht sich zusammen. Im Ergebnis schmeckt es zäh, hat kaum Eigengeschmack und hat dazu beigetragen, dass das Schweinefleisch auf der Beliebtheitsskala rückläufig ist. Schweinefleisch aus artgerechter Haltung zeichnet sich dadurch aus, dass es kräftig rosa bis rot ist, meist mit feinen Fasern marmoriert und von einem 7–8 Monate alten Mastschwein stammt. Die Tiere werden mit Mischfutter ernährt und haben genügend Auslauf. Ihr Fleisch ist wohlschmeckend und immer noch etwas für Feinschmecker.

Lagerung und Geschmack

Schweinefleisch muss, im Gegensatz zu Rind-, Lamm- oder Wildfleisch, nicht abgehangen werden. Es wird am besten frisch verwendet, also nicht tiefgekühlt. Vom Schwein werden fast alle Stücke in der deftigen und auch gehobenen Küche verwendet. Bei den Innereien ist ganz besonders auf absolute Frische zu achten.

Der Geschmack des Fleisches hängt neben der Haltung, dem Futter und dem Alter der Tiere auch von der jeweiligen Rasse ab. Als eine der edelsten Rassen gilt das iberische Schwein, das auch den weltberühmten Schinken liefert. Die sogenannten Iberico-Schweine werden halb frei in Kork- und Steineichenhainen gehalten und mit Eicheln gemästet. Ihr Fleisch ist würzig und aromatisch, dabei zart und saftig. Besonders zart ist auch das Fleisch von Spanferkeln, ganz jungen Schweinen, die noch gesäugt werden und im Alter von 6–8 Wochen mit einem Gewicht von 12-20 kg geschlachtet werden.

1) Kopf (z. B. Kochfleisch, Suppenfleisch, Hirn)
1a) Ohren
1b) Schnauze
1c) Backe
2) Nacken/Kamm/Hals (z. B. Kurzbratstücke, Braten)
3) Dicke Rippe/Brust/Brustspitze (z. B. Braten)
4) Schulter/Blatt (z. B. Braten, Gulasch)
5) Kotelettstück/Rippenstück (Lummerkotelett, Stielkotelett)
6) Filet/Lende (z. B. Medaillons)
7) Bauch (z. B. Suppenfleisch, Grillfleisch)
8) Nuss (z. B. Schnitzel)
9) Hüfte/Oberschale (z. B. Schnitzel, Rouladen, Gulasch)
10) Schinken/Unterschale (z. B. Schnitzel, Koch-, Hinter- und roher Schinken)
11) Haxe/Vordereisbein
12) Pfote/Spitzbein
13) Hintereisbein
14) Pfote/Spitzbein
15) Rückenspeck/grüner Speck

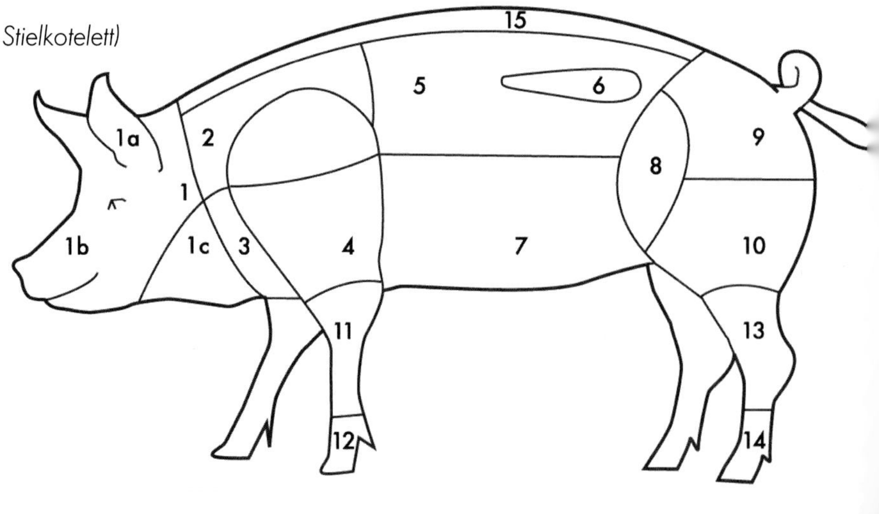

Bauchfleisch m. Knochen

Oberes Drittel: auch Schälrippe/Leiterchen. Stark von Fett und Rippen durchzogen. **Verwendung**: Grillen, Braten, Pökeln, Kochen und Schmoren.

Bauchfleisch o. Knochen

Auch Wammerl. Stark von Fett durchzogen. **Verwendung**: geeignet zum Grillen und Braten (Schweinekrustenbraten), auch geräuchert als Speck.

Brustspitze

Auch Dicke Rippe und Brust. Mit 20 % Fett stark durchwachsen, grobfaserig. **Verwendung**: Schmoren (oft gefüllt), Pökeln und Kochen (in Eintöpfen).

Schulter o. Knochen

Auch Bug genannt. Im Bild: dickes Schulterstück. Grobfaserig, mit Sehnen durchzogen. **Verwendung**: geeignet zum Schmoren und Braten.

Grüner Speck

Auch fetter Speck oder Rückenspeck. Reines Fettgewebe. **Verwendung**: geeignet zum Spicken, Bardieren und zur Schmalzherstellung.

Hals/Nacken m. Knochen

Saftig, trocknet kaum aus, da gut mit Fettadern durchzogen. **Verwendung**: geeignet zum Grillen, Braten, Marinieren und Pökeln.

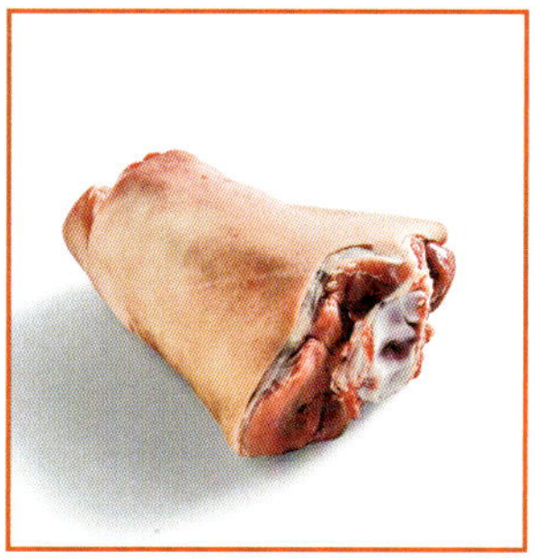

Haxe

Auch Vordereisbein, Hämmchen. Stark durchwachsen, von Fettschicht umgeben. **Verwendung**: erst gepökelt, dann gekocht oder gebraten und gegrillt.

Hüfte

Mit oder ohne Schwarte angeboten, sehr zart, saftig, bestes Bratenfleisch. **Verwendung**: geeignet zum Braten, Schmoren, Kurzbraten.

Nackenkotelett

Saftig, trocknet kaum aus, gut mit Fettadern durchzogen. **Verwendung**: mit oder ohne Knochen (im Bild ohne) geeignet zum Grillen und Braten.

Nuss

Auch Maus oder Blume. Schinkenteilstück, saftig. **Verwendung**: geräuchert als Nussschinken, auch als Braten, zum Grillen und Kurzbraten.

Oberschale

Auch Kluft oder Huft. Sehr mager, zart und kurzfaserig. **Verwendung**: Kurzbraten (für Schnitzel), Schmoren und als Schinken.

Unterschale

Teilstück des Schinkens, zart marmoriert, mit oder ohne Schwarte. **Verwendung**: Braten, Kurzbraten und Schmoren.

Filet

Auch Lende, Lummer, Lenden- oder Lungenbraten und Jungfernbraten. Langer, keulenförmiger Muskelstrang im Lendenbereich auf beiden Seiten der Wirbelsäule an der Unterseite des Kotelettstrangs. Besonders zart, mager und saftig. Das begehrteste und teuerste Stück des Schweins. **Verwendung**: im Ganzen oder in Scheiben als Medaillons geschmort, gebraten, kurz gebraten oder gegrillt. Auch in knusprigen Teighüllen gebacken.

Lummerkotelett

Auch Lendenkotelett genannt. Im Ganzen oder in einzelnen Scheiben angeboten. Aus dem hinteren Teil des Rippenstücks. Immer mit Knochen (franz. „côtelette" bedeutet so viel wie „Rippchen"). Das Rippenstück beginnt hinter dem Nacken, liegt auf beiden Seiten der Wirbelsäule und reicht beim Schwein bis zur Hinterkeule. Das Fleisch aus dem hinteren Teil ist besonders zart und fettarm, da es auch das Filet enthält. **Verwendung**: meist gebraten, in Scheiben auch kurz gebraten oder gegrillt.

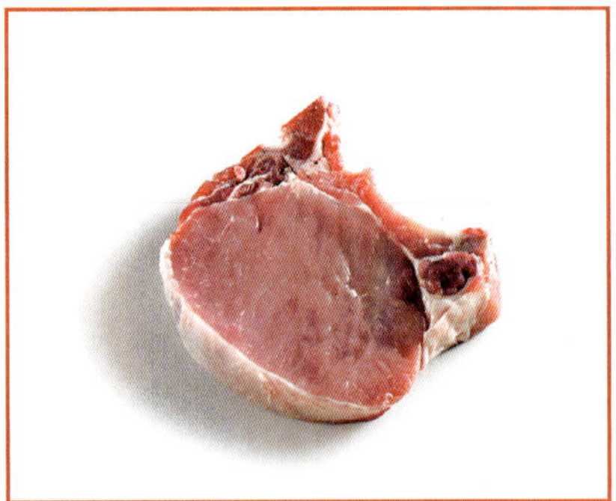

Stielkotelettstück, einzeln

Im Ganzen oder in einzelnen Scheiben angeboten. Aus dem vorderen Teil des Rippenstücks, auch Karree, Carré, Rücken oder Kotelettstrang genannt. Immer mit Knochen (franz. „côtelette" bedeutet so viel wie „Rippchen"). Das Rippenstück beginnt hinter dem Nacken, liegt auf beiden Seiten der Wirbelsäule und reicht beim Schwein bis zur Hinterkeule. Das Fleisch ist zart und fettarm. **Verwendung**: meist gepökelt und geräuchert als Kasseler, auch gebraten oder gegrillt.

ZUCHT, MODEN, GESCHMACK

Neben dem Hund gilt das Schwein als älteste domestizierte Tierrasse des Menschen. Bereits vor rund 10.000 Jahren begann die Schweinezucht, indem Wildschweine domestiziert und gehalten wurden – entweder in frei laufenden Herden in der Nähe von Wäldern oder aber auf eingezäunten Weideflächen innerhalb von Siedlungen. Die Herdenhaltung in Wäldern ist seit der Antike für Europa belegt.

Gewünscht waren damals und bis in die 50er Jahre des 20. Jahrhunderts hinein Schweine, die einen hohen Anteil an Fett aufwiesen. Doch in den 60er Jahren änderte sich dies. Auf einmal waren Schweine gefragt, die möglichst viel Fleisch und möglichst wenig Fett aufwiesen. Außerdem wurden die Schweine daraufhin gezüchtet, dass sie immer schneller wuchsen. Zum Vergleich: Um 1800 erreichte ein Schwein im Alter von 1 1/2 Jahren sein Schlachtgewicht von rund 50 kg. Heutzutage werden Mastschweine meist schon nach sechs Monaten mit einem Gewicht von rund 100 kg geschlachtet.

Schweine sollten also immer schneller wachsen, immer mehr Fleisch ansetzen und gleichzeitig mager bleiben. Die Kehrseite der Medaille war, dass solche Schweine extrem stressanfällig waren. Während des Transports zum Schlachthof und kurz vor dem Schlachten selbst wurden so sehr viele Stresshormone produziert, die ins Fleisch übergingen und mit dazu beitrugen, dass Schweinefleisch einen schlechten Ruf bekam und als ungesund galt. Auch gab es bei diesen hochgezüchteten Rassen oftmals böse Überraschungen. Das Schweinefleisch verlor beim Erhitzen viel Wasser, schrumpfte zusammen, wurde zäh und schmeckte nach nichts. Mittlerweile wird versucht, in der Züchtung diese Fehler wieder zu beheben – doch oftmals mit mäßigem Erfolg. So war die Zeit gekommen, alte Rassen wiederzuentdecken.

Backe

Auch Schweinsbacke oder -bäckchen genannt. Zählt zum Schweinskopf und damit zu den Innereien. Das Fleisch hat einen hohen Fett- und Bindegewebsanteil und muss daher länger geschmort oder gekocht werden, dann aber ist es sehr zart und kräftig im Geschmack. **Verwendung**: meist als Einlage für Suppen und Eintöpfe, auch beliebt als deftiges Schmorgericht.

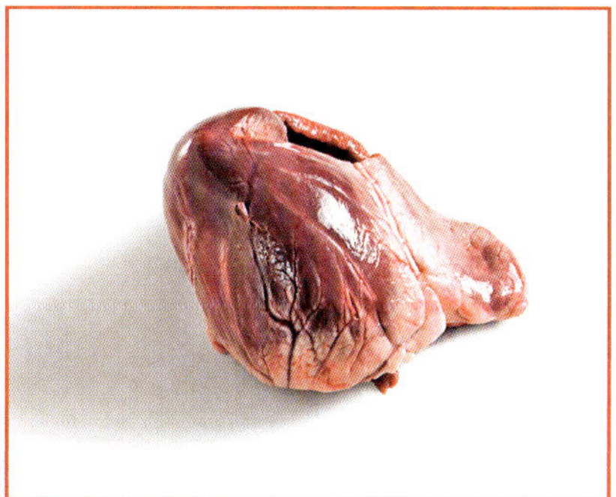

Herz

Muss vor der Verwendung gründlich unter fließendem Wasser gewaschen werden, Röhre und Häute müssen entfernt werden. Vor der Weiterverarbeitung sollte das Herz gewässert werden, um Rückstände wie zum Beispiel Blut auszuschwemmen. Dabei das Wasser öfter erneuern. Im Geschmack kräftig, von der Konsistenz wie zartes Muskelfleisch, hat eine relativ lange Garzeit. **Verwendung**: langsam geschmort im Ofen in Ragouts oder gekocht. Bereits gekochtes Herz im Sud erkalten lassen, sonst wird es zäh.

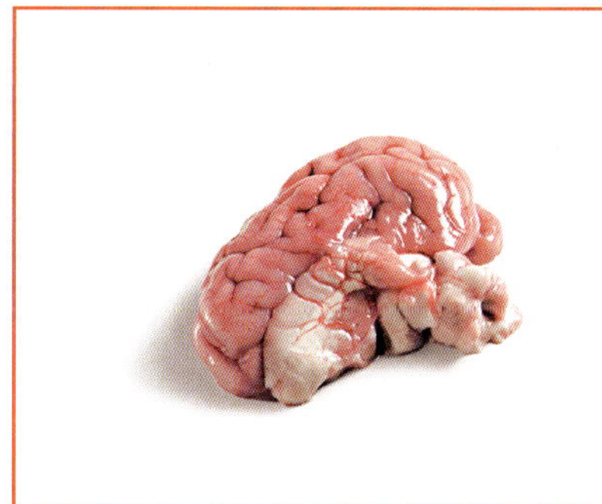

Hirn

Auch Bregen oder Brägen. Selten im Handel. Es besteht fast ausschließlich aus Fett und Eiweiß, enthält viele Vitamine, leider auch viel Cholesterin. Sehr empfindlich und leicht verderblich. Muss vor der Verwendung gründlich gewässert werden, um unerwünschte Rückstände, wie zum Beispiel Blut, auszuschwemmen. **Verwendung**: muss vor dem Braten blanchiert werden, da es sonst zerfallen würde. Wird aber fast ausschließlich zur Herstellung von Wurst und Sülze in Verbindung mit dem ganzen Kopf verwendet.

Das Bentheimer Weideschwein

Es zählt zu den extrem gefährdeten Nutztierrassen, was daran liegen könnte, dass es sich nicht in großen Mastställen halten lässt und nur langsam wächst. Dafür sind die Tiere jedoch sehr robust und genügsam. Der Grund, warum die Tiere wieder vermehrt angetroffen werden: Ihr Fleisch ist fettreich und von hervorragender Qualität, saftig und voller Geschmack.

Das Ibérico-Schwein

Es wird auch Schwarzfuß-Schwein (pata negra) genannt und lebt halbwild in Eichenhainen auf der iberischen Halbinsel in Spanien und Portugal. Es ernährt sich hauptsächlich von Eicheln, die dem Fleisch ein leicht nussiges Aroma verleihen. Das Fleisch der Ibérico-Schweine enthält mehr gesunde, ungesättigte Fettsäuren als anderes Schweinefleisch, es ist marmoriert, enthält also mehr Fett als Schweinefleisch aus der Massentierhaltung, hat mehr Geschmack und ist sehr zart.

Ungarisches Wollschwein/Mangalica-Schwein

Auch das ungarische Wollschwein zählt zu den schützenswerten alten Haustierrassen. Es wurde ursprünglich gezielt auf viel Speck gezüchtet und starb dann ab den 60er Jahren beinahe aus. Mittelweile findet man die robuste Rasse mit dem dichten Fell, die dank Fettschicht das ganze Jahr über im Freien leben kann, wieder öfter. Ihr fettreiches Fleisch wird in Spanien für den Serrano-Schinken verwendet und in Ungarn bevorzugt für edle Salami.

Das Schwäbisch-Hallische Landschwein

Auch mit dieser traditionsreichen Landrasse mit charakteristischem schwarzen Kopf und schwarzem Hinterteil ging es mit den 60er Jahren bergab, da das Fleisch zwar von bester Qualität war, aber nicht so mager wie damals gewünscht. In den 80er Jahren galt die Rasse sogar als ausgestorben. Mittlerweile gibt es wieder mehr Betriebe, die in ökologisch-artgerechter Haltung diese Rasse züchten.

Bauchlappen
Auch Flanke und Dünnung genannt. Fett- und bindegewebsreiches Stück, das die Bauchhöhle umgibt. **Verwendung**: Im Handel nur zum Kochen, industriell zur Fond- und Wurstherstellung.

Brust, ausgelöst
Mäßig durchwachsen. Wird unterteilt in Brustspitze/Brustbein, Brustkern/Mittelbrust und dünne, aber breite Nachbrust. **Verwendung**: zum Kochen, Nachbrust auch geschmort als Rollbraten.

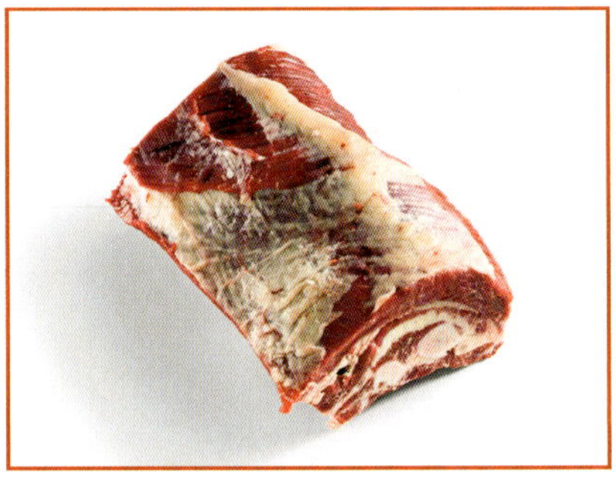

Brust mit Knochen
Mäßig durchwachsen, frisch oder gepökelt. Mittelbrust im Geschmack am kräftigsten. **Verwendung**: dient mit Knochen fast immer als Kochfleisch für Brühen, Suppen, Eintöpfe.

Dickes Bugstück
Zartfaseriger und magerer als andere Bugstücke, bestes Teilstück aus der Schulter. **Verwendung**: zum Schmoren, z. B. für Rouladen, Braten oder Geschnetzeltes.

Mittelbugstück
Auch Schaufelstück, Schulterspitz, Latte genannt. Kräftig im Geschmack. **Verwendung**: zum Kochen für Suppen und Eintöpfe, zum Schmoren für Ragouts oder Braten.

Hals/Nacken
Auch Kamm genannt. Stark durchwachsen, dadurch sehr saftig. **Verwendung**: mit Knochen zum Schmoren und Kochen geeignet, ausgelöst als Gulasch.

RIND

Unter den Begriff „Rind" fallen sowohl männliche als auch weibliche, alte und junge Tiere. Je nach Geschlecht und Alter unterscheidet man zwischen Kalb, Färse, Jungbulle, Ochse, Bulle oder Kuh.

Kälber sind Jungtiere bis zum ersten Lebensjahr. Färsen sind weibliche Jungrinder bis zum ersten Kalb. Ein Jungbulle ist ein männliches Jungrind, ein Ochse ein kastriertes männliches Rind, ein Bulle ein geschlechtsreifes männliches Rind. Eine Kuh ist ein weibliches Rind, nachdem es gekalbt hat.

Rassen

Neben Alter und Geschlecht der Tiere sind für den Geschmack des Fleisches natürlich auch die Zuchtform, die Rasse und das jeweilige Teilstück entscheidend. Besonders beliebt sind Rassen, die langsam wachsen und dadurch eine festere Fleischstruktur aufweisen. Von Feinschmeckern geschätzte Rassen: **Aberdeen oder auch Black Angus**. Die Schlachtausbeute der ursprünglich schottischen Rasse ist hoch, das Fleisch ist recht fetthaltig und zart.

Hohe Rippe

Fein marmoriert, sehr saftig, mit und ohne Knochen im Handel. **Verwendung**: sehr gut zum Kochen und Schmoren, von jungen Tieren werden auch Steaks geschnitten.

Querrippe mit Knochen

Auch Spannrippe genannt, gut durchwachsen. **Verwendung**: als Kochfleisch für Brühen, Fonds, Suppen und Eintöpfe. Nach dem Kochen lassen sich die Rippen herausziehen.

Roastbeef

Auch Lende und Rostbraten genannt. Zartes, fein gemasertes Stück, mit und ohne Knochen. **Verwendung**: hervorragend als Braten; auch zum Grillen und Kurzbraten.

Filet

Das wertvollste Teilstück, sehr mager, zart und fein. **Verwendung**: hervorragend zum Kurzbraten, auch Grillen, aber auch im Ganzen als Braten zum Schmoren.

Schulterfilet

Auch Falsches Filet genannt. Zartfaserig, relativ fettarm. Bleibt aber beim Schmoren saftig. **Verwendung**: roh als Tatar, zum Kochen für Eintöpfe oder zum Schmoren für Braten und Gulasch.

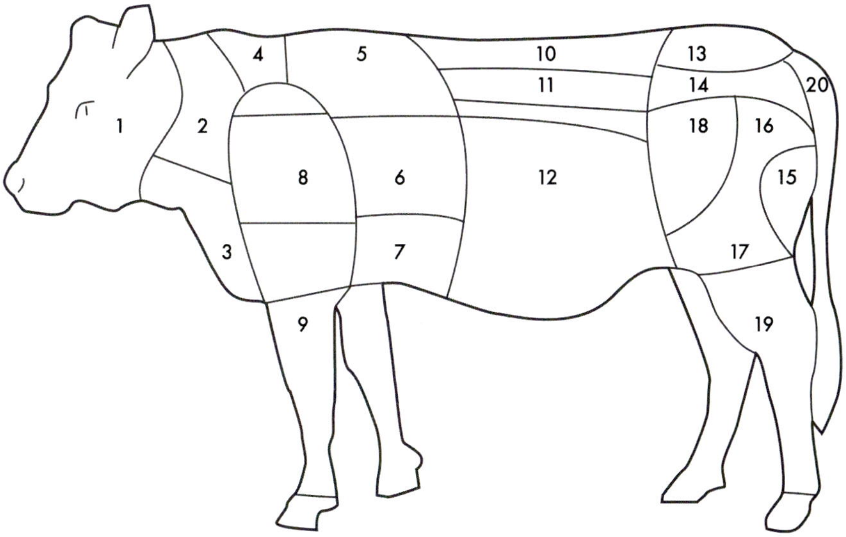

1) Kopf (z. B. Backen)
2) Hals/Nacken
3) Brust (z. B. Rollbraten, Kochfleisch)
4) Kamm/Zungenstück/Fehlrippe
5) Hochrippe (z. B. Schmorbraten, Suppenfleisch, Sauerbraten)
6) Querrippe/Leiter (z. B. Suppenfleisch)
7) Brustkern (z. B. Suppenfleisch)
8) Bug/Schulter/Blatt mit dickem Blattstück und Mittelstück (z. B. Falsches Filet)
9) Vorderbein/Hesse (z. B. Beinscheiben, Suppenfleisch)
10) Lende/Roastbeef (z. B. Steaks, Schmorbraten)
11) Filet (z. B. Steaks, Gulasch)
12) Spannrippe/Dünnung (z. B. Suppenfleisch, Kochfleisch)
13) Hüfte (z. B. Steaks, Tafelspitz)
14) Hüftdeckel (z. B. Gulasch, Bürgermeisterstück)
15) Schwanzrolle (z. B. Braten)
16) Oberschale/Kluft (z. B. Rouladen)
17) Unterschale/Kluft (z. B. Rouladen, Rosenstück)
18) Nuss/Kugel (z. B. Rouladen, Schmorbraten, Steaks)
19) Hinterbein/Hesse (z. B. Suppenfleisch, Beinscheibe)
20) Ochsenschwanz (z. B. Kochfleisch, Ragout)

Hüfte mit Deckel

Zählt noch zur Keule, sehr zartes Teilstück. Hüfte mit Deckel auch Tafelspitz. **Verwendung**: zum Kochen, Schmoren und Kurzbraten.

Nuss

Auch Kugel. Fettarmes, zartes und feinfaseriges Teilstück aus der Keule. **Verwendung**: zum Schmoren für Gulasch oder Braten.

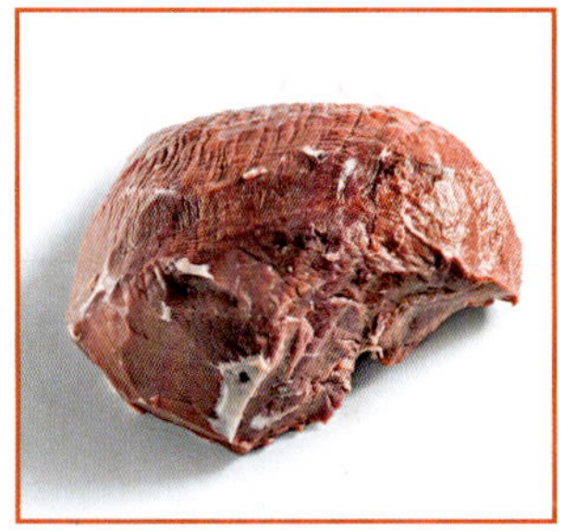

Oberschale

Auch Kluft. Zartes, mageres, feinfaseriges Teilstück aus der Keule. **Verwendung**: zum Schmoren, klassisch für Rouladen.

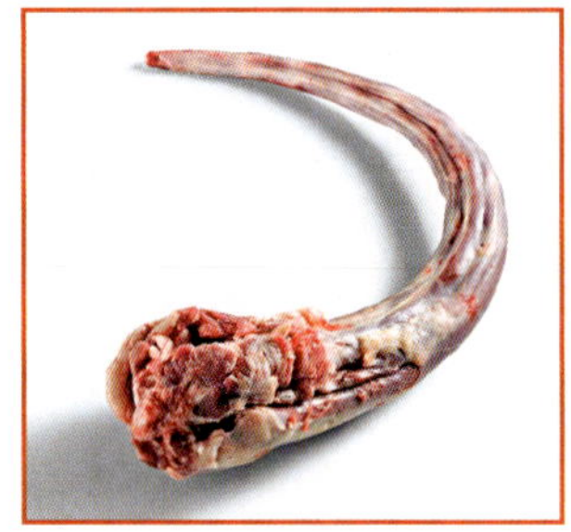

Ochsenschwanz

Auch von Kühen. Kräftig im Geschmack. **Verwendung**: gekocht und geschmort, auch für Fonds, selten gedünstet.

Rosenstück

Auch Rose oder Rosenspitz. Bindegewebsreiches Teilstück aus der Keule. **Verwendung**: meist als Suppenfleisch oder für Gulasch.

Tafelspitz

Spitz zulaufendes Endstück der Hüfte, zart und mager, mit Fettrand im Handel. **Verwendung**: meist gekocht als Tafelspitz, auch geschmort.

Vorderbein

Auch Haxe. Kräftig, schön marmoriert, mit Markknochen. **Verwendung**: gekocht für Suppen und Fonds, geschmort am Stück oder in Scheiben.

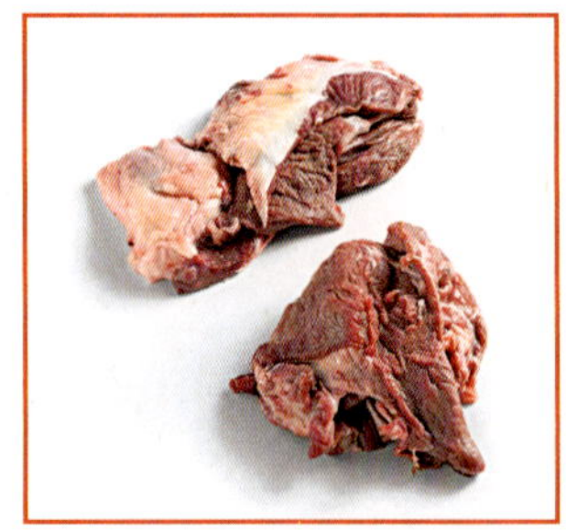

Backen

Sehr zartes und fein marmoriertes Fleisch, auch gepökelt im Handel. **Verwendung**: meist geschmort, auch für Sülzen und Pasteten.

Charolais: Ursprünglich aus dem Burgund stammend, zählt die Rasse heute zu den begehrtesten weltweit. Das Fleisch ist zart, saftig und dennoch relativ fettarm. **Galloway**: Ursprünglich aus Schottland stammend, hat die Rasse zartes, marmoriertes, saftiges Fleisch. **Hereford**: Diese frühreife und recht fetthaltige Rinderrasse stammt ursprünglich aus England, wird aber auch in Nord- und Südamerika gezüchtet. **Kobe**: Durch spezielle Mastbedingungen ist die Muskulatur dieser Rinder extrem verfettet, was das Fleisch besonders zart und bei Feinschmeckern beliebt macht.

QUALITÄT

Gutes Rindfleisch ist dunkelrot mit glänzenden Schnittflächen. Das feinfaserige Fleisch sollte von weißen Fettadern durchzogen, d. h. marmoriert sein. Vor dem Zubereiten sollte es je nach Teilstück und Art der Verwendung zwischen fünf Tagen und drei Wochen abhängen. Es kann tiefgekühlt bis zu zwölf Monaten aufbewahrt werden.

Gerade beim Rindfleisch sollte auf die Herkunft, die Aufzuchtsbedingungen und Mastformen der Tiere geachtet werden, denn sogenanntes Öko-Fleisch aus biologisch artgerechter Haltung übertrifft an Geschmack bei Weitem die Produkte der Massentierhaltung.

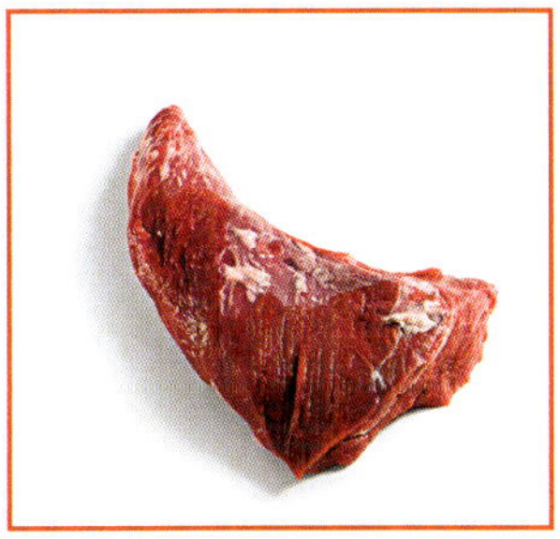

Bürgermeisterstück

Auch Pastorenstück. Mageres, sehr zartes Teilstück über der Kugel. **Verwendung**: zum Kurzbraten, auch zum Schmoren.

Clubsteak

T-Bone-Steak ohne Filetanteil. Aus dem Flachen Roastbeef werden Rumpsteaks geschnitten, aus dem Hohen Roastbeef Clubsteaks.

Porterhouse-Steak

Aus Roastbeef und Filet, immer mit Knochen. Ca. 6 cm dick, 700–1000 g schwer. **Verwendung**: meist gegrillt oder aus der Pfanne.

T-Bone-Steak

Aus Roastbeef und Filet mit T-förmigem Knochen in der Mitte. Ca. 4 cm dick und 600–700 g schwer. **Verwendung**: wird meist gegrillt.

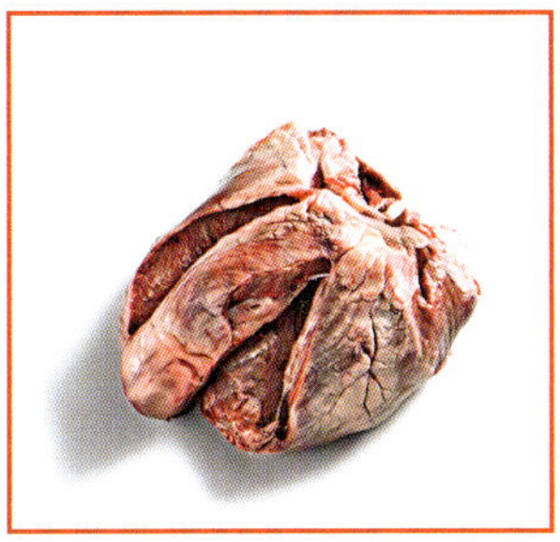

Herz

Kräftiger Geschmack, festes, mageres Muskelfleisch. **Verwendung**: meist geschmort als Ragout oder im Ganzen gespickt.

Rinderleber

Kräftig im Geschmack. **Verwendung**: vor der Zubereitung in Milch legen, erst nach dem Garen salzen. Für Leberknödel, auch gebraten.

Rindermagen

Auch Kutteln. Im Bild: Pansen, es gibt auch Blätter- und Labmagen. Meist vorgegart im Handel. **Verwendung**: gekocht.

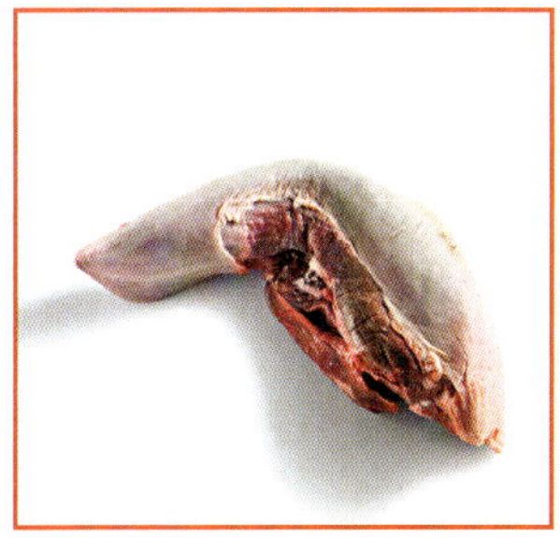

Zunge

Zartes und saftiges Muskelfleisch, kräftig im Geschmack. Frisch, geräuchert und gepökelt im Handel. **Verwendung**: meist gekocht.

Mastformen

Bei der Rinderzucht werden überwiegend drei Mastmethoden angewandt: 1. die Intensivmast im Stall, 2. die Weidehaltung, 3. die Weidehaltung in Kombination mit Zufütterung. Die Kobe-Mast ist eine Sonderform der Intensivmast im Stall.

Die Intensivmast ist die in Europa am stärksten praktizierte Form der Rindermast – und die am wenigsten artgerechte. Bei der Weidehaltung verbringen die Tiere ihr Leben fast ausschließlich auf der Weide. Praktiziert wird diese Haltung vor allem in Argentinien, aber auch in Schottland, Großbritannien, Botswana und Simbabwe. Das Fleisch dieser Tiere besitzt eine hervorragende Qualität, es ist zart marmoriert und hat einen relativ geringen Fettgehalt. Bei der Weidehaltung in Kombination mit Zufütterung verbringen die Tiere rund ihr erstes Lebensjahr auf der Weide und kommen dann für die letzten 100 Tage vor der Schlachtung in eingezäunte Parzellen mit Zufütterung, in denen sie auf ihr Schlachtgewicht gemästet werden. Bei der Kobe-Mastform werden die Tiere mit Naturkraftfutter und Bier gemästet. Zudem werden die Rinder täglich massiert. Das Fleisch der Koberinder ist das teuerste im Handel befindliche Rindfleisch.

KALB

Als Kalb bezeichnet man sowohl männliche als auch weibliche Rinder im ersten Lebensjahr. Die Tiere werden meist im Alter zwischen drei und vier Monaten geschlachtet und das Fleisch von zwei Monate alten Rindern ist besonders begehrt. Kälber wiegen bei der Schlachtung zwischen 120 und 200 kg, schwerere Kälber werden bis zu einem Gewicht von 300 kg als Jungrinder angeboten. Kalbfleisch ist eiweißreich, fettarm, gut verträglich und aus ernährungsphysiologischer Sicht fast allen anderen Schlachtfleischsorten vorzuziehen. Kalbfleisch ist besonders zart, was daran liegt, dass die Muskeln der Kälber noch nicht vollständig entwickelt sind und der Bindegewebsanteil des Fleisches niedriger ist als bei ausgewachsenen Rindern.

Früher war besonders helles Fleisch geschätzt. Dafür wurden die Kälber im Dunkeln in Einzelboxen, die kaum Bewegung zuließen, gehalten. Diese grausame Haltung ist glücklicherweise in vielen Ländern mittlerweile verboten. Kalbfleisch von Kälbern, die artgerecht gehalten wurden, zeichnet sich durch eine satte Rotfärbung aus. Diese entsteht durch Bewegung und durch eisenhaltiges Grünfutter. Das Fleisch von solchen Weiderindern ist kräftiger im Geschmack, es schmeckt feinwürzig und nussig.

Während Rindfleisch bis zu 14 Tage reifen muss, benötigt Kalbfleisch nur zwei bis vier Tage. Es ist leicht verdaulich und vielseitig in der Küche verwendbar. Doch ob zum Braten, Kochen, Kurzbraten oder Schmoren – Kalbfleisch sollte immer behutsam gegart werden. Als besonders hochwertig gelten die zum Braten und Kurzbraten geeigneten Kalbfleischstücke aus Rücken und Keule. Zur Keule gehören Ober- und Unterschale sowie das sogenannte Nussstück, zum Rücken gehören das Kotelettstück, die einzelnen Koteletts sowie die Lende und das Filet.

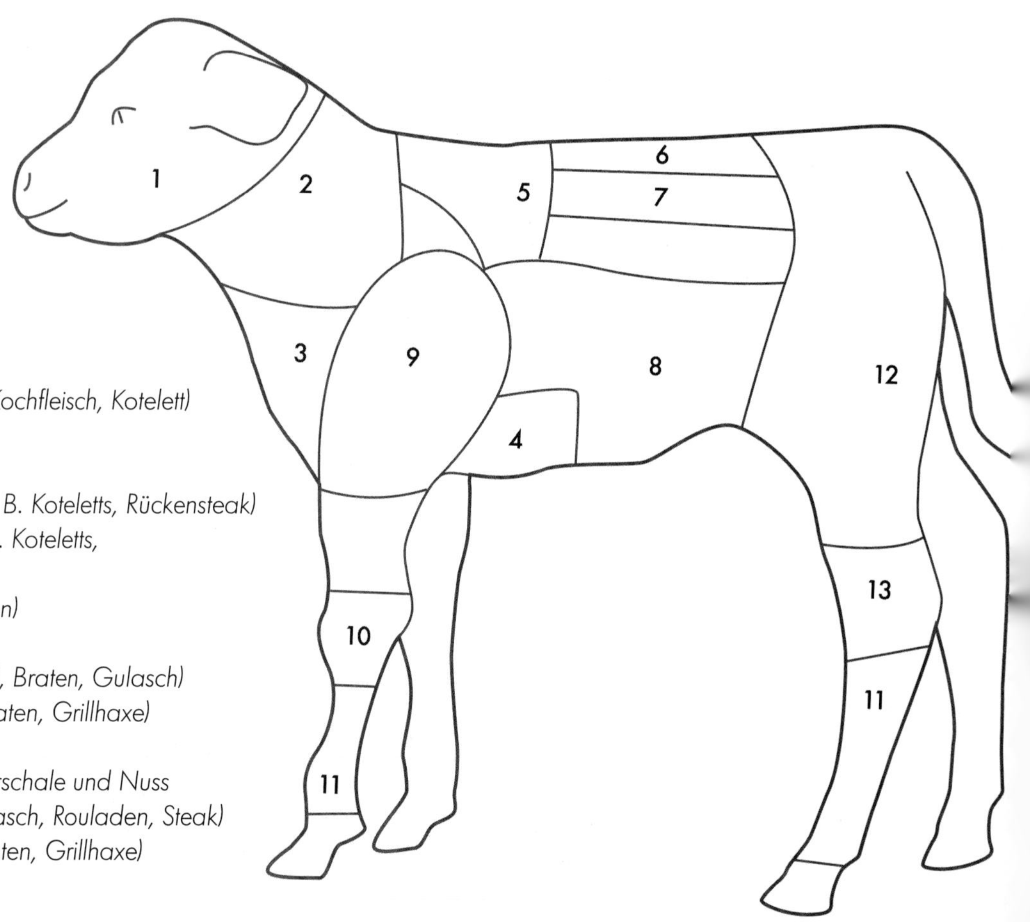

1) Kopf (z. B. Backen)
2) Hals/Kamm/Nacken (z. B. Kochfleisch, Kotelett)
3) Brustspitze
4) Brust (z. B. Braten)
5) Rippenstück/Kotelettstück (z. B. Koteletts, Rückensteak)
6) Sattelstück/Nierenstück (z. B. Koteletts, Rückensteak, Lendenstück)
7) Filet (z. B. Medaillons, Braten)
8) Dünnung/Lappen
9) Schulter/Blatt (z. B. Schnitzel, Braten, Gulasch)
10) Vorderhaxe (z. B. Schmorbraten, Grillhaxe)
11) Füße
12) Keule mit Oberschale, Unterschale und Nuss (z. B. Braten, Schnitzel, Gulasch, Rouladen, Steak)
13) Hinterhaxe (z. B. Schmorbraten, Grillhaxe)

Beinscheiben
Teilstücke der Haxen, kräftiges, mageres Muskelfleisch. **Verwendung**: meist geschmort (Ossobuco), auch gebraten oder gegrillt.

Brust
Relativ hoher Fettanteil, mit und ohne Knochen im Handel. **Verwendung**: geeignet zum Schmoren (gerollt, gefüllt) und Kochen.

Dünnung
Wird mit oder ohne Knochen angeboten, spielt jedoch eine untergeordnete Rolle. **Verwendung**: als Rollbraten, in Ragouts und Gulasch.

Filet
Besonders zarte, magere, milde Spezialität. **Verwendung**: Schmeckt kurz gebraten in Scheiben, geschmort und gebraten am Stück.

Haxe
Teilstück der Vorder- oder Hinterkeule, kräftiges Muskelfleisch. **Verwendung**: geeignet zum Braten, Schmoren und Grillen.

Hüfte
Auch Blume. Teilstück der Keule, sehr zart. **Verwendung**: geeignet zum Kurzbraten (Steak) und Schmoren (Braten, Geschnetzeltes).

Kotelett
Scheibe aus dem Kotelettstück, sehr zartes Fleisch. **Verwendung**: geeignet zum Kurzbraten, ganzes Kotelettstück zum Braten.

Lende
Auch ausgelöster Rücken. Mageres, zartes Muskelfleisch, dünne Fettauflage. **Verwendung**: in Scheiben zum Kurzbraten, im Ganzen zum Braten.

Nacken
Aromatisches und saftiges Fleisch, da schön marmoriert. **Verwendung**: geeignet zum Schmoren, als Ragout, Gulasch oder Frikassee.

Nuss
Auch Kugel. Teilstück der Keule mit erstklassigem Fleisch. **Verwendung**: geeignet sowohl zum Kurzbraten als auch zum Schmoren.

Oberschale
Zartes, fettarmes, kurzfaseriges Fleisch, bestes Teilstück der Keule. **Verwendung**: geeignet zum Braten, Kurzbraten und Schmoren.

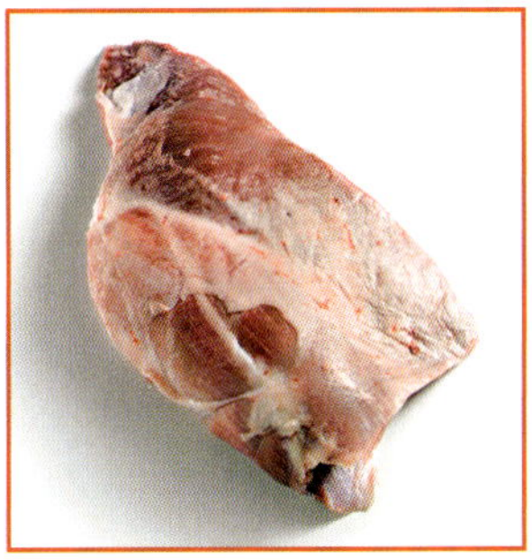

Unterschale
Zum Teil sehr zart (Fricandeaurolle), zum Teil gröber (Fricandeau). **Verwendung**: Fricandeaurolle zum Kurzbraten, Frikandeau zum Schmoren.

Backe
Sehr zartes, marmoriertes Fleisch, früher fast nur als Wurst, heute von der gehobenen Küche wiederentdeckt. **Verwendung**: meist geschmort.

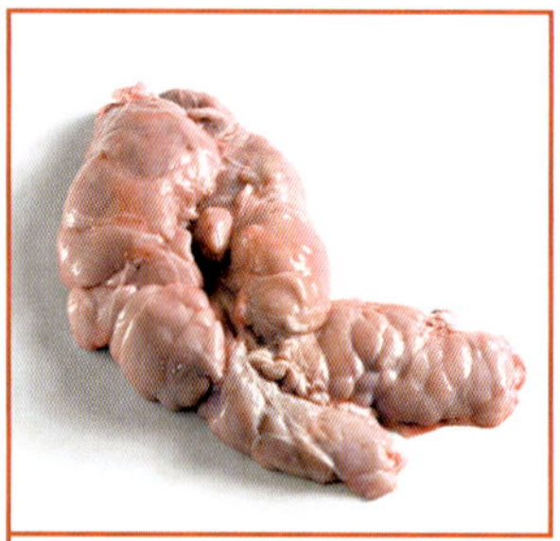

Bries
Wachstumsdrüse vom Kalb, gilt als Delikatesse, muss vor der Zubereitung gewässert werden. **Verwendung**: gebraten oder geschmort.

Kalbszunge
Milder als Rindszunge, gilt als Delikatesse. **Verwendung**: meist gekocht, wird nach dem Kochen gehäutet; auch geräuchert und gepökelt.

Leber
Zarter und feiner als Rindsleber, hoher Vitamin A- und B-Gehalt. **Verwendung**: kurz gebraten in Scheiben, auch gegrillt und gedünstet.

INNEREIEN

Was die einen als Delikatesse schätzen, wird von den anderen rundweg abgelehnt. Beim Thema Innereien scheiden sich die Geister – dabei sind Innereien gerade in der gehobenen Gastronomie nie von der Bildfläche verschwunden – mit Kalbsbries, Hirn und Nieren arbeiten die Sterneköche der Welt. Doch auch und gerade bei Innereien gibt es deutliche Qualitätsunterschiede.

Qualitätskriterien

Besonders wichtig ist hier die absolute Produktfrische. Frische Innereien sind glänzend feucht, riechen angenehm und sind von praller Konsistenz. Alle Innereien sollten idealerweise am Tag des Einkaufs zubereitet werden und eignen sich nur sehr bedingt zum Einfrieren. Sie verändern dabei Konsistenz und Geschmack und können zäh werden.

Innereien sind auf der einen Seite sehr gesund und enthalten beispielsweise viel Vitamin A, auf der anderen Seite werden Giftstoffe, die zum Beispiel durch Medikamente in der Zufütterung im Organismus der Tiere auftauchen, besonders in den Innereien angereichert. Gerade deshalb sollte beim Kauf von Innereien auf artgerechte und ökologische Haltung der Tiere geachtet werden.

Besondere Regeln für Innereien:

Die Leber ist besonders schnell verderblich. Sie sollte wenn überhaupt dann nur einen Tag und möglichst kalt in Milch gelagert werden. Einfrieren eignet sich nicht, da sie sonst die Konsistenz verändert, zäh wird und einen bitteren Beigeschmack annimmt. Bei der Zubereitung muss beachtet werden, dass Leber nicht zu lange gebraten und erst nach dem Garen gesalzen werden sollte. So wird verhindert, dass sie zäh wird.

Hirn und Bries sollten vor der Zubereitung immer ausreichend lange gewässert werden, um unerwünschte Rückstände wie zum Beispiel Blut auszuschwemmen.

Werden diese Regeln beachtet, dann können die Vorzüge der Innereien voll ausgeschöpft werden. Dazu zählen:

- Innereien sind leicht und gut verdaulich.
- Innereien sind reich an Nährstoffen und enthalten viele Vitamine.
- Innereien sind wohlschmeckend und dabei fettarm.
- Innereien sind sehr vielseitig in der Zubereitung.
- Innereien gehören zu den preisgünstigen tierischen Produkten.

Kalbshack

Zart im Geschmack, niedriger Fettgehalt. **Verwendung**: für Füllungen, zum Beispiel in Maultaschen und Ravioli, auch in Saucen.

Rinderhack

Darf maximal 20 % Fett enthalten. **Verwendung**: geschmort in Saucen, kurz gebraten als Bulette oder Hamburger, auch als Hackbraten.

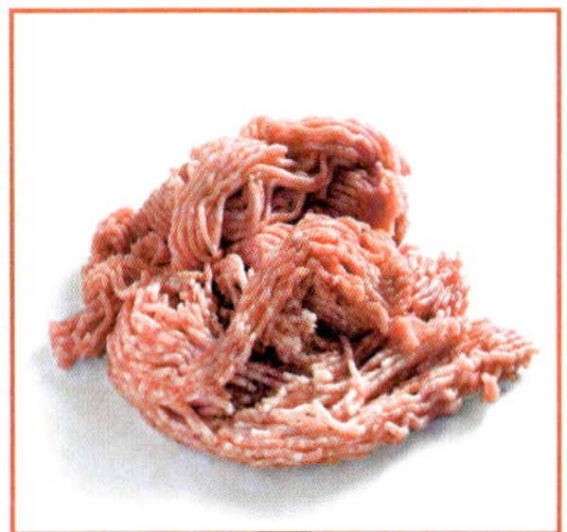

Schweinehack

Darf max. 35 % Fett enthalten. Oft gemischt mit Rinderhack im Handel, dann max. 30 % Fett. **Verwendung**: meist geschmort in Saucen, als Mett roh.

Tatar

Aus fettarmem Muskelfleisch vom Rind, z. B. aus Filet. Feiner zerkleinert als Rinderhack, Fettgehalt max. 6 %. **Verwendung**: meist roh.

HACKFLEISCH

Hackfleisch wird auch Gehacktes, Faschiertes oder Haschee genannt und erfreut sich dank seiner enormen Wandlungsfähigkeit auf der ganzen Welt großer Beliebtheit – in Deutschland beispielsweise in Rezepten wie Kohlrouladen oder Königsberger Klopsen, in den baltischen Ländern in Form von Piroggen oder in Italien bei der Lasagne. In Frankreich gibt Hackfleisch vielerlei Pasteten die Füllungsgrundlage, und in Spanien gehören kleine würzige Hackbällchen als Spezialität auf jede Tapaskarte – die Liste ließe sich schier endlos fortsetzen. Ob als Braten, in Aufläufen, Füllungen, Saucen oder als Hacksteak – Hackfleisch lässt sich aufgrund seiner großen Oberfläche extrem gut würzen und kann so immer passend variiert werden. Allerdings ist Hackfleisch besonders anfällig für Keime und Bakterien, sodass hier besonders genau auf Frische, Haltbarkeit und Kühlung geachtet werden muss, um gesundheitliche Gefahren auszuschließen.

Transport und Aufbewahrung

Frisches oder gekühltes Hackfleisch sollte aufgrund seiner schnellen Verderblichkeit idealerweise noch am Tag des Einkaufs zubereitet werden, spätestens am nächsten Tag. Des Weiteren sollte darauf geachtet werden, dass der Weg vom Metzger nach Hause nicht allzu lange dauert bzw. dass die Kühlkette nicht zu lange unterbrochen wird. Gerade im Sommer empfiehlt es sich daher, Hackfleisch immer erst dann zu kaufen, wenn alle anderen Einkäufe getätigt sind, und zudem auf eine Kühltasche zurückzugreifen – nur so ist der Verbraucher auf der sicheren Seite.

Angetautes Hack muss direkt verarbeitet werden und darf auf keinen Fall noch einmal eingefroren werden.

Verwendung

Meist wird Hackfleisch als Füllung oder in der Sauce verwendet. Hier sollte man wissen, dass das Fleisch sehr schnell gart, da die Muskeln und Fasern zerstört sind. Gerade bei mageren gehackten Fleischsorten, zum Beispiel Tatar, sollte deshalb darauf geachtet werden, dass das Fleisch nicht durch eine zu lange Gardauer zäh und trocken wird. Wird Hackfleisch frisch verzehrt, wie zum Beispiel beim auf kalten Platten wiederentdeckten Mettigel oder anderen Klassikern, ist natürlich in größtem Maße auf Qualität und Frische zu achten.

Qualität

Was für ganze Fleischstücke gilt, gilt natürlich auch für Gehacktes: Der beste Geschmack und die wenigsten unerwünschten Rückstände finden sich beim Fleisch „glücklicher" Tiere. Artgerechte Haltung und die damit verbundenen Kriterien bei der Fütterung sind Garanten für ungetrübten Gaumenschmaus. Schlussendlich zahlt es sich hier für den Verbraucher aus, etwas tiefer in die Tasche zu greifen.

LAMM UND ZIEGE

Lammfleisch zeichnet sich durch seinen feinen, würzigen Geschmack aus. Lämmer werden meist im Alter von drei bis vier Monaten geschlachtet. Generell darf nur das Fleisch von Tieren bis zu einem Jahr als Lammfleisch verkauft werden. Bei Schafen gibt es – je nach Alter und Geschlecht der Tiere – folgende Unterscheidungen:

Milchlämmer sind zwischen acht Wochen und sechs Monaten alt. Sie haben noch kein Grünfutter bekommen und haben sehr helles und besonders zartes Fleisch.

Mastlämmer sind bis zu einem Jahr alt. Ihr Fleisch ist dunkelrosa und nur leicht mit Fett durchwachsen.

Hammel sind sowohl kastrierte männliche als auch weibliche Tiere, die noch keinen Nachwuchs haben und nicht älter als zwei Jahre sind. Hammelfleisch ist dunkelrot, kräftig im Geschmack und deutlich marmoriert.

Schafe sind kastrierte männliche oder weibliche Tiere, die älter als zwei Jahre sind. Ihr Fleisch ist dunkelrot, grobfaserig und stark durchwachsen.

Böcke sind unkastrierte männliche Tiere, die älter als ein Jahr sind. Ihr Fleisch hat einen strengen Eigengeschmack und findet daher in der Küche keine Verwendung.

In der Regel wird nur Lammfleisch im Handel angeboten, da es zart, fettarm und im Geschmack mild ist.

Bei den **Ziegen** unterscheidet man wie bei den Schafen zwischen **Milchzicklein** und **Jungziegen**. Das Fleisch ganz junger Tiere ist hellrosa, je älter die Tiere werden, desto dunkler wird das Fleisch.

Einkauf und Zubereitung

Beim Einkauf kann das Alter der Tiere an der Farbe des Fettes abgeschätzt werden. Das Fett junger Tiere ist weiß, das älterer dagegen gelblich. Am besten bereitet man das Fleisch am Tag des Einkaufs zu. Es lässt sich aber auch noch zwei bis drei Tage lang im Kühlschrank lagern. Es sollte in eine Glas- oder Porzellanschüssel gelegt und mit Frischhaltefolie abgedeckt werden.

Lamm- und Ziegenfleisch schmecken in der Regel mit einem rosa Kern am besten.

Die Garstufen im Überblick

Blau (roh, raw, bleu): Das Fleisch ist innen noch fast roh, es hat nur eine ganz dünne braune Kruste.

Blutig bis rosa (rare, saignant): Das Fleisch ist im Kern noch leicht blutig, nach außen hin rosa. Es hat eine braune, knusprige Kruste.

Rosa, englisch (medium rare, à point): Das Fleisch ist innen durchgehend rosa.

Halb durchgebraten (medium, demi-anglais): Das Fleisch ist nur innen noch leicht rosa, außen durchgebraten.

Durchgebraten (well done, bien cuit): Das Fleisch ist nicht mehr rosafarben, sondern völlig durchgebraten.

Bei kurz gebratenen Fleischstücken mit Fettrand ist es ratsam, diesen einzuschneiden, damit sich das Fleisch nicht wellt.

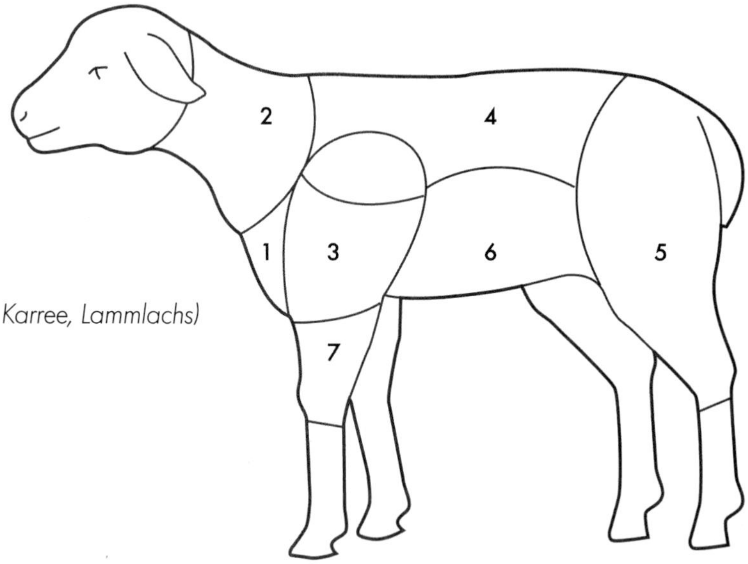

1) Brust (z. B. Ragout)
2) Hals (z. B. Gulasch, Kammkotelett)
3) Schulter/Blatt (z. B. Ragout)
4) Rücken mit Rippen- und Sattelstück (z. B. Koteletts, Karree, Lammlachs)
5) Keule (z. B. Schnitzel, Braten)
6) Flanke/Dünnung (z. B. Ragout)
7) Haxe

Doppelkotelett

Auch Schmetterlingskotelett. Meist doppelte Lendenkoteletts mit sehr zartem, saftigem Fleisch. **Verwendung**: meist zum Kurzbraten oder Grillen.

Kammkotelett

Aus dem durchwachsenen Lammhals geschnitten. **Verwendung**: besonders geeignet zum Grillen, aber auch sehr gut geschmort und gebraten.

Karree

Zartes, saftiges Stück aus dem Rücken mit Knochen. **Verwendung**: klassisch mit freigelegten Knochen zur Krone geformt, geschmort, gebraten.

Kotelett einzeln

Aus dem Rücken. Vorne Stielkoteletts, hinten Lendenkoteletts. Saftiges und zartes Fleisch. **Verwendung**: meist zum Kurzbraten oder Grillen.

Lammbauch

Auch Dünnung oder Lappen. Durchwachsenes Teilstück. **Verwendung**: geschmort als Rollbraten oder Gulasch, gekocht für Eintöpfe und Suppen.

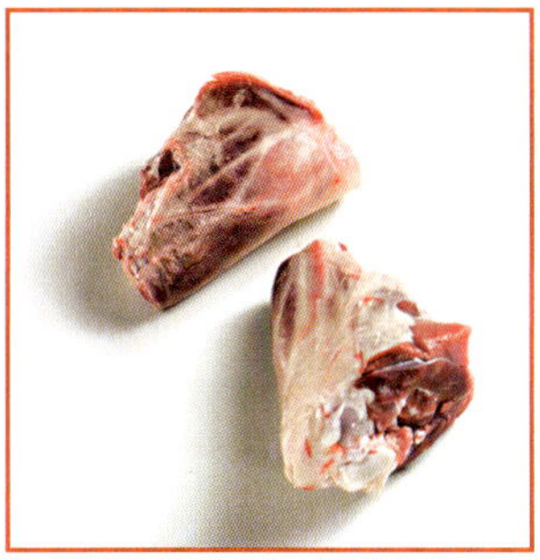

Lammhaxe

Teilstück aus Vorder- oder Hinterbein. Sehr saftiges Fleisch mit kräftigem, kernigem Geschmack. **Verwendung**: ideal zum Schmoren.

Lammkeule

Auch Schlegel. Mageres, zartes Fleisch, mit oder ohne Knochen. **Verwendung**: bestes Bratenstück, aber auch geeignet für Steaks oder Gulasch.

Lammlachs

Ausgelöster Lammrücken, sehr zart, saftig und fettarm, oft mit Fettschicht im Handel. **Verwendung**: kurz gebraten oder im Ofen gratiniert.

Lammnieren

Die Nierchen müssen vor der Verarbeitung von Fett und Röhren befreit werden. Eventuell in Milch lagen. **Verwendung**: meist gebraten.

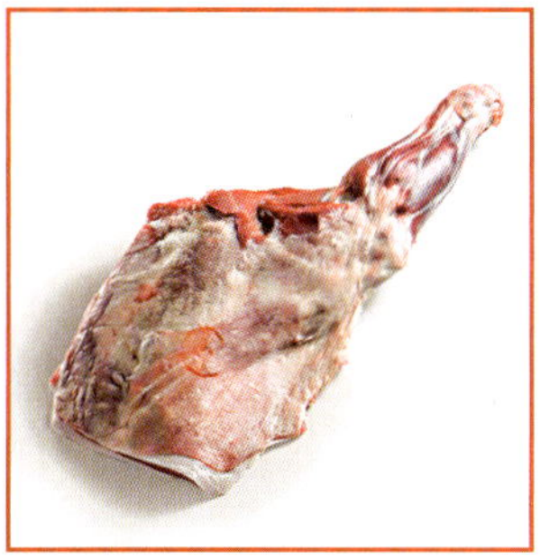

Lammschulter

Auch Bug oder Blatt. Bindegewebsreiches, aromatisches Fleisch. **Verwendung**: lange Garzeit, besonders zum Schmoren und Kochen.

Lammzunge

Zartes Muskelfleisch. **Verwendung**: Wird zuerst in Sud gekocht, muss dann gehäutet werden. Wird dann in Scheiben warm oder kalt serviert.

Zickleinkeule

Gut abgehangen, sehr zart. Mit oder ohne Knochen. **Verwendung**: hervorragend als Braten, aber auch in Scheiben kurz gebraten oder gegrillt.

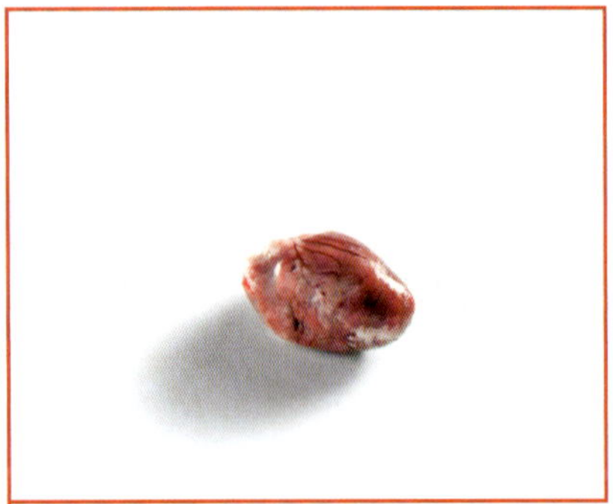

Herz
Das Kaninchenherz ist selten im Handel zu finden. Sieht man es einmal, sollte man zugreifen, denn es schmeckt sehr delikat. Vor der **Verwendung** sollte es gewässert werden, um unerwünschte Rückstände, wie zum Beispiel Blut, auszuschwemmen. Danach sollte es langsam geschmort werden.

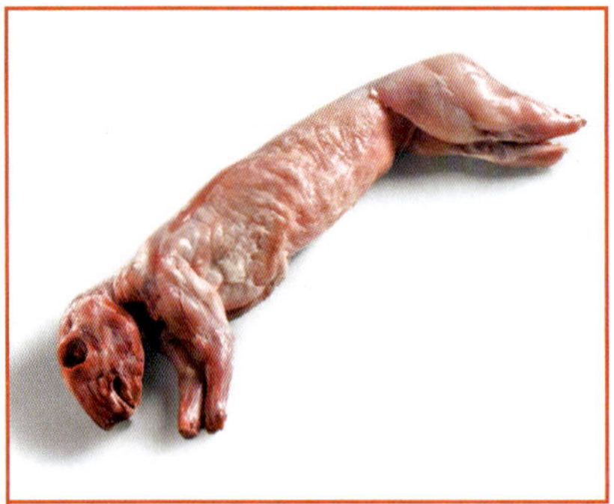

Kaninchen im Ganzen
Kaninchen ist sehr bekömmlich und schmackhaft. Sein Fleisch ist durchweg mager, leicht verdaulich und hat einen hohen Eiweißgehalt. **Verwendung**: meist zerlegt zubereitet – im Ganzen allerdings eignet es sich hervorragend als Braten. Bevor das Kaninchen schonend im Ofen gegart wird, kann es auch gut mariniert oder eingelegt werden. Das beste Fleisch kommt übrigens von weiblichen Jungtieren. Sie sind größer als die Rammler und setzen weniger Fett an als kastrierte Tiere.

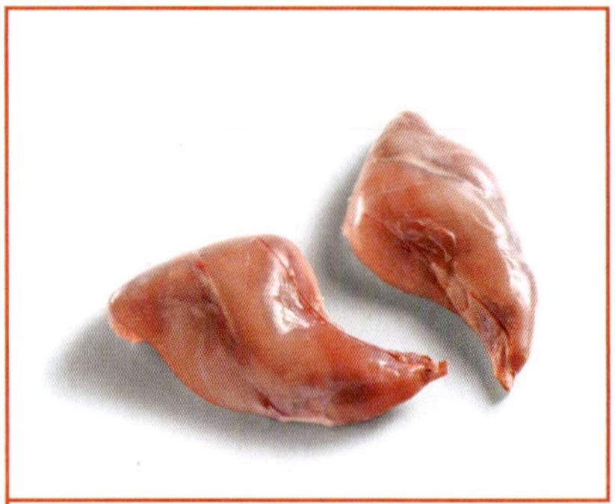

Keulen
Die Kaninchenkeulen, also die Hinterläufe mit Hinterteil, enthalten deutlich mehr Fleisch als die Vorderläufe mit Brust. Das Fleisch ist vom Geschmack und der Konsistenz her kräftig und eignet sich für vielerlei Zubereitungsarten. **Verwendung**: Keulen können mariniert und dann gegrillt werden, aber auch eingelegt und geschmort ist es hervorragend. Sogar kurz gebraten ist es sehr zart und schmackhaft.

KANINCHEN

Kaninchenfleisch ist zart, fettarm, leicht verdaulich und lässt sich vielseitig zubereiten. Dennoch fristet es oft ein Schattendasein. Gourmets und Sterneköche haben seine Vorzüge aber bereits erkannt:

- Gerade bei Jungmastkaninchen ist der Cholesteringehalt mit 45 mg auf 100 g Fleisch extrem niedrig. Zum Vergleich: 100 g mageres Schweinefilet haben schon 70 mg Cholesterin.
- Kaninchenfett hat einen hohen Anteil an ungesättigten Fettsäuren, die helfen, das Risiko von Herz-Kreislauf-Erkrankungen zu mindern.
- Kaninchen enthält wenig Fett, dafür aber viel hochwertiges Eiweiß. Somit ist Kaninchenfleisch leicht verdaulich und ein wahres Diätlebensmittel.
- Kaninchenfleisch ist vielseitig verwendbar: im Ganzen als Braten oder in kleinen Stücken kurz gebraten oder geschmort.

Fleischqualität und Verwendung
Bei der Fleischqualität kommt es sowohl auf das Alter und Geschlecht an als auch auf die Fütterung und Haltung der Tiere. Das beste Fleisch liefern weibliche Jungtiere. Sie sind insgesamt größer als kastrierte männliche Rammler, setzen aber weniger Fett an als diese. Bis zur zehnten Lebenswoche bauen Kaninchen sehr viel Muskeleiweiß auf, mit der Geschlechtsreife setzt dann die Bildung von Fettgewebe ein. Kaninchen sollten daher besonders in den ersten drei Lebensmonaten abwechslungsreich und nährstoffreich gefüttert werden.

Tiere ohne Rechte
Im Gegensatz zur Hühner- oder Schweinezucht gibt es für die Kaninchenzucht in der EU keine gesetzlichen Vorschriften zu Haltung, Transport und Schlachtung. Die Zustände in vielen Zuchtbetrieben sind katastrophal. Umso wichtiger ist es, beim Einkauf genau zu prüfen, woher das Kaninchenfleisch stammt und wie die Haltungsbedingungen der Tiere aussahen.

Leber

Die Kaninchenleber ist wie alle Innereien schnell verderblich, daher sollte sie am Tag des Einkaufs zubereitet werden. **Verwendung**: in Stücke zerteilt oder im Ganzen gebraten. Sie harmoniert sehr gut mit Wildaromen und Beeren, aber auch mit Portwein. Wie auch Geflügelleber passt sie auf diese Weise zubereitet hervorragend zu kräftigem Salat, zum Beispiel Feldsalat.

Rücken

Der ausgelöste Rücken ist besonders zart und daher auch zum Kurzbraten geeignet. Auch mit Farce gefüllt oder als Roulade schmeckt er sehr delikat, genau wie als Carpaccio mit frischen Kräutern aromatisiert. Natürlich kann man den Rücken auch marinieren und grillen. Damit er nicht austrocknet, kann man ihn vor der Zubereitung mit Speck umwickeln. **Verwendung**: vielseitig.

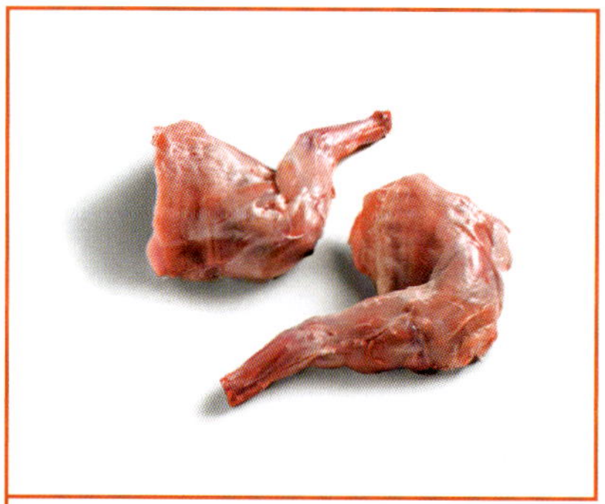

Vorderschenkel

Auch wenn die Kaninchenbrust nach gängiger Zerteilung der Tiere den Vorderschenkeln (auch Vorderläufen) anhängt, enthalten diese nicht sonderlich viel Fleisch. **Verwendung**: Vorderschenkel eignen sich hauptsächlich für Schmorgerichte. Vor dem Schmoren können die Schenkel auch sehr gut mariniert werden.

Ein Plus an Geschmack

Kaninchenfleisch von glücklichen Kaninchen schmeckt besser. Nur bei fairen Zucht- und Haltungsbedingungen kann der Käufer davon ausgehen, dass sein Kaninchenfleisch keine Rückstände von Medikamenten aufweist und dass es beim Garen nicht zusammenschrumpft oder wässrig schmeckt – beides Folgen von Intensivmast. Kaninchen aber, die Zeit zum Heranwachsen bekommen, liefern vorzügliches Fleisch mit einem hohen Muskelanteil und mit viel Geschmack.

1) Vorderschenkel mit Brust (z. B. Schmorgerichte)
2) Rücken (z. B. Kurzgebratenes, Medaillons)
3) Keule (z. B. Schmorgerichte, Braten)

GEFLÜGEL

Brust mit Haut
Meist ganz und mit Knochen im Handel. Durch die Haut fettreicher, dafür saftiger. Fleisch zart und mager. **Verwendung**: geschmort oder gebacken.

Brustfilet ohne Haut
Ganz oder ausgelöst und halbiert im Handel, dann als Hühnerbrustfilet. Sehr zart, feinfaserig, fettarm und mild. **Verwendung**: meist kurz gebraten und gegrillt.

Flügel
Immer mit Haut im Handel. Fettreich, dafür aber sehr saftig und voller Geschmack. **Verwendung**: meist gegrillt, gebraten oder gebacken als Fingerfood.

Ganzer Schenkel
Auch Keule. Dunkleres Fleisch, saftig, aromatisch. Immer mit Haut im Handel, manchmal auch ausgelöst. **Verwendung**: meist gegrillt, gebacken oder geschmort.

Oberschenkel
Teilstück des Schenkels bzw. der Keule. Dunkleres Fleisch, geschmacksintensiv und sehr saftig. **Verwendung**: meist geschmort oder mariniert und gegrillt.

Unterschenkel
Auch Drumsticks. Teilstück des Schenkels bzw. der Keule. Dunkleres Fleisch, saftig und aromatisch. **Verwendung**: gegrillt und gebacken als Fingerfood.

HUHN

Kaum ein Lebensmittel ist in der Küche so vielseitig einsetzbar wie Geflügel. Ob gekocht, geschmort, gebraten, frittiert, gegrillt oder gedünstet: Geflügel schmeckt immer und das weltweit. Doch was zählt eigentlich zu Geflügel? Geflügel ist ein Sammelbegriff für Vögel, die als Nutztiere gezüchtet werden, wie zum Beispiel Hühner, Gänse oder Puten. Hühnervögel stellen die wichtigste Kategorie dar. Zu ihnen gehören zum Beispiel Perlhühner, Truthähne und natürlich auch Hühner.

Das Huhn – zart, vielseitig und gesund

Unter ernährungsphysiologischem Nutzen betrachtet belegt das Huhn unter allen Geflügelsorten den ersten Platz, dicht gefolgt von der Pute. Hühnerfleisch ist nicht nur eine echte Eiweißbombe, sondern auch fettarm und bekömmlich. Das Besondere am Geflügeleiweiß: Es ähnelt sehr dem menschlichen Eiweiß und kann deshalb gut vom menschlichen Körper genutzt werden. Dabei ist es sehr fettarm. 100 g Hähnchenbrust haben gerade mal 1 g Fett, aber 20 % Eiweiß. Zudem ist heiße Hühnerbrühe ein traditionelles Heilmittel bei Erkältungen. Sie hat einen

Stubenküken

Meist männlich, 3–5 Wochen alt und 200–600 g schwer. Gelbliches, sehr zartes Fleisch. **Verwendung**: meist im Ganzen ge-backen, gebraten oder gegrillt.

Brathähnchen

Auch Poulet. 5–8 Wochen alt, Gewicht zwischen 700 und 1.200 g. Sehr zartes Fleisch. **Verwendung**: gebraten, frittiert, gegrillt oder geschmort.

Poularde

Auch Masthuhn. 10–20 Wochen alt, Gewicht über 1.200 g. Besonders gut aus der Bresse. **Verwendung**: gebacken, gebraten, gegrillt oder geschmort.

Suppenhuhn

Weibliche Tiere zwischen 12 und 15 Monaten. 1,2–2,4 kg schwer, grobfaseriges Fleisch, lange Gardauer. **Verwendung**: für Suppen, Brühen und Eintöpfe.

Kapaun

Auch Masthahn. Nur im Dezember im Handel, sehr zart und bis zu 3,5 kg schwer, besonders gut aus der Bresse. **Verwendung**: klassischer Weihnachtsbraten.

schleimlösenden Effekt und stärkt das Immunsystem. Deshalb gilt: Bei akuter Erkältung, Fieber und Husten dreimal täglich eine Tasse heiße Hühnerbrühe trinken. Wer jetzt auf Instant-Hühnerbrühe zurückgreifen möchte, der irrt, es sollte schon eine hausgemachte Hühnerbrühe aus einem frischen Suppenhuhn sein. Das Gute ist: Der Aufwand ist äußerst gering, denn liegt das Huhn erst einmal im Topf, so muss es nur noch mit gesalzenem Wasser bedeckt werden und 2–3 Stunden sanft köcheln. Fertig ist die Hühnerbrühe, die sich problemlos portionsweise einfrieren lässt.

Doch so gesund Huhn auch sein kann: Wie jedes andere Geflügel ist es auch besonders anfällig für Keime. Die drei wichtigsten Grundsätze im Umgang mit Geflügel lauten daher:

Es sollte daher kühl gelagert werden und Arbeitsgeräte sollten nach dem Gebrauch gründlich und heiß gereinigt werden. Tiefgekühltes Geflügel darf nach dem Auftauen nie nochmals eingefroren sondern muss zügig verbraucht werden.

PUTE / TRUTHAHN

Die Pute, auch Truthahn genannt, gehört zur Familie der Truthühner und stammt ursprünglich aus Nordamerika. Sie ist das größte und schwerste Hausgeflügel und liefert sehr viel mageres und bekömmliches Fleisch. Putenfleisch gilt als ernährungsphysiologisch sehr hochwertig und wird deshalb gerne in Diäten oder für die Schonkost eingesetzt. Mit einem Anteil von 24 % in der Brust und 21 % im Oberschenkel enthält Putenfleisch sehr viel hochwertiges Eiweiß, das reich ist an lebensnotwendigen Aminosäuren. Der Fettanteil ist gering, das Fett zudem reich an wertvollen, mehrfach ungesättigten Fettsäuren, sodass Putenfleisch auch für eine cholesterinbewusste Ernährung geeignet ist. Vor allem aber sein zartes und vielfältig einsetzbares Fleisch sorgte dafür, dass der Truthahn nach seiner Entdeckung sehr schnell auch in Europa Verbreitung fand.

Einkauf und Verkauf

Puten werden je nach Gewicht unterschieden. Leichte Puten wiegen im bratfertigen Zustand zwischen 3,5 und 5 kg, mittlere zwischen 7 und 10 kg, schwere zwischen 10 und 12,5 kg und sehr schwere zwischen 12,5 und 18 kg. Doch selten werden Puten im Ganzen erstanden, meist sind sie bereits in Teilstücke wie Brust, Oberschenkel, Unterschenkel und Flügel zugeschnitten oder aber als Putenfleisch in Form von Schnitzel, Gulasch, Rollbraten oder Rouladen im Handel. Während die Teilstücke, das Fleisch und Produkte wie Wurst ganzjährig angeboten werden, sind die ganzen Puten von September bis März, vor allem zu Weihnachten und zum amerikanischen Thanksgiving im Handel.

Beim Einkauf sollte bei Puten auf die Herkunft bzw. die Haltungsform geachtet werden, denn nur zu oft werden Puten unter sehr schlechten Bedingungen gezüchtet. Auf jeden Fall sollte das Fleisch von Freiland-Geflügel stammen, noch besser, wenn es vom Bio-Hof kommt. Tiere, die Auslauf und Bewegung haben, haben fettarmes Fleisch, das auch beim Braten nicht zusammenschrumpft, wenig Wasser verliert und daher schön saftig bleibt. Doch Qualität hat ihren Preis – und der liegt bei guter Haltung deutlich höher als bei Fleisch aus Mastbetrieben.

Frisches Putenfleisch wird sowohl im Geflügelfachhandel als auch in vielen Metzgereien angeboten. Das Fleisch wird dabei bei Temperaturen zwischen 0 und 2 Grad gelagert, die Kühlkette sollte bis zum Verbrauch möglichst nicht unterbrochen werden. Unter diesen Bedingungen hält das Fleisch bis zu sieben Tagen.

Gefrorenes Putenfleisch ist fast in jedem Supermarkt erhältlich. Beim Auftauen ist darauf zu achten, dass dies langsam, am besten im Kühlschrank, geschehen sollte. Eine ganze Baby-Pute benötigt auf diese Weise rund 37 Stunden. Diese Zeit sollte also bei der Zubereitung eingeplant werden. Wird das Fleisch schneller aufgetaut oder noch nicht ganz aufgetaut verarbeitet, verliert es zu viel Wasser und schmeckt zäh und trocken.

Puten- und Geflügelfleisch insgesamt wird am besten auf einem Gitter aufgetaut. Das ausgetretene Wasser sollte dabei aufgefangen und unbedingt weggeschüttet werden, denn es kann Salmonellen enthalten.

Die 5 wichtigsten Regeln für den richtigen Umgang mit allen Geflügelsorten auf einen Blick

Regel 1: Kühlen

Geflügelfleisch gehört stets in den Kühlschrank. Bei Temperaturen von unter 7 °C vermehren sich Salmonellen nicht.

Regel 2: Separieren

Rohes Geflügelfleisch sollte nicht mit anderen Lebensmitteln in Berührung kommen, vor allem nicht, wenn diese roh verzehrt werden.

Regel 3: Spülen

Küchengeräte und Hände sollten gründlich gereinigt werden, nachdem sie mit rohem Geflügel in Kontakt kamen.

Regel 4: Erhitzen

Geflügel sollte nie roh verzehrt werden, sondern immer mindestens auf 70 °C erhitzt werden.

Regel 5: Richtig auftauen

Tiefgefrorene Ware sollte in einem Sieb über einer Schüssel für das Auftauwasser langsam im Kühlschrank aufgetaut werden. Auf keinen Fall zum Auftauen warm stellen. Ein Tier mit 1.500 g braucht ca. 24 Stunden, bis es völlig aufgetaut ist. Nach dem Auftauen sollte es unter kaltem fließenden Wasser gründlich abgespült und danach sofort verarbeitet werden.

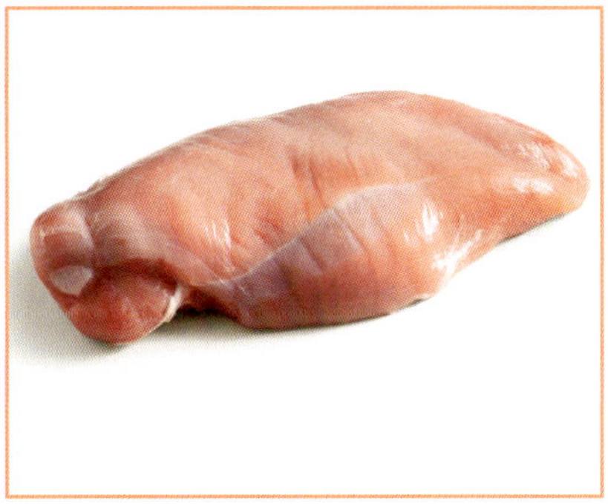

Brust

Sehr zart und fettarm, von weiblichen Tieren noch besser als von männlichen. Manchmal etwas trocken. **Verwendung**: kurz gebraten, geschmort, gegrillt.

Flügel

Oft zerlegt im Handel. Will man sie selbst teilen, müssen die Sehnen herausgezogen werden. Kräftiger Geschmack. **Verwendung**: meist gebraten und gegrillt.

Geschnetzeltes

Helles Geschnetzeltes kommt aus der Brust. Sehr zart, fettarm, feinfaserig und mit kurzer Garzeit. **Verwendung**: meist kurz gebraten, aber auch geschmort.

Gulasch

Mit hellem Fleisch aus der Brust, mit dunklem aus dem Oberschenkel. Hell sehr zart und fettarm; dunkel saftig, aromatisch und mit etwas längerer Garzeit.

Herz

Kräftiger Geschmack, muss vor der Zubereitung sorgfältig gesäubert werden. **Verwendung**: sanft geschmort für Ragouts, auch in der Suppe und in Füllungen.

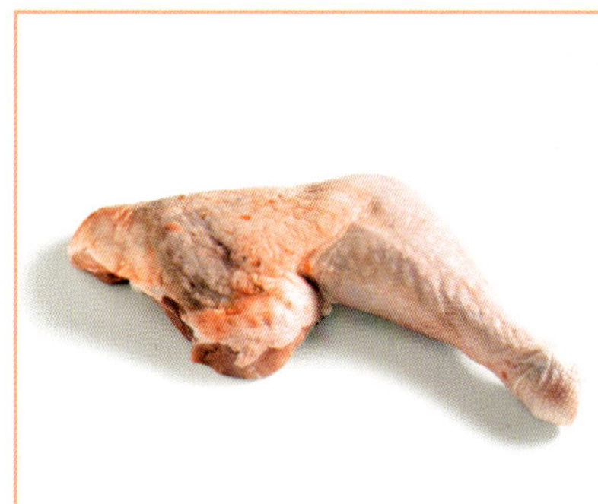

Keule

Auch Schenkel. Oft zerlegt im Handel. Saftiges, dunkles Fleisch, kräftiger Geschmack, Sehnen müssen entfernt werden. **Verwendung**: gebraten oder geschmort.

Leber

Bis zu 150 g schwer und mit kräftigem Aroma. **Verwendung**: meist gebraten, aber auch gegrillt, zum Beispiel an Spießen. Auch für Füllungen und Ragouts.

Putenfilet

Auch Prinzessfilet. Innen liegendes Teilstück der Brust. Sehr zart, saftig und fettarm. **Verwendung**: kurz gebraten, auch für Spieße und Fondue.

Putenschnitzel

Meist aus der Truthahnbrust, dann sehr zart, fettarm und bekömmlich. **Verwendung**: kurz gebraten, aber auch mariniert und gegrillt oder gerollt und geschmort.

ENTE UND GANS

Ente und Gans sind klassische Gerichte im Winter und besonders zur Weihnachtszeit. Da in der kalten Jahreszeit sowieso meist kalorienreicher gegessen wird als im übrigen Jahr, spielt es auch keine große Rolle, dass sowohl Ente als auch Gans relativ fettreich sind. Allerdings kann man schon viel davon entfernen, wenn man entweder die Haut von vornherein weglässt oder aber bei einem ganzen Braten die Sauce vor dem Servieren entfettet. Vom ernährungsphysiologischen Nutzen her stehen Ente und Gans hinter Hühnchen und Truthahn, aber die Ente ist ein guter Eisenlieferant und die Gans liefert nennenswerte Mengen Vitamin A, das verantwortlich ist für schöne Haut, gute Sehkraft und eine gute Immunabwehr. Doch gerade bei Gans und Ente spielen beim Einkauf weniger Vitamine und Mineralien eine Rolle als der vorzügliche Geschmack und der unnachahmliche Duft, der Genießern weltweit das Wasser im Mund zusammenlaufen lässt. Allerdings gibt es ein paar Dinge zu beachten, damit der Geschmack auch wirklich einwandfrei ist.

Worauf sollte man beim Einkauf achten

Zuerst einmal sollte das Gewicht stimmen. Bei einer Ente liegt das ideale Verkaufsgewicht zwischen 1,5 und 3,5 kg, bei einer Gans zwischen 3,5 kg und 6 kg. Vorsicht ist bei schwereren Tieren geboten. Hier läuft der Käufer Gefahr, alte Tiere mit zähem Fleisch zu erstehen.

Aus der Küchenpraxis

Enten- und Gänsefleisch hat einen kräftigen Eigengeschmack, der besonders gut mit kräftigen Kräutern harmoniert. Doch ob asiatisch zubereitet mit Ingwer, Zitronengras und Chilischoten oder europäisch mit Blattpetersilie, Rosmarin, Salbei oder Beifuß, bleibt der persönlichen Vorliebe überlassen. Durch die in den Kräutern enthaltenen ätherischen Öle kann der Körper das in dem Fleisch vorhandene Fett leichter verdauen.

Vor der Zubereitung von Gänse- und Entenbrust sollte die Fettschicht rautenförmig eingeritzt werden, so kann das Fett leichter austreten. Das Fleisch sollte allerdings dabei nicht verletzt werden. Beim eigentlichen Garvorgang wird die Brust mit der Fettseite nach unten erst einmal bei hoher Hitze angebraten, dann wird die Fleischseite mit Salz und Pfeffer gewürzt und in einer feuerfesten Form im Backofen bei einer Temperatur von 150 °C rund 20 Minuten fertig gegart.

Keulen werden in einer Pfanne ohne weitere Fettzugabe scharf angebraten, dann mit Rotwein und Wasser abgelöscht und mit Suppengrün, Gewürzen und Kräutern im Ofen bei 150 °C rund 1,5 Stunden gegart.

Eine ganze Ente von 1,5 – 2 kg braucht im Ofen bei 150 °C 2 – 2,5 Stunden, eine Gans braucht pro Kilo ebenfalls eine gute Stunde Garzeit im Ofen.

Gans tranchieren

1 Um die Brust zu lösen am Brustbein ansetzen, nach unten schneiden und am Knochen entlangtasten, ohne die knusprige Haut zu zerstören.

2 Um die Keule zu lösen in Höhe des Gelenks ansetzen. Ist die Gans gut durchgegart, dann sollte sie sich am Gelenk wie von selbst lösen, ansonsten mit der Hand leicht drehen.

3 Die Brust vor dem Servieren in Tranchen aufschneiden und dekorativ anrichten. An der Karkasse ist noch viel Fleisch, das man besser manuell als mit der Schere lösen kann.

Ente

Im Handel sind meist 6 Monate alte Haus- oder Bauernenten, auch Pekingenten genannt, mit einem Gewicht von 1,5 – 2 kg erhältlich. Enten haben relativ dunkles, festes Fleisch mit einem kräftigen Aroma, zum Teil recht fett. Magerer und mit mehr Fleischanteil sind Flugenten, auch Barbarieenten genannt. **Verwendung**: im Ganzen gebraten oder gegrillt oder in Teilstücken, dann auch geschmort.

Gans

Meist als Frühmastgans und tiefgekühlt im Handel, frisch und direkt vom Bauern oder Geflügelfachgeschäft aber besser im Geschmack. Dunkles, aromatisches Fleisch, relativ fett. Das Idealgewicht liegt zwischen 4 und 6 kg. **Verwendung**: klassisch im Ganzen gebraten oder gegrillt als Martins- oder Weihnachtsgans. Aber auch Brust oder Keulen als Teilstücke geschmort und gebraten.

Entenleber

Dunkelrot wie auf dem Foto ungestopft und mit einem Gewicht von rund 50 g. Kräftiges Aroma, zart im Geschmack. Gestopft durch die Verfettung weißlich mit einem Gewicht bis zu 600 g, dann als Foie gras canard oder Entenstopfleber im Handel. **Verwendung**: zum Braten, Grillen, Dünsten oder für Pasteten und Terrinen. Vor der Verarbeitung müssen Fett, Häute und Röhren entfernt werden.

Gänseleber

Dunkelrot wie auf dem Foto ungestopft und mit einem Gewicht von 50 – 60 g und kräftig-aromatischem Geschmack. Gestopft durch die Verfettung weißlich mit einem Gewicht bis zu 700 g, dann auch als Foie gras oder Gänsestopfleber im Handel. **Verwendung**: zum Braten, Grillen, Dünsten oder für Pasteten und Terrinen. Vor der Verarbeitung müssen Fett, Häute und Röhren entfernt werden.

WACHTEL, PERLHUHN UND STRAUSS

Wem helles Geflügelfleisch zu mild ist, für den dürfte das dunkle, kräftige Fleisch von Perlhuhn, Wachtel und Strauß genau das Richtige sein. Gerade Straußenfleisch, das früher bestenfalls Exotenstatus hatte, wird immer beliebter. Auch in Europa sind Straußenfarmen längst keine Seltenheit mehr. Das dunkelrote Fleisch hat einen kräftigen Geschmack, der sowohl an Rind als auch an Wild und teilweise an dunkles Putenfleisch erinnert.

Einkauf von Frischware

Egal ob Wachtel, Perlhuhn oder Strauß – frische Ware ist tiefgekühlter vorzuziehen, und Fleisch aus Freiland- und besonders aus Bio-Haltung schmeckt aromatischer als das Fleisch aus Mastbetrieben. Geflügelfleisch ist insgesamt anfällig für Keime und sollte daher bei der Zubereitung unbedingt in frischem und einwandfreiem Zustand sein. Um als Verbraucher sicherzugehen, wirklich frische Ware zu erstehen, muss das Geflügel folgende Kriterien erfüllen:

- Geflügel, egal ob als Teilstück oder als Ganzes, muss die Fingerdruckprobe bestehen. Bei Fingerdruck darf es sich nicht weich oder wabbelig anfühlen, sondern fest und prall.
- Die Farbe sollte nicht käsig sein, sondern intensiv, je nach Geflügelsorte. Eine fade Farbe deutet auf Intensivhaltung hin, die nichts anderes bedeutet als Qual für die Tiere, die nie Auslauf hatten, und schlechte Qualität für den Verbraucher. Fleisch aus Intensivhaltung ist geschmacksarm und trocken, da es beim Garen zu viel Wasser verliert.
- Geflügelfleisch sollte zudem frei von Blutspuren oder Blutergüssen sein. Diese deuten zum einen auf unhygienische Schlachtbedingungen hin, was nach dem Verzehr zu Magen-Darm-Problemen führen kann. Zum anderen hatte Geflügel mit Blutergüssen oft viel Stress, was zu zähem und aromaarmem Fleisch führt.

Perlhuhn

Meist aus Zuchtbetrieben mit 6 Wochen und einem Gewicht von 500 – 600 g als Portionshuhn geschlachtet. Zartes, dunkles Fleisch mit kräftigem Geschmack. **Verwendung**: ganz junge Portionshühner im Ganzen gegrillt oder gebraten, vorher meist bardiert, also mit Speck umwickelt, um sie vor dem Austrocknen zu schützen. Ältere Tiere meist in Teilstücken geschmort oder auch gedünstet.

Wachtel

Meist aus Mastbetrieben, da unter Naturschutz, und überwiegend frisch im Handel. Das dunkle Fleisch ist zart und saftig, der Geschmack kräftig und wildähnlich. Mit einem Gewicht von rund 120 g sind Wachteln ideale Portionsvögel. **Verwendung**: meist im Ganzen gebraten, gegrillt oder geschmort, auch gerne vorher gefüllt. Zerlegt auch in Ragouts, zum Beispiel mit Pasta.

- Ganzes Geflügel sollte ein gerade gewachsenes Brustbein aufweisen. Ist dieses nämlich krumm, signalisiert dies ebenfalls Intensivmast. Die Tiere hatten dann keine Bewegungsfreiheit, die Fleischqualität ist minderwertig.
- Vor allem für Puten und Hühnchen, aber auch für alle anderen Geflügelsorten im Ganzen gilt: Die Proportionen müssen stimmen, das Brustbein muss zu erkennen sein. Ist die Brust zu groß, bedeutet das nicht nur qualvolle Zuchtbedingungen, sondern auch minderen Geschmack und schlechte Qualität.

Frische und Hygiene

Geflügel ist zwar insgesamt gesund, aber auch besonders anfällig für Keime und Bakterien. Ob frische oder tiefgekühlte Ware: Die Transportzeiten vom Geschäft bis nach Hause sollten möglichst kurz gehalten werden. Als Richtwert gilt: Ungekühlt sollte Geflügel nicht länger als 15 Minuten transportiert werden, im Sommer oder insgesamt bei wärmeren Temperaturen sollte Geflügel immer in einer Kühltasche transportiert werden.

Ist tiefgekühltes Geflügel an- oder aufgetaut, darf es auf keinen Fall erneut eingefroren werden. Frisches Geflügel sollte zu Hause aus der Verpackung genommen, auf einen Porzellanteller gelegt und mit Frischhaltefolie abgedeckt im Kühlschrank gelagert werden. Am besten piekst man mit einer Gabel oder einem Schaschlikspieß kleine Löcher in die Folie, damit keine Staufeuchtigkeit entsteht, die die Keimzahl in die Höhe treibt und dafür verantwortlich ist, dass das Fleisch schneller verdirbt. Dunkles Geflügelfleisch wie Strauß, Rebhuhn oder Wachtel bleibt auf diese Weise drei bis vier Tage frisch, helles Geflügel wie Hühnchen oder Pute eins bis zwei Tage.

Geflügelfleisch sollte immer durchgegart werden. Die Arbeitsgeräte wie Schneidebrettchen und Messer sollten heiß abgespült werden. Beachtet man dies, steht einem ungetrübten Genuss nichts im Wege.

Straußengulasch

Strauße werden im Alter von 9 – 14 Monaten geschlachtet, mit einem Gewicht von ca. 100 kg. Das Fleisch wird in drei Teile unterteilt: Bein/Unterschenkel/Unterkeule; Keule/Oberkeule und Rücken. Gulaschfleisch wird meist aus der Unterkeule geschnitten und ist kräftig im Geschmack. **Verwendung**: wie Rindergulasch. Sanft und bei kleiner Hitze geschmort, wird es besonders zart.

Straußensteak

Meist aus Oberkeule oder Rücken geschnittene Teilstücke. Sehr mager und zart, dabei auch cholesterinarm und mit viel hochwertigem Eiweiß. Ideal für Diät- und Schonkost. In der Farbe noch dunkler als Rindfleisch. Geschmacklich zwischen Rind und Pute. **Verwendung**: wie Rindersteaks, also zum Kurzbraten oder Grillen, kann vorher auch mariniert werden. Auch pochiert ein Genuss.

WILD

Hals
Auch Träger. Stark durchwachsen und mit vielen Sehnen. **Verwendung**: Zum Schmoren geeignet, für Gulasch, Ragouts, Suppen etc.

Keule
Edelteil des Hirsches, bestehend aus Unter- und Oberkeule. **Verwendung**: für Braten, Gulasch, Ragouts etc.

Nuss
Teil der Oberschale. **Verwendung**: z. B. als Braten oder für Steaks. Besonders hochwertiges und mageres Fleisch.

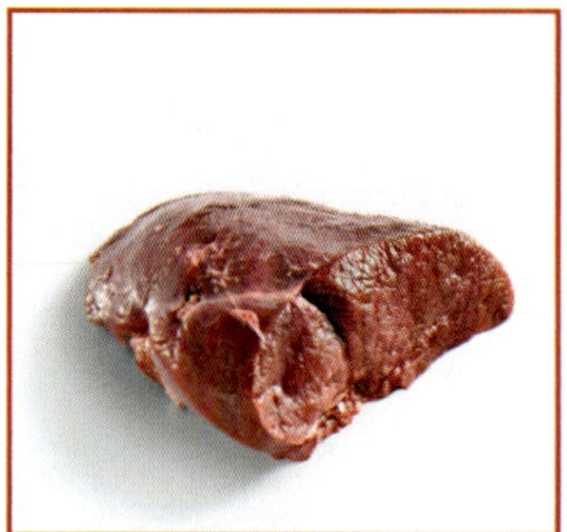

Oberschale
Teil der Keule. Besteht aus Unter- und Oberschale, der Nuss sowie der kleinen Nuss. **Verwendung**: eignet sich für Braten.

HIRSCH

Zu den Vertretern des Königs des Waldes gehören in Europa der Rothirsch, der Damhirsch, das Reh, das Ren und der Elch. Die zweitstärkste Population stellt in Deutschland der Rothirsch, der zudem in ganz Eurasien verbreitet ist. Der in Zentralasien und Nordamerika beheimatete Wapiti, der dem Rothirsch sehr ähnlich ist, wurde früher ebenfalls als Rothirsch bezeichnet, inzwischen unterscheidet man allerdings zwischen beiden Hirscharten. Deutlich kleiner als der Rothirsch ist der Damhirsch, der ursprünglich aus Asien stammt, heute aber vor allem in Europa verbreitet ist. Man erkennt ihn an seinem charakteristischen gesprenkelten Sommerkleid. Die in Europa und Vorderasien am häufigsten anzutreffende Art ist das Reh. Es ist deutlich kleiner als der Damhirsch und nicht nur wegen seines vergleichsweise milden Geschmacks die beliebteste Hirschart auf deutschen Speisekarten. Weil es in Mitteleuropa keine natürlichen Feinde zu fürchten hat, gehen sowohl die Bestände als auch die Abschusszahlen seit Jahren nach oben.

Der Rothirsch

Der Rothirsch wird v. a. zwischen August und Februar gejagt. Er erreicht eine Schulterhöhe von bis zu 150 cm und wiegt bis zu 300 kg, Kühe und Kälber sind deutlich kleiner und leichter. Beim Einkauf des Fleisches sollte man darauf achten, dass es nicht schwärzlich verfärbt ist und keinen metallischen Schimmer hat. Frischfleisch hält sich gut gekühlt mindestens drei Tage, Tiefkühlfleisch kann deutlich länger als ein Jahr gelagert werden. Das Fleisch ist dunkel, rotbraun und mager.

Der Damhirsch

Damwild kommt zwar auch in der freien Wildbahn vor, wird aber zumeist in Gehegen gehalten. Die Männchen werden bis zu 105 cm groß und 110 kg schwer. Das Wildbret ist rotbraun und kurzfaserig und hat einen angenehm mild-würzigen Geschmack.

Das Reh

Das Reh ist der in der Küche am meisten verwertete Hirsch. Es erreicht eine Größe von bis zu 90 cm und ein Gewicht von bis zu 30 kg, Ricken und Kitze sind entsprechend kleiner und leichter. Es wird von Mai bis Januar in großer Stückzahl gejagt und liefert sehr zartes Fleisch, das kurzfaserig, rotbraun und sehr mager ist. Das beste Fleisch liefern Kitze und einjährige Tiere.

Rippenbogen

Teil der Bauchregion. **Verwendung**: für Gulasch, Ragout und Rollbraten. Die Knochen liefern einen würzigen Fond.

Rücken

Auch Ziemer. Bestes Teilstück mit den beiden Filets. Im Ganzen auf Knochen. **Verwendung**: als Kotelett, Steak, Filet.

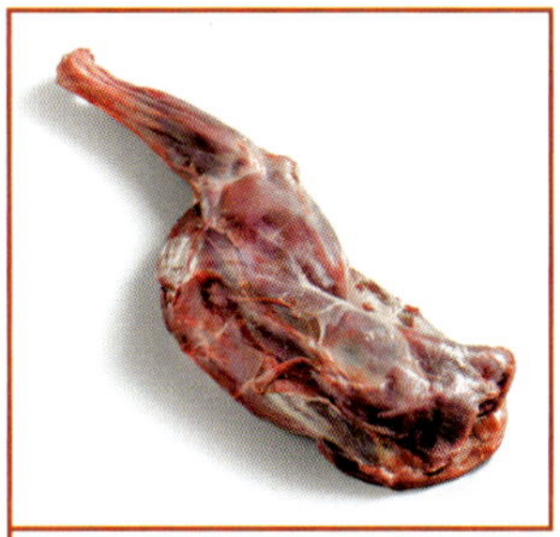

Schulter

Auch Blatt oder Schäufele. Edelteil, bestehend aus Schulter, Ober- und Unterarmbein. **Verwendung**: wie Keule.

Unterschale

Teil der Keule. Durchwachsen und von Sehnen durchzogen. **Verwendung**: für Gulasch, Ragouts, Schnitzel, Suppen etc.

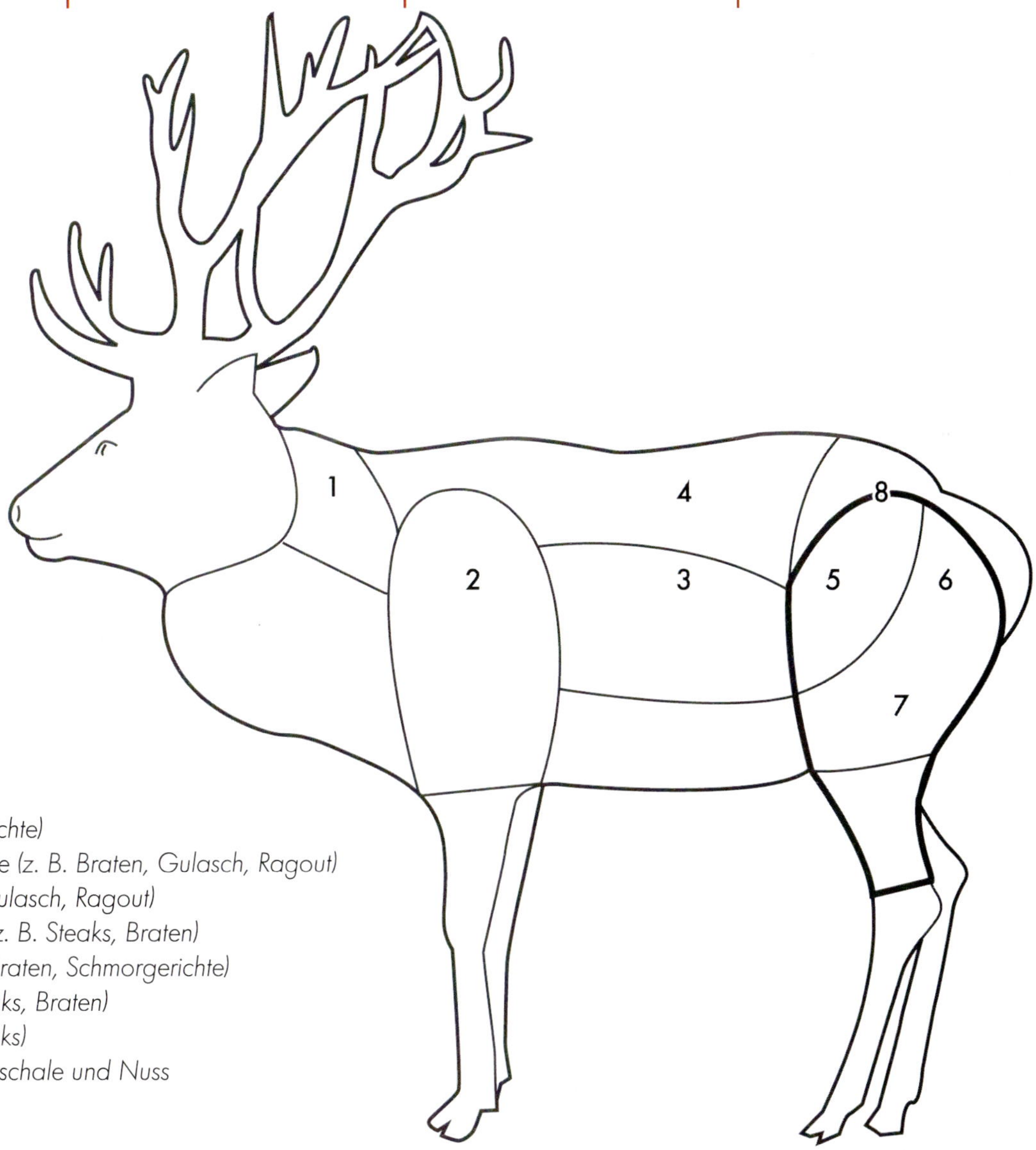

1) Hals (z. B. Schmorgerichte)
2) Schulter/Blatt/Schäufele (z. B. Braten, Gulasch, Ragout)
3) Rippenbogen (z. B. Gulasch, Ragout)
4) Rücken/Hirschziemer (z. B. Steaks, Braten)
5) Nuss (z. B. Gulasch, Braten, Schmorgerichte)
6) Oberschale (z. B. Steaks, Braten)
7) Unterschale (z. B. Steaks)
8) Keule mit Ober-, Unterschale und Nuss

REH

Früher wurde Hirschfleisch in der Regel vor der weiteren Zubereitung eingelegt – nicht selten tagelang. Grund war der sogenannte Hautgout. Um dagegen anzugehen, wurde nicht selten maßlos dagegengewürzt, das heißt, es wurde versucht, den starken Wildgeschmack durch eine noch stärkere Gewürzmischung zu übertönen. Die andere Methode, nicht selten mit der ersten kombiniert, bestand darin, das Fleisch in Buttermilch oder einen Gewürzsud mit Rotwein oder Essig einzulegen, um ihm den scharfen Geschmack zu nehmen und um es zarter zu machen. Die Buttermilch wurde vor der Weiterverwertung weggeschüttet, der Gewürzsud – wie beim Sauerbraten – verwendet, um das Fleisch darin zu garen und eine Sauce zu ziehen. Aber auch das Einlegen hat den gleichen Nachteil wie das Überwürzen: Nicht nur der unerwünschte Hautgout, sondern das Eigenaroma des Fleisches überhaupt wird übertüncht.

Da das längere Abhängen des Fleisches heute lebensmittelrechtlich verboten ist, sollte man auf diese alten Methoden grundsätzlich verzichten. Wem der Wildgeschmack auch des frischen Fleisches aber doch zu extrem sein sollte – oder wenn Kinder mitessen –, der sollte am ehesten auf Buttermilch zurückgreifen.

Da Wild heutzutage nur relativ frisch in den Handel kommt, sollte man, um den Eigengeschmack ins rechte Licht zu stellen, zurückhaltend würzen. Puristisch schmeckt das Fleisch am besten. Kurzgebratenes wurde früher, als die Frische und Unbedenklichkeit des Fleisches nicht immer garantiert werden konnten, im Zweifelsfall etwas heißer und länger gebraten, um möglicherweise im Fleisch befindliche Bakterien sicher abzutöten. Auch das sollte heute kein Problem mehr sein. Wer beim Händler seines Vertrauens kauft oder bei einer der großen Supermarktketten, der kann rosa oder gar nur blutig gebratenes Filet oder Ähnliches bedenkenlos verzehren.

Ein letzter Punkt, der sich im Laufe der Zeit gewandelt hat, ist der Einsatz von Speck. Er passt hervorragend zu Wild, das, gerade wenn es länger gegart wird, dazu neigt, trocken zu werden. Der Speck bewahrt mit seinem hohen Fettanteil die Saftigkeit des Fleisches. Früher wurde dafür in der Regel gespickt, das heißt Speckstifte wurden in das Fleisch gestochen. Dadurch aber wird die Fleischstruktur verletzt – und es wird trotz des Specks trocken. Besser ist es, das Fleisch mit Speckscheiben zu bardieren, es mit einem Mantel zu umhüllen, um es saftig zu halten.

Filet

Das edelste Stück vom Reh ist der Rücken. Oberhalb der Wirbelsäule befinden sich die großen Filets, auf der Unterseite die kleinen Filets, die noch zarter sind. **Verwendung**: Die ausgelösten oberen Filetstücke lassen sich sehr gut als Medaillons verwenden. Rehrückenfilets ergeben eine delikate Einlage für Pasteten und Terrinen.

Keule

In der klassischen wie modernen Küche sehr beliebt, denn sie ist nicht nur schmackhaft, sondern auch vielseitig einsetzbar. **Verwendung**: Sie kann ohne Haxe und Schlossknochen im Ganzen, auch gefüllt, geschmort oder gebraten werden. Ober- und Unterschale können zerlegt als Steaks zubereitet werden. Neben dem Rücken und den dort befindlichen Filets das beste Stück vom Reh.

Medaillons

Das obere, große Filet wird oft ausgelöst, in Stücke geschnitten und zu Medaillons verarbeitet, d. h. auf die Schnittfläche gelegt und leicht angedrückt, sodass sich eine runde Form ergibt. **Verwendung**: Die mageren, sehr zarten Medaillons eignen sich hervorragend zum Kurzbraten in der Pfanne, zum Grillen oder Pochieren. Das kleine, untere Filet ist für diese Verarbeitung eher zu dünn.

Rehrücken

Der vorzüglichste Teil vom Reh besteht aus den großen, oberen Filets der Wirbelsäule sowie den kleinen, unteren Filets. Der Rehrücken mit Knochen benötigt im Ofen ca. 50–60 Minuten. **Verwendung**: Ein Klassiker ist der Rehrücken Baden-Baden mit Speck, zu dem üblicherweise Birnen, Preiselbeeren und Spätzle gereicht werden.

Filets

Die Filets sind Teilstücke von der Unterseite des Rückens. Sie sind das zarteste Fleisch des Wildschweins, das man sich nicht entgehen lassen sollte. **Verwendung**: Die Filets eignen sich zum Kurzbraten im Ganzen oder können zu Medaillons, Tournedos oder Mignons geschnitten werden. Man brät sie durch, aber nicht trocken. Auch zum Pochieren und Grillen sind sie hervorragend geeignet. Für Fondue oder Geschnetzeltes verwendet man bevorzugt die Filetspitzen.

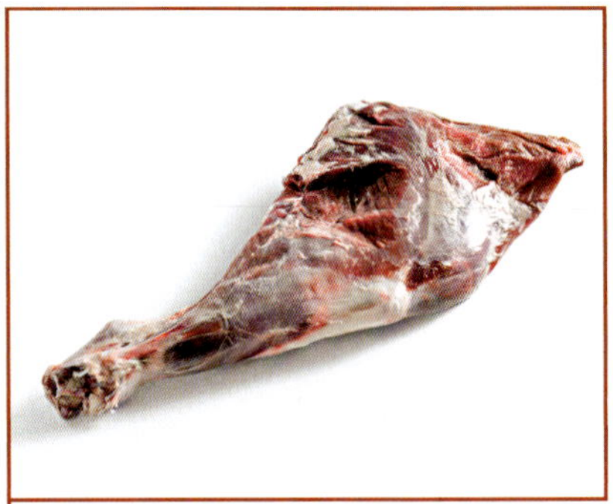

Hinterkeule

Saftiges Stück, nach dem Rücken das Beste vom Wildschwein. Die Hinterkeule besteht aus den Teilstücken Oberschale, Unterschale, Nuss, kleine Nuss sowie Haxe, wird aber zumeist in einem Stück angeboten. Sie ist durchwachsen und deutlich sichtbar marmoriert. **Verwendung**: Als Schmorbraten, Gulasch oder Ragout, aber auch für Medaillons geeignet. Die hintere Keule wird selbstverständlich auch zu Schinken verarbeitet.

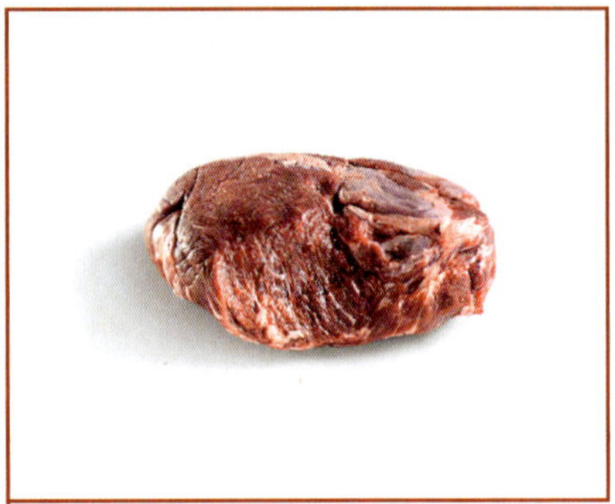

Nacken

Der Nacken wird auch Träger genannt. Sein knochenloses Fleisch ist besonders saftig. **Verwendung**: Wird gerne im Ganzen als Nackenbraten zubereitet, aber auch zu Steaks geschnitten, für Gulasch verwendet oder zu Rouladen verarbeitet. Es ist kurzfaserig und gut sichtbar durchwachsen. Der Nacken eignet sich auch für die Herstellung von saftigem Schinken.

WILDSCHWEIN

Im Jägerlatein heißen Wildschweine auch Schwarzwild. Das ursprüngliche Verbreitungsgebiet des Wildschweins reicht von Westeuropa bis Südostasien, inzwischen findet man es aber auch in ganz Amerika sowie Australien. Die Hauptjagdzeit ist von Juni bis Januar. Das weibliche Tier heißt Bache, das Jungtier nennt man von seiner Geburt bis zum darauffolgenden 31. März Frischling. Ab dem der Geburt folgenden 1. April werden junge Wildschweine als Überläufer, genauer als Überläuferbache bzw. Überläuferkeiler, bezeichnet. Ausgewachsene Keiler werden bis zu 350 kg, Bachen bis zu 200 kg und Frischlinge bzw. Überläufer bis zu 80 kg schwer.

Wildschweinfleisch hat oft einen starken Eigengeruch. Wenn es allerdings leicht säuerlich riecht und kupferfarben oder dunkler aussieht, wurden Fehler bei der Reifung gemacht. Keiler und Bachen, die in der Paarungszeit – der „Rauschzeit" von November bis Dezember – geschossen werden, eignen sich nicht zum Verzehr. Ihr Wildbret schmeckt penetrant geschlechtsspezifisch.

Zum Verzehr geeignet sind vor allem Frischlinge bis zu einem Alter von sechs Monaten und Jungtiere, die höchstens zwei Jahre alt sind. Fleisch von älteren Tieren ist oft zäh und eignet sich nur zur Verarbeitung in Wurstwaren. Das Wildbret des Wildschweins ist in jeder Hinsicht deutlich anders als das Fleisch von Hausschweinen. Das Fleisch ist fester, weniger fett und deutlich aromatischer. Wegen seines dennoch hohen Fettanteils sollte es nicht länger als sechs Monate tiefgekühlt aufbewahrt werden.

Wildschweine sind übrigens nicht nur selbst eine Delikatesse, sondern an einer anderen auch wesentlich beteiligt. Sie nehmen nämlich den Geruch von Trüffeln durch den Waldboden auf und graben nach ihnen. Nach dem Verzehr scheiden sie die unverdaulichen Sporen wieder aus und sorgen so für die Verbreitung des Trüffelpilzes.

Rippenbogen

Grobfaseriges, fettreiches Stück, das zudem von zahlreichen Rippen durchzogen ist. Oft wird das Fleisch von den Knochen gelöst. **Verwendung**: Es eignet sich vor allem für Schmorgerichte, beispielsweise geschnetzelt für Ragouts oder im Ganzen (flächig gelöst) für Rollbraten. Es ist auch zum Grillen geeignet. Außerdem kann man diese Partie selbstverständlich hervorragend als Basis eines Fonds verwenden.

Rücken

Auch Sattel genannt. Er wird sowohl im Ganzen, inklusive der beiden Filets, als auch an der Wirbelsäule zerteilt angeboten. Dann spricht man vom Kotelettstrang. **Verwendung**: Sowohl Sattel als auch Kotelettstrang können im Ganzen gebraten werden, aber auch vorher in Koteletts zerteilt werden. Das Fleisch ist kurzfaserig und von bester Qualität. Oftmals werden die an der Unterseite des Rückens befindlichen Filets herausgeschnitten und separat angeboten.

Schulter/Vorderkeule

Die Schulter wird auch Vorderkeule genannt. Weniger saftig und qualitativ nicht ganz so gut wie die Hinterkeule, aber dennoch ein sehr gutes und empfehlenswertes Teilstück. **Verwendung**: Das langfaserige, von einigen Sehnen durchzogene, mäßig durchwachsene Fleisch eignet sich vor allem für Wildschweingulasch und -ragout oder zum Schmoren im Ganzen. Es wird in der Regel am Knochen angeboten und auch an ihm geschmort oder es wird ausgelöst und z. B. als Rollbraten zubereitet.

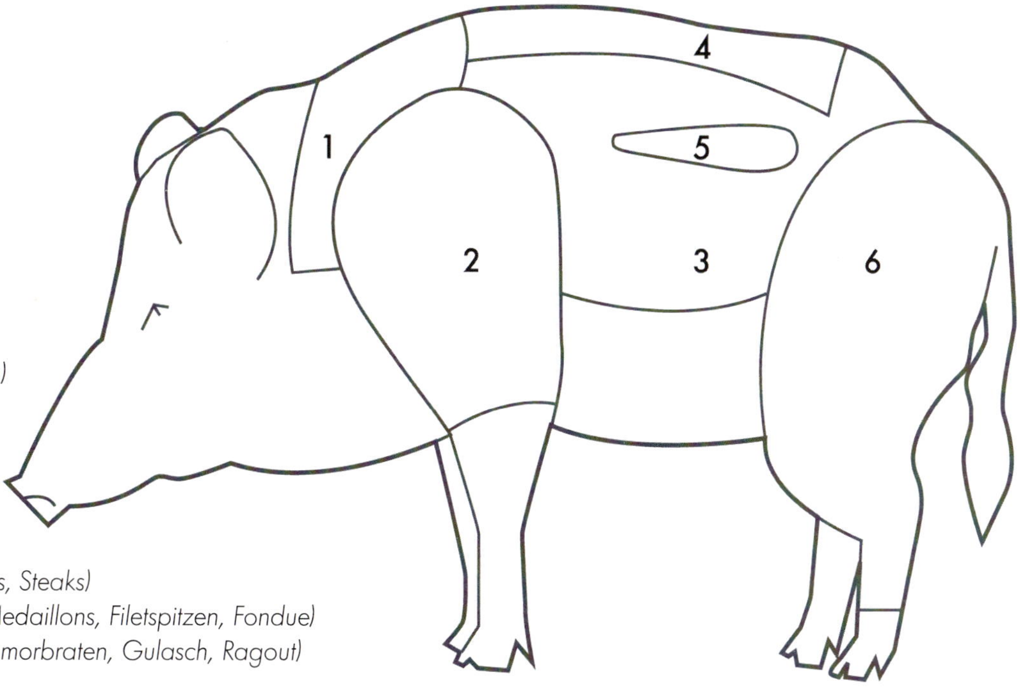

1) Nacken (z. B. Braten)
2) Schulter (z. B. Schmorbraten, Gulasch, Ragout)
3) Rippenbogen (z. B. Ragouts, Gulasch)
4) Rücken (z. B. Koteletts, Steaks)
5) Filets (z. B. Braten, Medaillons, Filetspitzen, Fondue)
6) Hinterkeule (z. B. Schmorbraten, Gulasch, Ragout)

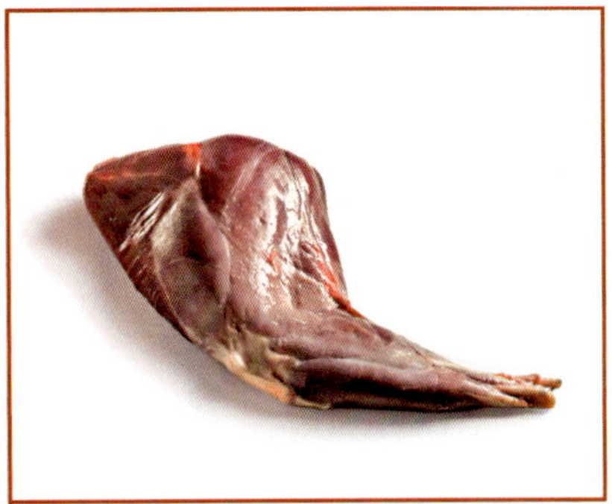

Keulen

Sie werden auch Schlegel genannt. Die Keulen liefern beim Hasen das meiste Fleisch. Sie wiegen mit Knochen circa 650 g (Wildkaninchen: circa 330 g). Allerdings ist das Fleisch mit viel Bindegewebe durchsetzt und sehnig. Es ist deshalb zum Kurzbraten nicht geeignet. **Verwendung**: in der Regel wird es geschmort. Klassisch ist die Zubereitung als Hasenpfeffer, der traditionell mit Klößen und Rotkohl serviert wird.

Rücken

Der Rücken ist das begehrteste Teilstück des Wildhasen. Das dunkle Fleisch ist mit einer dünnen Sehnenhaut bedeckt, die man vor der Zubereitung entfernen sollte. **Verwendung**: meist gebraten und geschmort. Das qualitativ hochwertige Wildbret ist sehr zart und muss weder gespickt noch mariniert werden. Zur Geschmacksverfeinerung ist das allerdings möglich. Ein Wildhasenrücken mit Knochen wiegt circa 600 g, ohne etwa 300 g, das Filet ungefähr 150 g.

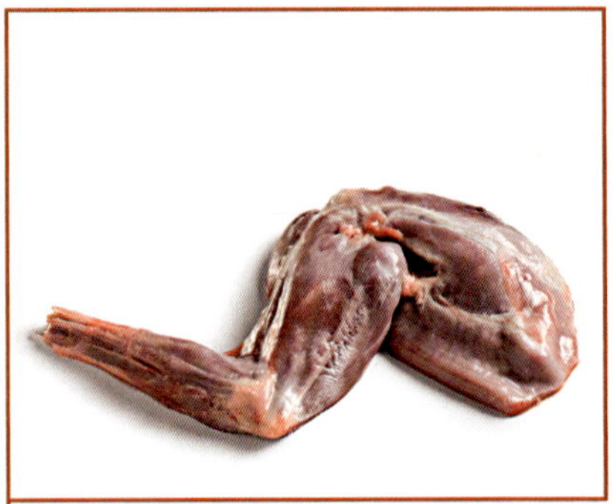

Vorderläufe

Die Vorderläufe werden auch Blätter genannt. Der Hase liefert sowieso schon relativ wenig Fleisch, die Vorderläufe aber bringen eine nur sehr geringe Fleischausbeute. **Verwendung**: hauptsächlich für Saucen und Suppen. Außerdem werden sie zu Farcen gekuttert und bei der Herstellung von Pasteten und Terrinen verwendet.

HASE

Zu den Hasen gehören die in freier Wildbahn lebenden Wildhasen, Schneehasen und Wildkaninchen sowie die domestizierten Varianten. Hasen und Kaninchen unterscheiden sich in vier Hauptpunkten. Hasen sind Nestflüchter, Kaninchen bei Geburt nackte und blinde Nesthocker. Erstere leben im freien Feld, Letztere graben Erdbauten. Hasen sind Einzelgänger, Kaninchen leben meist in Kolonien. Rein optisch haben Hasen längere Ohren und kräftigere Hinterbeine.

In der Küche werden vor allem die Keulen und der Rücken zum Braten oder Schmoren verwendet. Die restlichen Körperteile sind wegen ihrer geringen Fleischmenge nur für Suppen, Saucen, Ragouts und Farcen geeignet.

Wildhase

Der Wildhase, der je nach Lebensraum auch Feld- oder Waldhase genannt wird, liefert rotbraunes, aromatisches Fleisch. Sein Lebendgewicht kann bis zu 5 kg betragen, küchenfertige Exemplare wiegen in der Regel um 2,5 kg. Zu hohe Kochtemperaturen oder zu scharfes Anbraten führen dazu, dass das Fleisch zäh wird. Junge Exemplare werden üblicherweise ganz gebraten, von älteren werden in der Regel Rücken und Kopf geschmort oder gebraten, der Rest anderweitig verwendet.

Kaninchen

In Deutschland werden auf dem Markt in der Regel Zuchtkaninchen angeboten, Wildkaninchen dagegen nur selten und im Fachhandel. Das Fleisch von Wildkaninchen ist heller als das von Hasen, jenes von Zuchtkaninchen ist sehr hell. Ein ausgebalgtes (vom Fell gezogenes) und ausgenommenes Exemplar wiegt (mit Kopf, Leber und Nieren) circa 1–1,2 kg, also nicht einmal die Hälfte eines Wildhasen. Weil die Teilstücke des Kaninchens unterschiedliche Garzeiten haben, werden sie in der Regel separat verarbeitet. Keulen und Rücken liefern das meiste Fleisch, der Rest eignet sich für Suppen etc.

TIPP

Das Fleisch von Wildhase, Rebhuhn und Fasan ist dunkel und fettarm. Um es beim Garen vor dem Austrocknen zu schützen, sollte es entweder bardiert oder gespickt werden. Beim Spicken wird mit einer Fleischnadel fetter Speck gleichmäßig durch das Gargut gezogen. Obwohl gerade Wildhase schon fertig gespickt im Handel ist, ist davon eher abzuraten, da das Fleisch verletzt wird und beim Garen vermehrt Fleischsaft austritt.

Fasan

Der Fasan ist ein Wildhuhn. Junghähne wiegen circa 700 g – 1,3 kg, ältere Exemplare bis zu 1,5 kg. Die beste Zeit, um den Fasan zu verzehren, ist von November bis Januar. Sein Fleisch ist dunkelrot und hat einen mild-feinen Wildgeschmack. Die Tiere sollten 2–3 Tage im Kühlhaus abhängen, um ihren typischen Geschmack entwickeln zu können. **Verwendung**: Jungtiere werden im Speckmantel gebraten, ältere Exemplare eignen sich nur noch für Pasteten, Farcen und Suppen.

Rebhuhn

Auch Feldhuhn genannt. Das weltweit verbreitete Rebhuhn gehört zur Familie der Fasane und zur Gattung der Hühnervögel. Das dunkelrote Fleisch ist zart und saftig, schmeckt aber kräftig nach Wild. Brillat-Savarin, der Gourmetpapst des 19. Jahrhunderts, meinte, man solle es so lange an den Schwanzfedern aufhängen, bis der Vogel von selber herunterfällt. **Verwendung**: Rebhuhn wird frisch oder abgehangen, meistens im Ganzen im Ofen zubereitet.

REBHUHN & FASAN

Rebhühner gehören zur Familie der Fasane. Sie sind von rundlicher Gestalt und ca. 30 cm lang. Da sie in der freien Wildbahn mittlerweile stark dezimiert sind, gibt es sie – wie auch Fasane – heutzutage häufig gezüchtet im Handel. Sowohl Männchen als auch Weibchen sind eher unauffällig rostbraun gefiedert und ungefähr gleich groß. Im Gegensatz zum Fasan ist das Rebhuhn auch ein ursprünglicher Bewohner europäischer Breitengrade, man sieht es auf lichtem Gelände und auf Feldern.

Beim Fasan sind die Männchen rund 90 cm lang und auffällig gefiedert, die Weibchen sind deutlich kleiner, rund 50 cm, und ähnlich unauffällig gefiedert wie die Rebhühner. Anders als das Rebhuhn hält sich der Fasan auch gerne in Wäldern und dichtem Buschwerk auf.

Rebhühner und Fasane sind kräftig im Geschmack, ihr Fleisch ist dunkel und fettarm. Bei der Zubereitung harmonieren sie gut mit kräftigen Aromen. Passend dazu wird beim Verzehr meist kräftiger Rotwein dazu gereicht.

FLEISCHPRODUKTE, SCHINKEN & WURST

Holsteiner Katenschinken

Norddeutsche Spezialität, für die gepökelter Hinterschinken in Katenrauch langsam kaltgeräuchert wird. Mild-würzig und sehr fein, passt gut zu Spargel.

Lachsschinken

Kein Schinken, sondern aus dem Schweinelachs (Kotelett) hergestellt. Mild gepökelt, kalt geräuchert. Sehr mager, leicht salzig mit süßlichen Noten.

Nussschinken

Aus dem gleichnamigen Teilstück des Schinkens hergestellt. Er wird nass gepökelt und kalt geräuchert, ist mager, im Geschmack mild und saftig.

Rauchfleisch

Gepökeltes, kalt geräuchertes Trockenfleisch von Schwein oder Rind. Mager, aromatisch, wird oft zum Kochen verwendet. Im Alpenraum Geselchtes genannt.

Schwarzwälder Schinken

Über Fichten- und Tannenholz geräuchert. Kräftiges Aroma durch Pökelgewürzmischung mit Wacholderbeeren, Pfefferkörnern, Knoblauch und Koriander.

Westfälischer Hüftschinken

Besonders aromatischer Schinken aus der Westfälischen Bucht, am Knochen über Buchenholz kalt geräuchert und gereift; heute zum Teil auch luftgetrocknet.

Geräucherter Schinken

Räucherschinken stammt klassisch aus feuchteren und kälteren Regionen, wo das gepökelte Fleisch, würde es luftgetrocknet, von Schimmel befallen und verderben würde. Das Räuchern konserviert und schützt es. Als positiver „Nebeneffekt" entsteht der typische Räuchergeschmack, der insbesondere die zahllosen regionalen deutschen Produkte zu Delikatessen macht.

Bis hinein in die Mitte des 20. Jahrhunderts wurde geräucherter Schinken auf der Alm, im Haushalt oder Kleinbetrieb hauptsächlich im Winter hergestellt. Und zwar mit gutem Grund: Für das Räuchern der Schinken waren niedrige Außentemperaturen nötig. Bei zu hohen Temperaturen zogen die Räucherkamine nämlich nicht gut und das Fleisch drohte zu verderben. Heute wird allerdings nicht mehr in kleinen Räucherkammern oder Räucherkaten, kleinen Häusern, die nur diesem Zweck dienten, produziert, sondern mithilfe technischer Hilfsmittel, die von der Jahreszeit und den Bedingungen der Natur unabhängig machen.

Lardo

Äußerst feine italienische Spezialität aus dem Aostatal und der Toskana. Vollfett, raffiniert gewürzt, süßlich und salzig zugleich, zergeht auf der Zunge.

Prager Schinken

Böhmischer Kochschinken, der traditionell nicht kalt als Aufschnitt, sondern im Ganzen in Brotteig gebacken und mit Madeirasauce serviert wird.

Wacholderschinken

Vor allem in Tirol und Süddeutschland verbreiteter aromatisch-herber Kochschinken, während des Räucherns mit Wacholderstrauchmehl und -beeren eingerieben.

Frühstücksspeck

Im angloamerikanischen Raum äußerst beliebt, oft Bacon genannt. Wird typischerweise gebraten zu Rühr- oder Spiegelei gereicht, ist dann intensiv salzig.

Pancetta

Italienischer Bauchspeck mit hohem Fettanteil. Mild, aromatisch, zart, zum Teil mit Kräutern oder geräuchert, unerlässlich in Spaghetti alla carbonara.

Tiroler Speck

Tiroler Spezialität, die mit Kümmel, Pfeffer und anderen Gewürzen intensiv ummantelt und dann geräuchert wird. Mild-salziger, würziger Geschmack.

Kochschinken

Kochschinken sind in der Regel saftiger als Rohschinken, aber auch weniger aromatisch als die viele Monate gereiften rohen Varianten. Man trifft sie deswegen oft auch in geschmacklichen Variationen an, bei denen ihnen ein Mantel aus Kräutern, Gewürzen etc. umgelegt wurde. Ihre milderen Vertreter sind der klassische Begleiter zu Spargel. Kochschinken werden zumeist durch das sogenannte Spritzverfahren gepökelt, d. h. ihnen wird Salzlake injiziert. Daraufhin werden sie gebrüht und manchmal auch mild geräuchert. Sie müssen zeitnah verzehrt werden, da sie nicht lange haltbar sind.

Speck und schinkenähnliche Produkte

Speck stammt nicht aus dem Schinken, der hinteren Körperregion des Schweins, sondern entweder vom Rücken oder aus der Bauchregion. Rückenspeck ist sehr fett, er besteht in einigen Varianten aus komplett weißem Fettgewebe. Bauchspeck ist stark durchwachsen, besteht aus mit Muskelfleisch durchwachsenem Schweinebauch.

Vorderschinken wird wie echter Schinken hergestellt, das Fleisch stammt aber aus der Schulter. Der magere Lachsschinken wird aus dem Fleisch des Kotelettstrangs, dem Schweinelachs, gewonnen. Formfleischschinken und Schinkenersatz sind industrielle Billigprodukte, die gerne in Fertigprodukten eingesetzt werden.

ROHWURST

Anders als bei anderen Wurstarten dürfen nur Fleisch und Fett für Rohwürste verwendet werden, also beispielsweise keine Innereien. Zudem darf kein Wasser zugesetzt werden. Das Spektrum der Rohwurst reicht von der Zwiebelmettwurst, die im Prinzip sofort nach ihrer Herstellung verzehrt werden sollte und im Kühlschrank nur zwei bis drei Tage gelagert werden kann, bis hin zu Salamisorten, die erst einmal bis zu einem halben Jahr reifen müssen, bis sie ihr unvergleichliches Aroma voll entfalten. Die meisten Rohwurstsorten gehören jedoch zu den lange haltbaren Dauerwürsten, die zum Teil nicht einmal im Kühlschrank aufbewahrt werden müssen. Ihre Haltbarkeit resultiert aus Pökelung, Lufttrocknung, zum Teil auch aus Räucherung. Zu unterscheiden ist zwischen streichfähiger und schnittfester Rohwurst. Zu den streichfähigen Vertretern gehören etwa die Teewurst und einige weitere deutsche Sorten, die meisten südländischen Rohwürste sind dagegen schnittfest.

Ob frisch oder abgehangen, luftgetrocknet oder geräuchert, streichfähig oder schnittfest, gröber oder feiner – das Geheimnis einer jeden guten Rohwurst ist die Würzmischung, mit der sie hergestellt wird. In Italien gilt hinsichtlich der vielen regionalen Salamisorten die Faustregel: Je weiter südlich sie hergestellt wird, desto würziger und vor allem schärfer ist die Salami. Von Mailand bis hinunter nach Sizilien nimmt der Peperoni- und damit Capsaicin-Anteil deutlich zu. In Ungarn dominiert Paprika, in Frankreich und Deutschland sind es die typischen Zutaten, Gewürze, Kräuter und Aromen der einheimischen Küche, die auch den Weg in die Wurst finden – vom Trüffel bis hin zu Wacholderbeeren. Die regionalen Unterschiede sind dabei beträchtlich.

Cabanossi

Saftige Dauerwurst aus Rind und/oder Schwein. Eigentlich vom Balkan, u. a. mit Paprika und Knoblauch scharf gewürzt, heute zumeist in milder Variante.

Cervelatwurst

Der Name bezieht sich auf die Verwendung von Hirn (lat. cerebrum), heute aus Schwein, Rind und Speck, kalt geräuchert und mild gewürzt.

Chorizo

Mit sehr viel Paprika, außerdem mit Knoblauch gewürzte Schweinswurst von der iberischen Halbinsel. Grobe, feste Konsistenz, würziger, scharfer Geschmack.

Kaminwurz

Ursprünglich aus Südtirol stammende „im Kamin" kalt geräucherte Spezialität aus Schwein und/oder Rind, seltener auch aus anderem Fleisch. Herzhaft-würzig.

Knackwurst

Geräucherte, mild gewürzte Mettwurst, die auch einfach Knacker genannt wird. Wird kalt und heiß genossen, insbesondere als Zutat deftiger Gerichte.

Landjäger

Geräucherte, luftgetrocknete Wurst, die gerne solo gegessen wird. Charakteristische eckige Pressform. Sehr würzig, aus Deutschland und dem Alpenraum.

Mettende

Milde Mettwurst. Weichere Konsistenz und schwächer geräuchert als die verwandte Knackwurst. Bevorzugt verwendet in Eintöpfen und ähnlichem.

Teewurst

Streichfähige Mettwurst mit mild-würzigem Geschmack. In grober, häufiger aber in sehr feiner Variante. Ursprünglich aus Rügenwalde in Pommern.

Zwiebelmettwurst

Streichfähige Mettwurst, die absolut frisch gegessen wird und nur kurz haltbar ist. Zarter, fleischiger Geschmack, typische Frühstückswurst.

SALAMI

Salami ist eine Rohwurst-Spezialität, die ursprünglich aus Italien stammt. Der Name stammt selbstverständlich ebenfalls aus dem Italienischen (von „sal" = Salz, „salare" = salzen und „saláme" = Pökelfleisch). Sie wird aus Schweine- und Rindfleisch sowie aus Speck hergestellt. Früher wurde in Italien auch gerne Fleisch von Esel oder Maultier genommen, was allerdings heute kaum noch gebräuchlich ist. Auch Hirsch- oder Rehsalami findet sich in den Regalen von Feinschmeckergeschäften, für Kalorienbewusste wird auch magere Geflügelsalami hergestellt. Die klassische Salami aber zeichnet sich durch ihren geringen Wasseranteil (nur knapp 30 %) und ihren hohen Fettanteil (bis zu 50 %) aus. Dadurch wird sie zum einen lange haltbar, zum anderen ist dies Bedingung für ihren intensiven Geschmack. Klassisch ist die Salami mit einem Mantel aus Edelschimmel umgeben, der bei industrieller Herstellung heute jedoch entweder entfällt oder durch Weißkleie bzw. einen Kalk- oder Magnesiamantel ersetzt wird.

In Italien gibt es mindestens 40 Salamisorten, die nach den Qualitätsstufen extra, prima, seconda, terza und inferiori bewertet werden. Neben der Salame Felino und der Salame Milano, die hier beschrieben werden, gehören die Sorten Abruzzese, Fabriano, Milanino, Montanaro und Veronese zu den vielen, meist regionalen italienischen Spezialitäten. Von Italien aus begann der Siegeszug der Salami, die besonders in Ungarn und Frankreich Verbreitung fand. Auch in Deutschland werden zahlreiche Sorten produziert, allerdings wird sie hier aufgrund des feuchten Klimas nicht luftgetrocknet, sondern durch Räuchern haltbar und geschmackvoll gemacht. Die regional verschiedenen Geschmäcker der italienischen Salamisorten haben viel mit den jeweiligen klimatischen Bedingungen zu tun, schließlich trocknen die Salamis von Mikroklima zu Mikroklima ganz anders und entwickeln „wetterabhängig" ihr delikates Aroma.

Deutsche Salami

Im Gegensatz zu den südländischen Salamis sind die deutschen Produkte in der Regel nicht luftgetrocknet, sondern durch Räuchern haltbar gemacht und aromatisiert. Das feuchtere deutsche Klima eignet sich – wie auch beim Schinken – nicht für die Lufttrocknung. Kirschwasser-, Katenrauch-, Bärlauch-, Kant- oder Biersalami sind einige von vielen deutschen Varianten.

Felino

Ursprünglich aus Felino bei Parma stammende Salami aus Schweinefleisch und Speck, die heute aber in weiten Teilen der norditalienischen Emilia-Romagna produziert wird. Im trockenen, gemäßigten Klima des Apennins reift sie durch Lufttrocknung bis zu 6 Monate. Charakteristisch sind der geringe Salzgehalt, der aromatische Duft sowie der leicht süßliche, fein-würzige Geschmack.

Französische Salami

Die Tradition der Salamiherstellung kam mit fahrenden Händlern nach Frankreich, insbesondere nach Lyon. Französische Salamis werden zumeist luftgetrocknet und oft mit verschiedenen Zutaten wie Pilzen, Nüssen (Saucisson aux noisettes), Pistazien, Trütteln, Pfeffer, Kräutern oder Camembert verfeinert. Bekannte Sorten sind Saucisson sec, Saucisson de Lyon und Saucisson Rosette.

Mailänder Salami

Klassische, rund um den Globus bekannte und beliebte Salami, die aus gleichen Teilen Schweinefleisch, Rindfleisch und Speck hergestellt wird, in der heute üblichen industriellen Produktion auch ohne Rind, mit reduziertem Speckanteil und in Kunstdärmen. Sie wird mehrere Wochen vorgereift und dabei regelmäßig gewaschen, dann bis zu 6 Monate durch Lufttrocknung gereift.

Salsiccia

Italienische, pikant gewürzte Mettwurst, vergleichbar mit der groben deutschen Bratwurst. Sie wird regional unterschiedlich mit diversen Aromen und Kräutern variiert, insbesondere mit Fenchelsamen. Man kann sie wie das deutsche Pendant braten, in Italien wird sie aber häufig als Zutat in Pastasaucen verarbeitet. Im Bild: Salsiccia passita, die getrocknete Variante.

Ungarische Salami

Heutzutage ist Salami einer der kulinarischen Exportschlager Ungarns. Bis 1869 wurde dort aber überhaupt keine Salami hergestellt, bis Mark Pick, ein Händler für Landwirtschaftserzeugnisse, in Szegedin an der Theiß damit begann. Anfänglich imitierte Pick die italienische Salami, die Paprikawürzung kam erst später. Seit 2007 ist Szegedi Szalámi eine geografisch geschützte Angabe.

Bierschinken

Auch Schinkenwurst, in Österreich Krakauer. Feine Konsistenz, mit Stücken aus Schweinefleisch und Kochschinken.

Fleischkäse

Feines Fleischbrät, dem Leberkäse ähnlich, jedoch ohne Leber. Mild gewürzt, fleischigneutraler Geschmack.

Fleischkäse mit Zusatz

Der relativ neutrale Fleischkäse eignet sich zur Variation mit Kräutern, Pfefferkörnern oder Paprika (im Bild).

Geflügelfleischwurst

Fleischwurst aus Hähnchen- und Putenfleisch statt vom Schwein, deswegen erheblich magerer. Auch mit Knoblauch.

Jagdwurst

Regional sehr unterschiedliche Brühwurst. Feines Brät mit kleineren ganzen Stücken. Frisch und mild im Geschmack.

Lyoner

Ursprünglich aus Lyon, in Deutschland als Fleischwurst bekannt. Milde, sehr feine Brühwurst ohne Einlage.

Mortadella di Bologna

Fettreiche ital. Spezialität aus feinem Schweinebrät mit weißen Speckwürfeln und Pistazien. Fein-aromatisch.

Bratwurst

Wurst aus grobem, auch feinerem Brät, deutschlandweit regional in vielen Varianten, sehr unterschiedlich gewürzt.

BRÜHWURST

Brühwürste bestehen aus schnittfestem Brät. Sie werden durch Brühen, Backen, Braten oder auf andere Weise mit Hitze behandelt. Vor dem Garprozess wird das Fleisch durch den Wolf gedreht und, bei vielen Sorten, danach fein gekuttert. Es wird mit Kochsalz, Nitritpökelsalz und/ oder Kuttersalzen versehen und beim Kuttern, damit das Eiweiß nicht gerinnt, mit Eis oder Eiswasser vermischt. Brühwürste behalten nach dem erneuten Erhitzen ihre feste Konsistenz.

Neben den klassischen Brühwürsten gibt es jedoch auch die sogenannten „Brühwursthalbfabrikate". Mit diesem Begriff werden Würste bezeichnet, die in der Regel roh verkauft werden, aber vor dem Verzehr erhitzt werden – sei es durch Brühen, Backen oder Braten.

Zur groben Orientierung gilt die Faustregel, dass Brühwürste zur Hälfte aus Fleisch und zu je einem Viertel aus Fett und Wasser bestehen. Während das verwendete Fleisch früher direkt nach der Schlachtung zu Brühwürsten verarbeitet wurde, wird heute vorwiegend ausgekühltes Fleisch genommen, dem allerdings Kutterhilfsmittel zugesetzt werden müssen. Während das frische Fleisch noch relativ viel Wasser aufnehmen kann, muss bei schon erkaltetem und erst recht bei abgehangenem Fleisch nachgeholfen werden. Die gekutterte Masse wird

Bockwurst
Leicht geräucherte, milde deutsche Spezialität aus Schwein und Speck, z. T. mit Rind.

Frankfurter Würstchen
Geräucherte Schweinebrühwurst, mit charakteristischer Vierkantform. Oft mit Wiener Würstchen verwechselt.

Krakauer
Oberschlesische Trocken- bzw. Räucherwurst vom Schwein mit Speck- und Rindanteilen. Kräftig und deftig.

Nürnberger
Kurze, feine Bratwurst aus Nürnberg im Schafssaitling mit charakteristischer Majoranwürze und intensivem Aroma.

Røde Pølse
Gefärbte „Rote Wurst", skandinavische Variante des Frankfurter und Wiener Würstchens, wie diese zubereitet.

Thüringer Rostbratwurst
Traditionsreiche mittelfeine Bratwurst im Naturdarm, schon um 1400 bekannt. Mit Kümmel, Majoran und Knoblauch.

Weißwurst
Fein gekutterte weiße Brühwurst vom Kalb mit Speck. In Bayern traditionell mit Brezeln und süßem Senf verzehrt.

Wiener Würstchen
Abwandlung des Frankfurter Würstchens, vom in Frankfurt ausgebildeten Metzger J. Lahner aus Wien erfunden.

in Därme gefüllt, diese dann bei manchen Sorten geräuchert, immer aber anschließend bei ca. 68 °C gebrüht.

Die große Palette der Brühwürste kann grob in fünf Untergruppen eingeteilt werden:
Erstens die fein zerkleinerten Brühwürste, zu denen die Lyoner, die Gelbwurst und der Leberkäse gezählt werden. Sie können warm oder kalt genossen werden. Zweitens die Brühwürstchen, zu denen man das Frankfurter und das Wiener Würstchen, die Bockwurst, die skandinavische „Rote Wurst" und die österreichische Burenwurst zählt. Sie werden in der Regel vor dem Verzehr gebrüht und klassischerweise mit Senf und Brötchen angeboten. Drittens die groben Brühwürste, zu denen die Krakauer, die Bierwurst sowie die Jagdwurst zu rechnen sind. Bei dieser Gruppe handelt es sich um Aufschnittsorten. Viertens Brühwürste mit Einlagen, wozu die Mortadella und der Bierschinken zählen. Und fünftens die Halbbratwürste, die roh auf den Markt kommen, aber vor dem Verzehr gebraten, gebrüht oder gebacken werden. Dazu gehören die zahlreichen Varianten der Bratwurst und eigentlich auch die Münchner Weißwurst, die nach ungeschriebenem bayerischen Gesetz die 12-Uhr-Glocken nicht hören darf.

KOCHWURST

Man unterscheidet grundsätzlich drei Gruppen von Kochwürsten:

1) **Sülzwürste** Sie werden aus gepökeltem und gekochtem Fleisch hergestellt, dann in den Darm gefüllt und erneut gebrüht. Man unterscheidet die Sülzwürste wiederum in Sülzen, Corned Meat und Presswürste. Bei Sülzen und Corned Meat werden Speisegelatine oder Aspikpulver hinzugegeben, damit sie nachher eine feste Konsistenz erhalten, bei Presswürsten sorgen die beigegebenen zerkleinerten Schwarten, der sogenannte Schwartenbrei, für die Aspikbildung und damit die Schnittfestigkeit.

Sülzen bestehen in der Regel aus Schweinefleisch, allerdings ist die Qualität der verwendeten Teile vom Schwein sehr unterschiedlich. Zum Teil wird sehr fettarmes, hochwertiges Fleisch genommen, wie z. B. bei der Schinkensülze, zum Teil aber auch fett- und bindegewebereiches Fleisch, für das sonst kaum eine Verwendung besteht, wie z. B. bei der Schweinskopfsülze.

Corned Meat besteht aus nicht geschnittenem, sondern gezupftem, stark zerkleinertem („gekörntem") Fleisch, das mit Gelatine gebunden wird. Es ist in der Regel sehr mager. Neben dem berühmten Corned Beef gehören dazu die Varianten Corned Beef mit Gelee, Deutsches Corned Beef sowie Kraftfleisch vom Rind. Corned Meat ist meistens Dosenware und wurde früher wegen seiner langen Haltbarkeit von Seefahrern sehr geschätzt.

Presswürste sind vor allem in der Südhälfte Deutschlands, in Österreich und der Schweiz Teil der Wursttradition. Die regional verschiedenen Schweinewürste dürfen insbesondere in Franken und Bayern bei einer typischen Brotzeit nicht fehlen. Sie werden, mit Essig, Öl und Zwiebeln angemacht, dann „saurer Presssack" oder „Presssack mit Musik" genannt.

2) **Blutwurst** Es gibt sie in tausend Spielarten und unter ebenso vielen Namen: Schwarzwurst, Rotwurst, Griebenwurst, Topfwurst oder Blunzen (in Österreich). Insbesondere im Rheinland ist sie äußerst beliebt, heißt hier (in Aachen) Puttes, (in Köln) Flönz oder Kölscher Kaviar. In der französischen Normandie gibt es die Confrérie des Chevaliers du Goûte Boudin, die Bruderschaft der Ritter der Blutwurst, die jedes Jahr einen internationalen Wettbewerb veranstaltet, bei dem die besten Blutwürste und Blutwurstprodukte aus aller Welt prämiert werden.

3) **Kochstreichwurst** Hierzu gehören die Leberwürste, die es in ebenso vielen Varianten wie die Blutwurst gibt. Außerdem werden dazu Fleischpasteten gezählt, die in der Regel in der typischen viereckigen Form in den Handel kommen. Und zuletzt werden zu dieser Gruppe die Kochmettwürste gerechnet, vorwiegend aus Norddeutschland stammende Spezialitäten, wie die Hamburger Gekochte oder der berühmte Pinkel, eine geräucherte, fettreiche Grützwurst, die, wie der Name schon sagt, Grütze enthält und traditionell zusammen mit Grünkohl serviert wird.

Blutwurst
Aus Schweineschwarte, Blut und Speck, mit Thymian und Majoran gewürzt. In ganz Europa verbreitet und schon seit der Antike bekannt.

Corned Beef
Gepökeltes und im eigenen Saft gekochtes Rindfleisch in Dosen. V. a. in den USA, Großbritannien und Südamerika beliebt.

Haggis
Mit diversen Zutaten gefüllter Schafsmagen, kräftig gepfefferte Spezialität aus Schottland. Prinzip wie der Pfälzer Saumagen.

Hausmacher Presssack
Dem weißen Presskopf sehr ähnlich, jedoch ohne Pökelsalz hergestellt, deswegen grau in der Farbe. Oft mit Essig gesäuert.

Feine Leberwurst
Cremige Wurst mit einem sehr feinen Geschmack nach Leber. Die delikateste Variante ist die Kalbsleberwurst.

Grobe Leberwurst,
Streichfähige Wurst mit einem Leberanteil von 10–30 Prozent. Gröbere Körnung sowie allerlei Einlagen, oft Fleischstückchen.

Leberwurst mit Zusatz
Leberwurst mit Zusätzen aller Art. Das können Kräuter, Gewürze, Trüffel, Nüsse, Pilze, ansonsten unübliche Fleischstücke etc. sein.

Roter Presskopf
Auch Schwarzer Presssack, erhält seine dunkle Färbung durch Schweineblut. Z. T. wird bei seiner Herstellung Rinderzunge verwendet.

Weißer Presskopf
Aus Schweinefleisch und Schweineschwarten. Auch als Sausack, Schwartenmagen oder Presswurst bekannt. Der Schweinskopfsülze verwandt.

Sülze
Auch Sulz. Aus Schweinskopf oder gepökeltem Kalbfleisch und Kalbsfuß, aber auch aus Geflügel, immer mit Gemüse hergestellt, in Gelee.

Zungenblutwurst
Variante der Blutwurst, die mit in der Regel größeren Stücken von der Rinderzunge hergestellt wird. Dadurch feiner im Geschmack.

Zwiebelwurst
Aus Rind- und Schweinefleisch sowie Zwiebeln gekochte milde Streichwurst, sowohl grob als auch fein erhältlich. Oft mit Thymian gewürzt.

FISCH

SEEFISCH

Fisch wird immer beliebter. Nicht nur, dass er eines der letzten unveränderten Naturprodukte ist – er ist obendrein auch noch ein extrem gesundes und dazu überaus wohlschmeckendes kulinarisches Erlebnis. Die Zubereitungsarten sind vielfältig, je nach Sorte kann Fisch im Ganzen oder als Filet gegrillt, gebacken, pochiert, gedünstet, gebraten oder geräuchert werden. Aus der asiatischen Küche stammt der Trend zur Rohverkostung, zum Beispiel als Sashimi oder Sushi. Die europäische Variante dazu ist das Kaltgaren des Fisches durch Beizen und marinieren, zum Beispiel in Form des weltweit bekannten Graved Lachs.

Einkauf und Lagerung

Durch die schnellen Transportwege ist Fisch heutzutage zu jeder Jahreszeit zu genießen und nicht nur wie früher in den Monaten mit „r". Allerdings schwören viele Feinschmecker darauf, dass gerade Seefisch im Herbst am besten schmeckt. Dann hat er nämlich die Sommermonate genutzt, um sich ein paar Fettreserven anzufuttern, die ihn schadlos durch den Winter bringen. Doch zurück zu den schnellen Transportwegen bzw. den Frischekriterien. Frischer Fisch riecht immer frisch nach Meer. Unangenehmer Geruch sollte immer vom Kauf abhalten. Fangfrische Ware hat zudem glänzende Augen, hellrote bis braunrote, feuchte Kiemen und feste, pralle Haut. Um dies zu testen, eignet sich der Drucktest: Nach dem Draufdrücken mit dem Finger sollte die Delle sofort wieder verschwunden sein.

Beim Einkauf sollte Fisch immer zuletzt besorgt werden, damit er nicht unnötig ungekühlt herumgetragen wird. Zu Hause angekommen, sollte der Fisch auf einen Teller gelegt, mit Frischhaltefolie abgedeckt und sofort in den Kühlschrank gestellt werden. Dort sollte er allerspätestens am übernächsten Tag verbraucht werden. Zu beachten ist dabei noch Folgendes: Fischläden werden in der Regel dienstags und freitags beliefert. Das heißt, dass der Fisch dort montags und donnerstags am ältesten ist. Dieser Fisch sollte dann nicht zusätzlich zu Hause noch mal zwei Tage gelagert werden.

Vorbereitung oder die berühmten drei „s"

Säubern, säuern, salzen – als die Kühlkette noch nicht so gut funktioniert hat wie heutzutage, war diese Regel wichtig, denn durch das Säuern verschwand allzu fischiger Geruch. Heutzutage müsste das bei fangfrischer Ware nicht mehr sein – allerdings ist Zitronensaft fast immer ein passender Begleiter zum Fisch und sorgt durch die Säure dafür, dass der Fisch beim Garen nicht so leicht zerfällt. Durch die Säure denaturiert das fischeigene Eiweiß auf der Oberfläche und macht den Fisch etwas stabiler in der Handhabung.

Rundfisch filetieren

1 Den Fisch gegebenenfalls küchenfertig vorbereiten (ausnehmen und schuppen), dann mit dem Filetiermesser hinter den Kiemen senkrecht bis zur Mittelgräte einschneiden.

2 Das Messer auf der Mittelgräte in die Waagerechte bringen und auf ihr vorsichtig bis zum Schwanz entlangfahren. Das Messer dabei locker über die Gräte führen, um nicht in ihr zu verhaken.

3 Das Filet abnehmen, den Fisch wenden und auf der anderen Seite genauso vorgehen. Um ggf. die Haut zu lösen, den Fisch auf die Hautseite legen, mit dem Messer darunterfahren und ablösen.

Streifenbrasse

Der 20–30 cm lange Fisch ist äußerlich leicht zu erkennen an dem hell umrandeten schwarzen Fleck vor dem Schwanz. Vorkommen: Wie alle Meerbrassen im gesamten Mittelmeer, zum Teil auch im Schwarzen Meer und im Ostatlantik. In der Küche ist er aufgrund seiner vielen Gräten eher weniger verbreitet. **Verwendung**: meist gegrillt oder gebraten.

Dorade

Auch Dorade Royal oder Goldbrasse. Der bis zu 70 cm lange Fisch kommt hauptsächlich im Mittelmeer vor, die meisten Doraden stammen mittlerweile aus Aquakulturen aus Griechenland, der Türkei, Israel und Spanien. Das Fleisch ist äußerst grätenarm, fest, weiß und sehr schmackhaft. Am besten schmeckt die Dorade von Juli–Oktober. **Verwendung**: im Ganzen oder als Filet gegrillt, gebraten, pochiert.

Großer roter Drachenkopf

Auch Meersau genannt. Lebt im Atlantik und Mittelmeerraum in Bodennähe, wird rund 25 cm lang und besitzt sehr giftige Stacheln, die auch für Menschen gefährlich sind. Der Drachenkopf ist ein guter Speisefisch. Sein Fleisch ist eher weich, aber sehr zart und schmackhaft. **Verwendung**: meist im Ganzen im Ofen gebraten oder gedünstet. Die ledrige Haut sollte vor dem Servieren entfernt werden.

Gelbstriemenbrasse

Lebt wie alle Brassen hauptsächlich im Mittelmeer und im östlichen Atlantik, kommt aber auch viel weiter nördlich vor. Bis zu 60 cm lang, silbrig-glänzend mit charakteristischen Längsstreifen. Kulinarisch spielt er eine untergeordnete Rolle und ist eher regional in Küstenorten zu finden. Recht weiches Fleisch, das sich nicht gut filetieren lässt. **Verwendung**: gebraten oder gegrillt.

Hering

Der bekannte Schwarmfisch ist nicht nur in Nord- und Ostsee, sondern auch im gesamten Nordatlantik von Norwegen bis North Carolina zu finden. Er wird bis zu 40 cm lang und kann 20 Jahre alt werden. Am besten schmecken Heringe von Anfang März bis Ende April. Beim Einkauf sollten aus geschmacklichen Gründen kleinere Exemplare den Vorzug bekommen. Insgesamt hat das zarte Heringsfleisch einen kräftigen, charakteristischen Geschmack und einen relativ hohen Fettgehalt. **Verwendung**: meist gebraten und eingelegt, aber auch frittiert, gedünstet und gegrillt.

Kabeljau

Als Jungfisch Dorsch genannt. Durchschnittlich ist der Kabeljau 60 cm lang und wiegt 2,5 kg. Kleine, weiße Eiweißpartikel nach dem Kochen sind ein Zeichen von absoluter Frische der Ware. Er schmeckt im Herbst am besten. Sein Fleisch ist sehr mager, dabei zart, fest und leicht salzig im Geschmack. **Verwendung**: gebraten, gegrillt, ausgebacken, gedünstet und gekocht.

Knurrhahn

Seinen Namen hat der Fisch aufgrund der knurrenden Geräusche, die er mithilfe seiner Schwimmblase erzeugen kann. Der Rote und auch der Graue Knurrhahn werden meist mit einer Länge von 35 cm und einem Gewicht von 0,5–1,5 kg gefangen. Er lebt vor allem im Atlantik, aber auch im Mittelmeer, in der Nord- und Ostsee und dem Schwarzen Meer. Knurrhähne sind sehr gute Speisefische. Ihr Fleisch ist weiß, fest, sehr aromatisch und leicht süßlich. Knurrhähne schmecken am besten im Herbst. **Verwendung**: meist in Fischsuppen oder im Ganzen gebraten.

Leng

Auch Lengfisch und Lange. Der größte Vertreter der dorschartigen Fische wird bis zu 2 m lang und 40 kg schwer. Seltener im Mittelmeer anzutreffen, findet sich der Leng hauptsächlich in der Nordsee und im östlichen Atlantik von Skandinavien bis zum Golf von Biskaya. Sein helles Fleisch ist fest und mager, dabei leicht salzig im Geschmack. **Verwendung**: durch seine Größe gibt es ihn fast ausschließlich filetiert im Handel. Die Filets werden entweder gebraten oder in Fischsuppen verwendet. Auch pochiert oder als Fischfrikadelle beliebt.

Makrele

Die Schwarmfische haben charakteristische blaue Querstreifen am Rücken und werden bis zu 50 cm lang. Sie kommen hauptsächlich im Atlantik, in der Nordsee und im Mittelmeer vor. Das bräunlich-rote Fleisch verfügt über einen charakteristischen kräftig-würzigen Geschmack und lässt sich gut entgräten. Der Fettgehalt schwankt je nach Jahreszeit. Da die Makrele im Winter fastet, liegt der Fettgehalt im Frühjahr bei 3 %, im Herbst bei 30. Das Fleisch ist reich an Omega-3-Fettsäuren und sehr gesund. **Verwendung**: meist geräuchert oder gebraten.

Meeräsche

Die silbrige Meeräsche wird bis zu 1,20 m lang und 9 kg schwer. Sie lebt im Atlantik, wird aber auch im Mittelmeer gezüchtet. Sie ist einer der ältesten Zuchtfische. Ihr Fleisch ist fest und weiß, dabei etwas fett. Da die Fische am Boden nach Nahrung suchen, hängt der Geschmack etwas von der Wasser- und Bodenqualität ab. Meeräschen können auch leicht modrig schmecken. Im Mittelmeerraum gilt der Rogen der Meeräschen (franz. boutargue, ital. bottarga) als Spezialität. **Verwendung**: gebraten, gegrillt und pochiert. Auch ausgebacken.

Merlan

Auch Wittling oder Weißling genannt. Er kann bis zu 70 cm lang werden, findet sich aber meist als Portionsfisch (ca. 400 g) im Handel. Er lebt im Nord-Ost-Atlantik, dem Mittelmeer und dem Schwarzen Meer. Sein weißes Fleisch hat wenige Gräten, ist sehr zart und wohlschmeckend. Da der Fisch nicht lange haltbar ist, sollte beim Merlan besonders auf fangfrische Ware geachtet werden. Am besten von Oktober bis April. **Verwendung**: im Ganzen geschuppt und ausgebacken oder gebraten und pochiert. Auch geräuchert und getrocknet erhältlich.

Petersfisch (Schwarzer Petersfisch)

Auch St. Petersfisch, St. Pierre oder Heringskönig. Seinen Namen verdankt der Fisch dem dunklen Fleck hinter den Kiemen, der der Legende nach ein Fingerabdruck des heiligen Petrus ist. Der Fisch wird bis zu 70 cm lang und 8 kg schwer und erinnert von der Form her an eine Scheibe. Er lebt hauptsächlich an den Atlantikküsten und im Mittelmeer. Sein nur als Frischware erhältliches Fleisch gilt als Delikatesse, ist fest, weiß und wohlschmeckend. Er darf aber nicht übergart werden, da er sonst leicht zerfällt. **Verwendung**: gedünstet und gebraten, auch gegrillt.

Rotbarbe

Auch Rote Meerbarbe. Sie wird bis zu 30 cm lang und wiegt im Handel meist rund 500 g. Zur Familie der Meerbarben zählen rund 55 Arten, darunter auch die ebenfalls bekannte Streifenbarbe. Die Rotbarbe lebt in Schwärmen im Mittelmeer und an der Atlantikküste von Nordafrika bis hinauf nach Großbritannien. Das fast grätenfreie Fleisch ist nach dem Garen hellrosa bis weißlich, galt schon in der Antike als Delikatesse und soll im September am besten sein. Besonders die Leber wird unter Feinschmeckern gerühmt. **Verwendung**: gebraten, gedünstet, gegrillt, gedämpft.

Rotbarsch

Auch Goldbarsch genannt. Trotz seines Namens zählt der feuerrote Fisch nicht zu den Barschen, sondern zu den Panzerwangen. Er besitzt giftige Stacheln und sollte deshalb vom Fischhändler küchenfertig zubereitet werden. Er wird bis zu 40 cm lang und lebt hauptsächlich im Nordatlantik. Das feste, fettarme Fleisch ist vor dem Garen rötlich, nach dem Garen weiß und saftig. Es gilt als äußerst delikat, sehr aromatisch und ist das ganze Jahr über in gleich bleibender Qualität erhältlich. **Verwendung**: gebacken, pochiert, gedünstet und gebraten.

Sardelle

Auch Anchovis genannt. Je nach Art wird sie bis zu 40 cm lang (in Südamerika), die europäische Sardelle wird bis zu 15 cm lang. Die europäischen, kleinen, fettreichen und aromatischen Fische sind meist eingelegt im Handel erhältlich, entweder in Salzlake oder in Öl. Es gibt sie auch schon püriert, mit Öl und Gewürzen vermischt als Würzpaste in Tuben zu kaufen. **Verwendung**: die europäischen Sardellen frisch im Ganzen in Teig ausgebacken oder pur frittiert, am häufigsten finden sie sich allerdings konserviert und als Würzzutat im Handel.

Sardine

Sie wird bis zu 26 cm lang und ist in fast allen Meeren der Welt zu Hause. Sie ist kräftig-würzig und sehr aromatisch im Geschmack und wird auch gerne in Öl eingelegt angeboten. Auf diese Weise hält sie sich auch sehr lange. Sardinen werden das ganze Jahr über in gleich bleibender Qualität angeboten. **Verwendung**: gegrillt oder gebraten, industriell meist eingelegt.

Schellfisch

Im Handel sind meist Exemplare von rund 50 cm Länge und 2 kg Gewicht erhältlich. Er lebt hauptsächlich in Nord- und Ostsee sowie an der Ostküste Amerikas. Sein weißes Fleisch ist sehr fettarm, dabei eiweiß- und jodhaltig und von kräftigem, sehr feinem Geschmack. Das grätenarme Fleisch sollte nicht übergart werden, da es leicht zerfällt und an Geschmack verliert. **Verwendung**: meist pochiert oder gebraten.

Schwertfischsteak

Die meist um die 2 m langen Tiere leben in wärmeren und tropischen Meeren, kommen aber auch in Nord- und Ostsee und im Schwarzen Meer vor. Ihr mageres, festes Fleisch ist eine Delikatesse und erinnert an Kalbfleisch. Schwertfisch ist einer der besten Speisefische, darf aber nicht übergart werden, da er sonst trocken werden kann. **Verwendung**: gegrillt, geschmort, gebraten und gedünstet.

Seeteufel

Im Handel meist Exemplare von rund 1 m Länge, sie können aber auch doppelt so lang werden. Hauptsächlich im Nordatlantik und im Mittelmeer. Bis auf die Wirbelsäule ist das Fleisch grätenfrei, graues Häutchen vom Fischhändler entfernen lassen. Das Fleisch ist weiß, sehr fest und delikat. Es verdirbt leicht, daher nur fangfrisch zubereiten. **Verwendung**: gebraten, pochiert, gegrillt.

Sprotte

Auch Sprot, Breitling und norwegischer Brisling genannt. Die kleinen Fische werden bis zu 16 cm lang und kommen im Mittelmeer, Nord- und Nordostatlantik, in der Nord- und Ostsee sowie dem Schwarzen Meer vor. Mit bis zu 17 % Fett zählen sie zu den Fettfischen. Ihr Fleisch ist von feinem, aromatischem Geschmack. **Verwendung**: frittiert, gegrillt oder gebraten. Auch geräuchert.

Steinbeißer

Auch Seewolf, Wolfsfisch und Katfisch genannt. Steinbeißer werden rund 1 m lang und bis zu 15 kg schwer. Es gibt sie in zahlreichen Farben von rotbraun bis schwarz, da sich die Fische ihrer Umgebung anpassen. Sie kommen meist im Nordatlantik und in der Nordsee vor. Es gibt aber auch eine pazifische Art. Das helle und feste Fleisch ist sehr delikat. **Verwendung**: meist gebraten oder pochiert.

Thunfisch

Auf der ganzen Welt verbreitet, bis zu 3 m lang und 300 kg schwer. Thunfisch gilt als einer der besten Fische überhaupt, sein Fleisch erinnert an Kalbsfilet. Je heller das Fleisch, desto höher der Fettgehalt und desto teurer im Handel. Thunfisch sollte möglichst fangfrisch zubereitet werden und darf nicht übergart werden. Sonst wird er trocken. **Verwendung**: roh, gebraten, gegrillt, geschmort.

Wolfsbarsch

Auch Loup de mer. Handelsübliche Exemplare sind rund 40 cm lang und bis zu 1,5 kg schwer. Sie leben hauptsächlich im Nordatlantik, werden allerdings vermehrt in Aquakulturen im Mittelmeer gezüchtet. Ihr festes, weißes Fleisch ist mager, kurzfaserig und enthält wenig Gräten, der Geschmack ist fein und aromatisch. **Verwendung**: meist gegrillt oder gebraten, aber auch gedünstet.

GESUND OB RUND ODER PLATT

Egal ob Rundfisch oder Plattfisch – Seefisch ist gesund und überaus beliebt. Dies hat leider auch seine Schattenseiten. Überfischung ist das Schlagwort, dem mit Aquakulturen immer häufiger begegnet wird. Sind diese nach bestimmten biologischen und artgerechten Kriterien angelegt, ist dem auch nichts entgegenzusetzen. Um die Tiere zu schützen, lohnt es sich daher, bei Zuchtfischen nach Bio-Ware Ausschau zu halten. Das Bio-Angebot ist in den letzten Jahren immer größer geworden, was nicht zuletzt dem besseren Geschmack geschuldet ist. Bio-Fisch hat nicht nur keine Rückstände von Medikamenten, sondern auch mehr Platz zum Schwimmen, sodass seine Fleischbeschaffenheit eine bessere ist als die von Artgenossen auf zu engem Raum. Um den Fischbestand an wild lebenden Fischen zu schützen, sind für viele bedrohte Arten bestimmte Fang- und Schonzeiten einzuhalten. Diese variieren je nach Fischart und Land – sind aber absolut verbindlich. Nur so wird sichergestellt, dass uns auch die besonders delikaten Arten noch lange erhalten bleiben und genügend Zeit bekommen, ihre Bestände zu regenerieren.

Die ernährungsphysiologischen Vorzüge von Seefisch

Seefisch lässt sich nicht nur einteilen in Rund- und Plattfisch, sondern auch in fettarme und fettreiche Fischarten. Letztere sind aber auf keinen Fall ungesund, liefern doch gerade die Fettfische besonders viel wertvolle Omega-3-Fettsäuren. Diese beeinflussen die Blutfettwerte sehr positiv, senken nachweislich das Herzinfarkt- und Schlaganfallrisiko und verbessern deutlich die Fließeigenschaften des Blutes. Da diese langkettigen, mehrfach ungesättigten Fettsäuren vom menschlichen Körper nicht selbst hergestellt werden können, müssen sie ihm zugeführt werden – am besten durch eine köstliche Zubereitung von Fettfischen. Zu den Fettfischen zählen neben Hering, Lachs und Heilbutt vor allem Thunfisch und Makrele. Als Süßwasserfisch kann noch Aal hinzugenommen werden. Doch auch die mageren Fische enthalten die wertvollen Fettsäuren – natürlich in geringerem Maß. Zu den mageren Fischen zählen besonders Kabeljau, Seelachs, Scholle, Schell- und Katfisch sowie viele andere Sorten – auch aus dem Süßwasser. Neben den Omega-3-Fettsäuren liefern Fische wertvolles Eiweiß, wichtige Mineralstoffe und Vitamine. Das Fischeiweiß lässt sich vom Körper besonders gut aufnehmen, sodass Fisch als leichte und bekömmliche Kost mindestens einmal, besser zweimal pro Woche auf dem Speiseplan stehen sollte.

Flunder

Auch Butt und Graubutt genannt. Sie lebt im Nord- und Nordostatlantik sowie in Nord- und Ostsee. Sie kommt aber auch im Schwarzen Meer vor. Flundern leben zum Laichen zeitweise im Süßwasser und wandern teilweise weit die Flüsse hinauf, ansonsten leben sie gerne in Küstennähe an Flussmündungen. Im Handel sind meist Exemplare von rund 40 cm Länge. Durch ihre roten Tupfen werden sie manchmal mit der Scholle verwechselt, haben im Unterschied zu dieser aber raue Haut. Das Fleisch ist von hervorragender Qualität. **Verwendung**: meist gebraten oder gedämpft.

Glattbutt

Auch Kleist genannt. Im Unterschied zum kreisrunden Steinbutt ist der Glattbutt oval. Er wird bis zu 70 cm lang und 7 kg schwer. Seine Haut ist glatt, sandfarben-gesprenkelt und optimal dem Untergrund angepasst. Er lebt im Atlantik, in der Nord- und Ostsee, dem Schwarzen Meer und Mittelmeer. Der Glattbutt gilt als sehr schmackhafter und hochwertiger Speisefisch, allerdings als nicht ganz so delikat wie der Steinbutt. Er wird nicht explizit gefischt, sondern landet als Beifang in den Netzen. **Verwendung**: meist gebraten oder pochiert.

Heilbutt

Auch Weißer Heilbutt. Er wird bis zu 3,5 m lang und 400 kg schwer und ist damit der Riese unter den Plattfischen. Die Oberseite ist dem Meeresboden angepasst. Er lebt hauptsächlich in subarktischen Kaltwassergebieten, kommt aber auch weiter südlich bis in die Biskaya vor. Der Heilbutt gilt als Edelfisch, sein weißes, zartes Fleisch als Delikatesse. Im Herbst und Winter ist es besonders schmackhaft. Der Schwarze Heilbutt ist nur entfernt verwandt und deutlich weniger schmackhaft. **Verwendung**: meist gedämpft oder gedünstet, aber auch gebraten und geräuchert.

Limande

Auch Echte Rotzunge genannt. Sie wird bis zu 60 cm lang. Die Oberseite ist rötlich bis dunkel-ocker. Die Limande kommt im gesamten Nordostatlantik vor. Das Fleisch ist hochwertig und besitzt einen charakteristischen Eigengeschmack. Es ist fester als bei der Scholle, aber weicher als bei der Seezunge. Beim Übergaren zerfällt es schnell. **Achtung**: Immer wieder wird die Limande als deutlich teurere Seezunge verkauft. Allerdings ist die Seezunge einheitlich gefärbt und die Limande gesprenkelt. **Verwendung**: gebraten, gebacken und gedünstet.

Scholle

Auch Goldbutt. Sie wird bis zu 40 cm lang und 7 kg schwer. Ihre gesprenkelte Oberseite variiert je nach Untergrund, die Unterseite ist weiß. Sie lebt im Nordostatlantik, im Mittelmeer und Schwarzen Meer, am häufigsten in Nord- und Ostsee. Im Mai, Juni und Juli werden aufgrund der Frühjahrswanderung die meisten Schollen gefangen. Im Mai gefangene Schollen (Maischollen) gelten als besonders delikat und zart. Ihr weißes Fleisch ist kräftig im Geschmack. **Verwendung**: meist gebraten (mit Speck und Krabben als Finkenwerder Art), auch gedünstet und gegrillt.

Seezunge

Sie kann bis zu 60 cm lang und 2 kg schwer werden, passt sich sehr gut dem Untergrund an. Vorkommen: Nordsee, Ärmelkanal, Mittelmeer und Atlantikküste. Das Fleisch der Seezunge gilt als eines der besten überhaupt. Es ist fein, weiß und gleichzeitig fest. **Achtung**: Immer wieder werden statt der Seezungen Rotzungen oder Limanden als solche angeboten. Man erkennt die Seezunge an ihrer einheitlichen Färbung, während die Rotzunge gesprenkelt ist. Seezungen schmecken im April und Mai besonders gut. **Verwendung**: meist gebraten oder gedünstet.

PLATTFISCHE – GUT GETARNTE JÄGER DES MEERESBODENS

Scholle, Flunder, Seezunge, Heil- und Steinbutt – Plattfische erfreuen sich auf den Speisekarten großer Beliebtheit. Ihre kuriose Form und interessante Lebensweise machen sie aber auch schon, bevor es in die Küche geht, zu einem Faszinosum. Sie sind, wie es der Name schon sagt, platt und schmiegen sich beinahe unsichtbar an den Meeresboden. Dort, meistens auf Sandböden, lauern die gut getarnten Raubfische auf ihre Opfer, um dann eiskalt zuzuschlagen. Ihre platte Form ist also eine Anpassung an ihre Lebensform.

Plattfische kommen allerdings nicht platt zur Welt, sie schlüpfen vielmehr mit einem aufrechten Körperbau. Während ihrer Wachstumsphase „wandert" ihr zweites Auge ebenfalls auf die Seite, die letztendlich nach oben zeigt. Bei den Butt-Arten bewegt es sich auf die linke Seite, bei Schollen und Seezungen dagegen auf die rechte Seite. Die Oberseite der Plattfische nimmt die typischen Umgebungsfarben an, während die Unterseite nicht pigmentiert ist.

Plattfische werden mit Schleppnetzen vom Meeresboden „geerntet", aber auch in Aquakulturen gezüchtet. Einige Vertreter, die in nicht allzu großen Tiefen leben, können auch geangelt werden. Die hochwertigen Plattfische, die von den Speisekarten nicht wegzudenken sind, haben in der Regel weißes und sehr zartes Fleisch. Es harmoniert insbesondere gut mit deftigen Geschmacksgebern; Schollen werden beispielsweise gerne mit gebratenem Speck serviert. Die so zubereitete Scholle Finkenwerder Art erfreut sich nicht nur in Deutschland größter Beliebtheit. In Kombination mit frischem Salbei ergibt sich eine mediterrane Variante, die dem Saltimbocca in nichts nachsteht.

Plattfische lassen sich vergleichsweise leicht filetieren, da ihre flache Form und ihr Grätenaufbau dem Filetierenden keine größeren Schwierigkeiten bereiten. Man entfernt dafür zumeist zuerst die Schwanzflosse sowie den Kopf, zieht dann die Haut vom Körper und löst dann die Filets aus.

Plattfisch filetieren

1 Am Schwanz mit dem Filetiermesser die Haut anlösen, dort fest zugreifen, mit der anderen Hand die Haut abziehen. Beidseitig durchführen, dann die Eingeweide an der Bauchseite entfernen.

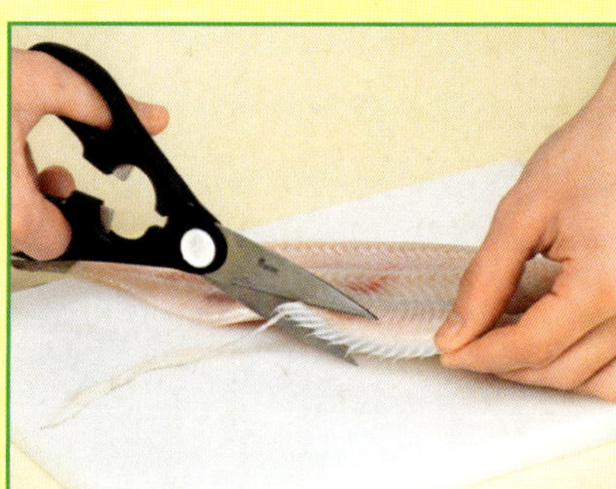

2 Mit einer scharfen Küchenschere überstehende Gräten, die Seitenflossen und Hautrückstände entfernen. Gegebenenfalls auch den Kopf und andere nicht erwünschte Partien entfernen.

3 Mit dem Filetiermesser an der Mittelgräte entlangfahren und das Filet vorsichtig in einem Stück vom Grätenaufbau lösen. Entsprechend auch die drei anderen Filets ablösen.

GRENZGÄNGER – FISCHE, DIE SOWOHL IM SÜSSWASSER ALS AUCH IM SALZWASSER LEBEN

Jahreszeitliche Wanderungen über lange Strecken sind von vielen verschiedenen Tierarten bekannt – so fliegen Zugvögel Hunderte von Kilometern, und auch Kröten und Krebse legen unter Lebensgefahr lange Strecken zurück. Nichts fasziniert aber so sehr wie die Wanderung der Fische. Lachse sind die bekanntesten Vertreter dieser „Wanderfische". Doch warum die jungen Lachse überhaupt den Weg ins Meer antreten und dann zum Laichen wieder in ihren Geburtsfluss zurückschwimmen – hierüber gibt es mehr Rätsel als Klarheiten. Fest steht, dass die jungen Lachse nach rund 100 Tagen aus den in dem Fluss abgelegten Eiern schlüpfen. Eine starke Strömung stellt die erste Gefahr in ihrem jungen Leben dar, gegen die sie sich mit aller Kraft stemmen müssen. Irgendwann befällt die Junglachse dann eine innere Unruhe, die sie dazu bewegt, die lange Reise Richtung Meer anzutreten. Wodurch das ausgelöst wird, ist letztlich immer noch ein Rätsel.

Vom Fluss zum Meer

In der Regel machen sich die Junglachse in großen Gruppen auf den Weg zum Meer. Um sich an den veränderten Salzgehalt zu gewöhnen, verweilen sie erst eine Zeitlang an der Flussmündung, dann geht es weiter ins Meer in Richtung arktische Gewässer. Dank ihrer guten Fähigkeiten zu jagen, wachsen dort die Lachse sehr schnell heran. Sie jagen alleine oder in Gruppen Heringen, Makrelen und Kabeljau hinterher und verhundertfachen teilweise in einem Jahr ihr Gewicht. Zwischen einem und drei Jahren dauert der Aufenthalt eines Lachses im Meer, währenddessen er sich regelrecht mästet. Dann, wieder durch einen Impuls ausgelöst, geht es für die ausgewachsenen und geschlechtsreifen Lachse zurück ins Süßwasser – doch nicht in irgendeines. Es ist der Fluss, in dem sie geboren wurden.

Vom Meer zum Fluss

Man geht davon aus, dass sich die Lachse auf verschiedene Weise orientieren. Zum einen sind das die Magnetwellen der Erde, zum anderen die Gestirne, der so genannte Sonnenkompass. Sind die Lachse dann schon im richtigen Fluss, sorgen ihre überaus sensiblen Geschmacks- und Geruchssinne für die Feinorientierung. Bis die Lachse schlussendlich in ihrem Laichgewässer sind, werden Hunderte von Kilometern zurückgelegt, pro Tag zwischen 50 und 100. Auf dem Weg zum Laichen sind die Lachse größten Gefahren ausgesetzt. Nicht nur die Bären haben es auf sie abgesehen – auch den Menschen munden die gemästeten Tiere besonders gut. Die ins Meer zurückkehrenden Lachse sind ausgezehrt und nichts für Feinschmecker. Lachse können in ihrem Leben drei- bis viermal laichen, die pazifischen Lachse allerdings nur einmal.

Wandern in die andere Richtung – Aale

Bei Aalen verläuft die Wanderbewegung übrigens umgekehrt. Sie leben hauptsächlich im Süßwasser und wandern dann zum Paaren und Laichen Hunderte von Kilometern weit in die Sargassosee, um danach dort zu sterben. Die kleinen Miniaale lassen sich dann wieder Richtung Europa treiben und wandern die Flüsse hinauf.

Aal

Zum Laichen wandert er ins Meer. Er kommt im nördlichen Atlantik vor von Island bis Nordafrika und in europäischen Flüssen und Seen. Mittlerweile wird er auch immer mehr gezüchtet. Sein Fleisch ist sehr fett, dennoch zart und von feinem Aroma. **Verwendung**: meist geräuchert, aber auch gebraten oder gekocht. Achtung: Nicht zu verwechseln mit dem Meeraal oder Seeaal, der deutlich größer ist.

Lachs

Auch Salm. Wird bis zu 1,50 m lang und 35 kg schwer. Zuchtlachs erkennt man an den gekrümmten Rückenflossen, beim Wildlachs sind diese gerade. Kommt im Atlantik und Pazifik vor, wandert zum Laichen die Flüsse hinauf. Sein Fleisch ist recht fetthaltig, dabei zart, von delikatem Aroma und lässt sich gut entgräten. **Verwendung**: gebraten, gedünstet, geräuchert, roh und mariniert.

Meerforelle

Auch Ostseelachs, Weißforelle, Trump oder Silberlachs. Früher auch Lachsforelle, mittlerweile bezeichnet dieser Name aber eine große Züchtung der Regenbogenforelle. Wandert zum Laichen die Flüsse hinauf, meist mit rund 60 cm im Handel. Lebt sonst in Nord- und Ostsee sowie an der Atlantikküste. Ihr feines Fleisch ist zart und grätenarm. **Verwendung**: gebraten, gedünstet und geräuchert.

Regenbogenforelle

Charakteristisches rotes Band am Körper. Ist robuster und etwas größer als die anspruchsvolle Bachforelle und hat diese fast überall verdrängt. Eine besonders große Züchtung heißt auch Lachsforelle. Ursprünglich ein Salzwasserfisch, lebt sie heute vor allem in Süßwasserzuchten. Sie ist zart, würzig und leicht zu entgräten. **Verwendung**: geräuchert, gedämpft und gebraten.

SÜSSWASSERFISCH

Süßwasserfisch erlebt ein regelrechtes Comeback. Jahrelang galt das Hauptinteresse immer nur den Meeresbewohnern – mittlerweile haben sich die Zeiten geändert und Zander, Hecht und Co. sind so beliebt wie lange nicht mehr.

Ernährungsphysiologischer Nutzen

Im Gegensatz zu den Salzwasserfischen enthalten Süßwasserfische keine meerspezifischen Mineralien wie beispielsweise Jod. Ihr ernährungsphysiologischer Nutzen ist dennoch sehr hoch. So enthält das Fleisch der Süßwasserbewohner sowohl hochwertiges und leicht verdauliches Eiweiß als auch die wertvollen Omega-3-Fettsäuren, die zu den so genannten „guten" Fetten zählen, da sie sich sowohl positiv auf die Blutfettwerte auswirken als auch nachweislich das Risiko für Schlaganfälle und allgemein Herz-Kreislauf-Erkrankungen senken. Gleichzeitig sind die allermeisten Süßwasserfische recht fettarm – was sie zu einem regelrechten Diätnahrungsmittel macht.

Die Frischekriterien

Wie auch bei Salzwasserfischen erkennt man fangfrische Ware bei Süßwasserfischen an folgenden Kriterien:

1. Guter Geruch: Die Fische riechen angenehm, frisch und auf keinen Fall fischig.
2. Festes Fleisch: Das Fleisch sieht prall aus; nachdem man mit dem Finger daraufgedrückt hat, bleibt keine Delle.
3. Klare Augen: Die Augen sind klar und nicht eingefallen.
4. Leuchtende Kiemen: Klappt man die Kiemen auf, sind die Kiemenblätter leuchtend rot.

Zubereitung

Auch Süßwasserfisch sollte natürlich am besten am Tag des Einkaufs zubereitet werden, um optimale Frische und den besten Geschmack zu garantieren. Wer keine Lust hat auf Braten, Pochieren, Dünsten, Backen oder Grillen, für den sei an dieser Stelle das hauseigene Räuchern empfohlen. Denn frisch geräuchert und noch warm zeigen sich viele Fische von einer ganz besonders schmackhaften Seite.

Räuchern

Generell unterscheidet man zwischen Kalt- und Heißräuchern. Das Heißräuchern erfolgt in wenigen Minuten bei Temperaturen um 80 °C, das Kalträuchern kann mehrere Tage dauern bei Temperaturen um 30 °C. Als Räuchermehl eignen sich Buchen-, Eichen-, Erlen- oder Eschenholz, zusätzlich sollte es immer mit Kräutern und Gewürzen, wie zum Beispiel Wacholderbeeren, Rosmarin und Lorbeer aromatisiert werden. Räuchermehl kann man übrigens auch schon fertig kaufen. Wer einen Garten hat, der sollte über die Anschaffung eines Räucherofens nachdenken. Dieser ist nicht kostspielig, und der Ofen nimmt auch kaum Platz ein. Wenn man allerdings keinen Garten hat, tut es auch ein alter, großer Topf.

Auf den Boden streut man sein Räuchermehl mit den Lieblingsgewürzen, darüber kommt mit etwas Abstand ein passendes Rost. Der Fisch wird dann auf das Gitter gelegt; falls man Filets verwendet, sollte die Hautseite nach unten liegen. Danach wird der Topf mit einem Deckel und darum gewickelter Alufolie fest verschlossen und der Fisch ca. zehn Minuten, je nach Dicke, geräuchert. Der Topf muss dabei so heiß sein, dass das Räuchermehl verkohlt, die Temperatur im Innern sollte 80–90 °C betragen. Nach zehn Minuten wird der Topf dann vom Herd genommen, sodass alles mit geschlossenem Deckel abkühlt. Lauwarm schmeckt Räucherfisch am besten.

Flussbarsch

Auch Egli oder Kretzer genannt. Kommt in Binnengewässern in ganz Europa vor, aber auch in nicht zu salzhaltigen Küstengebieten der Nord- und Ostsee und des Atlantiks. Wird selten gezüchtet. Meist 40 cm lang und rund 1 kg schwer. Obwohl sein Fleisch grätenreich ist, ist er als Speisefisch sehr beliebt, da äußerst zart und wohlschmeckend. **Verwendung**: gebraten, gedünstet und gedämpft.

Hecht

Der Raubfisch wird im Handel meist in einer Größe von 50–100 cm angeboten. Er hält sich gerne in Ufernähe von Flüssen und Seen auf. Aufgrund seiner Aggressivität lässt er sich nur schlecht züchten. Trotz vieler Gräten ist sein mageres, weißes Fleisch sehr beliebt. **Verwendung**: meist püriert und geformt zu Hechtklößchen, aber auch filetiert und gebraten oder gebacken.

Karpfen

Auch Spiegelkarpfen. Im Handel meist 40 cm lang und bis zu 2–3 kg schwer, einer der erfolgreichsten Zuchtfische. Zur Weihnachtszeit besonders beliebt. Der Geschmack seines festen, mageren Fleisches hängt stark von der Wasser- und Bodenqualität ab. Karpfen aus Teichen sollten noch einige Tage in klarem Wasser gehalten werden, sonst evtl. modrig. **Verwendung**: pochiert, gebraten.

Pangasiusfilet

Bis zu 1,5 m lang, im Handel deutlich kleinere Exemplare. Er kommt hauptsächlich aus Südvietnam, die exportierten Fische durchweg aus Aquakultur. Teilweise werden sie unter sehr schlechten Bedingungen unter Einsatz von Medikamenten gezüchtet. Der Fisch wächst sehr schnell, nach 6 Monaten ist er schon 1 m groß. Sein Fleisch ist saftig, mild und zerfällt kaum. **Verwendung**: gebraten und pochiert.

Rotauge

Auch Plötze genannt. Kommt in Seen und langsam fließenden Flüssen in ganz Europa vor, aber auch in salzwasserarmen Flussmündungen. Ist meist zwischen 25 und 45 cm lang und 1 kg schwer. Das Fleisch ist sehr fein im Geschmack, aber aufgrund der vielen Gräten nicht sonderlich beliebt. **Verwendung**: gebraten, pochiert und gedünstet.

Saibling

Man unterscheidet Bachsaibling und Seesaibling. Saiblinge werden rund 30 cm lang und bis zu 1 kg schwer. Sie stellen hohe Ansprüche an die Wasserqualität. Der Seesaibling hat lachsfarbenes Fleisch, der Bachsaibling weißes. Beides ist sehr zart, schmackhaft und lässt sich leicht entgräten. Der Fisch kommt immer häufiger aus Aquakultur. **Verwendung**: gebraten, gedünstet, geräuchert.

Wels

Auch Waller. Er ist der größte Süßwasserfisch in europäischen Binnengewässern und hat charakteristische Bartfäden. Er kann bis zu 3 m lang werden. Meist hat er eine Länge von rund 1,50 m. Eine kleine Form ist der Zwergwels. Welse kommen immer häufiger aus Zuchtbetrieben. Ihr Fleisch ist zart, fest und nahezu grätenlos. **Verwendung**: gebraten und gedünstet.

Zander

Auch Schill genannt. Im Handel sind meist Exemplare von 40–80 cm Länge und bis zu 6 kg Gewicht. Er lebt in tiefen, stehenden oder leicht fließenden Binnengewässern in Ost- und Westeuropa, auch in den USA, stellt aber hohe Ansprüche an die Wasserqualität. Wird häufig gezüchtet. Sein Fleisch ist fast grätenfrei, zart, mager und fest. **Verwendung**: pochiert, gebraten, gebacken.

Belugakaviar

Der gereinigte und gesalzene Rogen des Belugastörs, auch Hausen genannt. Größter europäischer Stör, hauptsächlich im Schwarzen- und Kaspischen Meer, den Unterläufen von Donau, Wolga und Ural verbreitet. Größter, feinster und teuerster Kaviar, hellgrau bis anthrazit, mit ganz dünner Haut. Sollte nicht mit Metalllöffeln verzehrt werden. **Verwendung**: meist pur zu Champagner.

Forellenkaviar

Der orange-rot eingefärbte Rogen der Regenbogenforelle wird pasteurisiert in Gläsern angeboten, schmeckt aber frisch am besten. Die recht großen Kügelchen sind äußerst dekorativ. Ihr Geschmack ist dezent und leicht salzig. **Verwendung**: meist zur Dekoration auf Suppen, Cremes, Fischmousse o. Ä. eingesetzt. Auch beliebt auf Canapés und als Füllung für halbierte Eier.

Seehasenrogen

Auch Falscher Kaviar und Deutscher Kaviar, da eine deutsche Erfindung. Der Seehase liefert große Mengen an kleinkörnigen und festen Eiern, die – ursprünglich blassrosafarben bis gelblich – schwarz oder rot eingefärbt verwendet werden. **Verwendung**: meist zur Dekoration als Kaviar-Ersatz auf Suppen, Eiern, Mousse und Canapés.

TIPP

Kaviar sollte niemals mit Edelstahl-, Metall- oder Silberlöffeln gegessen werden, da diese den Geschmack negativ beeinflussen und dem Kaviar einen fischigen Geschmack verleihen. Empfehlenswert sind hingegen Löffel aus Kunststoff, Holz oder Perlmutt. Verbreitet ist auch die Benutzung von Gebäck als Löffel.

Zum Kaviar werden traditionell Sauerrahm und kleine Buchweizenpfannkuchen, so genannte Blini, serviert. Aber auch gebutterter Toast, gebackene Kartoffeln oder Kartoffelpuffer schmecken wunderbar zu Kaviar. Die Beilagen sollte aber auf keinen Fall den feinen Kaviargeschmack überlagern. Bei den Getränken sind Champagner, trockener Weißwein oder auch Wodka ideale Begleiter.

MEERESFRÜCHTE

AUSTERN

Weltweit gibt es mehr als 50 Arten Austern, ihre Größe variiert von 7–12 cm. Man kann grob in Perlenaustern und kulinarische Austern, die keine oder nur sehr kleine Perlen produzieren, unterteilen. Sie leben in felsigen und flachen Tidengewässern und benötigen frisches, sauberes Meerwasser. Die kulinarischen Austern unterscheiden sich hinsichtlich ihrer Form: Sie sind entweder flach/platt oder tief/rund. Sie werden immer noch zum Teil wildlebend geerntet, überwiegend aber in Aquakulturen, Austernparks oder Floßkulturen gezüchtet. Selbstverständlich sind die in natürlichen Umgebungen lebenden Austern schmackhafter, allerdings auch viel seltener und damit teurer. Man unterscheidet zwischen vier Hauptarten: der Pazifischen, Amerikanischen, Portugiesischen und Europäischen (auch: Flachen) Auster.

Austern sind eine rare Delikatesse, die man beinahe rituell verzehrt: Man „schlürft" sie – natürlich roh. Einem Europäer erscheint das selbstverständlich. Insbesondere in Asien, aber auch in Amerika, ist das aber ganz anders. Während die in Europa zur Verfügung stehenden Mengen überschaubar sind, die Auster hier ein exklusives Lebensmittel ist, sind die Fangmengen in Asien um ein Vielfaches größer – und die Auster wird vorwiegend gegart verzehrt.

Beim Austernschlürfen gibt man klassisch einen Spritzer Zitrone auf die rohe, lebendige Auster, sonst nichts. In Frankreich wird alternativ oft eine pikante Himbeeressigsauce mit fein gehackten roten Zwiebeln verwendet. Dazu bieten sich Weißwein oder Champagner an. Außerdem reicht man gerne Schwarzbrot mit Kräuterbutter dazu.

Das A und O beim Kauf von Austern ist die Frische. In Küstenregionen sollte sie selbstverständlich sein, im Binnenland aufgrund der modernen Kühltechnik längst auch. Europäische Austern sollten nur von September bis April verkostet werden (in den Monaten mit „r"), da sie im Sommer durch die Laichzeit deutlich schlechter schmecken. Austern aus ganzjährig sehr kalten Gewässern können dagegen das ganze Jahr über verzehrt werden. Vor dem rohen Verzehr oder der Zubereitung sollte die Schale der Tiere unbedingt fest verschlossen sein. Selbst nur leicht geöffnete Exemplare müssen entsorgt werden. Für das Öffnen der Austern verwendet man spezielle Austernmesser.

Austern öffnen

1 Die Auster mit einem gefalteten Tuch fest greifen, die gewölbte Seite nach unten. Mit dem Austernmesser am Muskel eine kleine Öffnung suchen und in die Schale fahren. Achtung: Verletzungsgefahr!

2 So lange mit dem Austernmesser nach rechts und links fahren und gegebenenfalls vorsichtig nach oben oder unten hebeln, bis sich die beiden Hälften voneinander lösen.

3 Das Fleisch der Auster zuerst von der oberen Schalenhälfte lösen, dann unter das Fleisch fahren und von der Unterseite lösen. Das Fleisch in einem Stück mit etwas Zitrone von der Schale schlürfen.

Belonauster

Sie gilt als die Königin unter den Europäischen Austern (frz. huître plate). Sie ist eine flache, „platte" Auster und benannt nach dem gleichnamigen Fluss in der Bretagne. Anders als die Felsenauster lebt sie im Schlick. Unter europäischen Austernconnaisseuren gilt sie als die am besten mundende Sorte. Ihr Geschmack ist unvergleichlich zart, aromatisch, leicht nussig und metallisch. Da sie recht selten ist – die Europäische Auster hat einen Weltmarktanteil im vernachlässigbaren Promillebereich –, ist sie auch nicht ganz billig.

Pazifische Felsenauster

Auch Japanische Auster, frz. huître creuse. Sie gehört zu den „tiefen" oder „runden" Austern, ist der Portugiesischen Auster ähnlich, aber stärker gewölbt. Sie wird bis 40 cm lang und deshalb auch Riesenauster genannt. Sie wird überwiegend in japanischen und chinesischen Gewässern gezüchtet und beherrscht den Weltmarkt mit über 90 Prozent. In Asien wird sie fast ausschließlich gegart verzehrt. Bekannte regionale Bezeichnungen sind: „Marennes" und „Cancale" (Frankreich), „Loch Fyne" (Schottland), „Willapa" (USA), „Sylter Royal" (Deutschland).

Portugiesische Felsenauster

Sie gehört zu den „tiefen" oder „runden" Austern, hat eine längliche Form und eine schiefergraue oder bräunliche Schale. Die besten Qualitäten Portugiesischer Austern werden in Frankreich in sogenannten „Claires" (Austernteichen) gezüchtet. Insbesondere die Austern aus der Gegend um Marennes-Oléron zwischen Bordeaux und Nantes haben einen guten Ruf. Sie ernähren sich von Kieselalgen, die ihr Fleisch leicht grünlich färben. Sie werden als „fine de claire" oder „spéciale de claire" angeboten und schmecken leicht nussig.

Herzmuschel

Weltweit verbreitete Muschel, eigentlich eine ganze Muschelfamilie, die nach der Form des Gehäuses benannt ist. Sie ist bis heute nicht züchtbar. Das hellgelbe Fleisch ist mager, wohlschmeckend süß-salzig und reich an Mineralstoffen und Spurenelementen. Es kann gekocht (mit Wein, Knoblauch und Kräutern) genossen werden, aber auch gegrillt, überbacken etc.

Jakobsmuschel

Oder Pilgermuschel, frz. Coquilles St. Jacques. Kammmuschel, die an den europäischen Atlantikküsten verbreitet ist. Das Fleisch ist fein, nussig und leicht süßlich. Der orange Rogensack, „Corail", ist essbar, gilt unter Feinschmeckern als Delikatesse, wird von vielen jedoch nicht gemocht. Man kann die Muschel roh, mit Zitronensaft und Salz, genießen, komplett durchgart wird sie zäh.

Miesmuschel

Auch Pfahl-, Bouchot- oder Blaumuschel. Sie lebt in den Weltmeeren und in Flüssen an Pfählen, Felsen und auf Sandbänken. Für den Konsum werden Miesmuscheln in Muschelgärten in dichten Trauben an Tauen oder Pfählen gefarmt. Sie müssen vor dem Garen geschlossen, danach geöffnet sein. Sie werden klassisch in einem Sud aus Weißwein, Knoblauch und Petersilie zubereitet.

Schwertmuschel

Sammelbezeichnung für die Schwertförmige Scheidenmuschel und die Amerikanische Scheidenmuschel (im Bild), die auch Gerade Scheidenmuschel genannt wird. Beide sind an nordamerikanischen Atlantikküsten beheimatet, inzwischen aber auch in Europa verbreitet. Sie haben ergiebig viel Muskelfleisch zu bieten, können roh oder gekocht gegessen werden und erinnern geschmacklich an Austern.

Strandschnecke

Auch Uferschnecke, frz. bigorneau. In Frankreich wird besonders die Gemeine oder Große Strandschnecke geschätzt. Sie ist etwa 4 cm groß und hat ein grün-graues, konzentrisch gestreiftes Schneckenhaus und ist in ganz Europa verbreitet. In Frankreich ist sie fester Bestandteil einer Meeresfrüchteplatte. Sie kann roh verzehrt oder 3–4 Min. gekocht werden. Sehr zart.

Teppichmuschel

Untergattung der Venusmuschel, die in Atlantik, Mittelmeer und Ärmelkanal zu Hause ist. Sie wird bis 6 cm groß. Sie hat einen relativ geringen Fleischanteil, ist vergleichsweise teuer, gilt jedoch als besondere kulinarische Delikatesse. Sie wird für edle Suppen, Paella und Pasta verarbeitet. Vor dem Garen geöffnete und nach dem Garen geschlossene Exemplare müssen aussortiert werden.

Venusmuschel

Muschelfamilie mit über 400 Arten, die vorwiegend in wärmeren Meeresregionen zu Hause sind. Die bekanntesten Vertreter sind die Raue und die Strahlige Venusmuschel sowie die Teppichmuschel. Frische Exemplare sind geschlossen oder schließen sich bei Berührung. Wenn sie sich beim Kochen öffnen, sind sie gar. In Italien heißen sie „Vongole", auf Englisch „clam", in Spanien „almeja".

Wellhornschnecke

Wellhornschnecken sind ungefähr doppelt so groß wie Gemeine Strandschnecken und haben eine bräunlich-grüne Schale. Insbesondere in der Normandie werden sie (wie auch Strandschnecken) als Suppen- oder Eintopfzutat verwendet, in ganz Frankreich werden sie gerne mit Sauce serviert, im Teigmantel frittiert oder sind Bestandteil von Meeresfrüchteplatten. Ihr Fleisch ist tendenziell eher zäh.

Alaska-Königskrabbe

Die Rote Alaska-Königskrabbe besitzt viele spitze Stacheln, einen nach vorne dreieckig zusammenlaufenden Körper und kann eine beachtliche Größe erreichen. Die im Handel erhältlichen Exemplare stammen vor allem aus den tiefen, kalten Gewässern des Nordpazifiks und der Beringsee. Im Fangalter von rund acht Jahren wiegen die Tiere bis zu 12 kg, sind rund 1 m lang und enthalten dank ihrer Größe relativ viel Fleisch. Frisch gibt es sie sehr selten im Handel, meist ist das Fleisch gekocht als „King Crab Meat" in Konserven erhältlich.

Blaukrabbe

Ursprünglich stammen Blaukrabben aus dem Atlantik, allerdings wurden sie auch im Mittelmeer heimisch und kommen häufig vor der türkischen Küste vor. Kulinarisch spielen sie jedoch vor allem an der amerikanischen Ostküste eine wichtige Rolle. Geschmack: delikat, zart, mager. Verwendung: hauptsächlich gebraten, aber auch gekocht, gegrillt und pochiert. Frische Krabben sollten am besten noch am selben Tag zubereitet werden, bei kühler Lagerung in Holzwolle oder feuchten Tüchern auch noch am nächsten Tag.

Edelkrebs

Auch Europäischer Flusskrebs oder Solokrebs. Der olivgrüne bis dunkelbraune Krebs ist bekannt für seine kräftigen Scheren und für sein weißes, sehr zartes und saftiges Fleisch mit vorzüglichem Aroma. Das Fleisch ist im Sommer am schmackhaftesten. Waren die Tiere früher in ganz Europa in ruhig fließenden Gewässern zu finden, sind sie durch Wasserverschmutzung und Krebspest so stark dezimiert, dass sie zur teuren Delikatesse wurden. Heutzutage auch zum Teil gezüchtet im Handel. Verwendung: gekocht und pochiert in Suppen und Saucen.

Galizierkrebs

Auch Teich- oder Sumpfkrebs. Der Panzer ist heller als der des Edelkrebses, die Scheren sind relativ klein und lang gestreckt. Ursprünglich aus Südosteuropa und Kleinasien, seit Beginn des 20. Jahrhunderts jedoch in ganz Zentraleuropa heimisch und die bedeutendste europäische Flusskrebsart. Immer häufiger auch gezüchtet im Handel, Hauptlieferant ist die Türkei.

Kaisergranat

Auch Scampo (meist pl. Scampi), Tiefseekrebs, Tiefseehummer oder Langustine. Oft wird der Kaisergranat mit der Riesengarnele verwechselt, obwohl er zur Familie der Hummer gehört und daher lange Scheren besitzt. Die meisten handelsüblichen Exemplare stammen aus dem Mittelmeer. Sein Fleisch ist zarter als das von Garnelen und leicht nussig im Geschmack, dabei sehr gesund mit viel leicht verdaulichem Eiweiß bei wenig Fett und viel Jod, Mineralien und Spurenelementen. Verwendung: gegrillt, aber auch gekocht in Salaten und Cocktails.

Taschenkrebs

Die in Europa am häufigsten angebotene Krabbenart kann bis zu 30 cm breit werden. Besonders beliebt sind die delikaten Krustentiere an der französischen Atlantikküste. Die Leber gilt als besondere Delikatesse, doch auch die schwer zu knackenden Scheren besitzen vorzügliches Fleisch. Weibliche Tiere besitzen zudem den begehrten Rogen, männliche Exemplare jedoch das etwas schmackhaftere Fleisch. Geschmack: saftig, mild. Verwendung: frisch gekocht, pochiert oder gegrillt, aber auch beliebt in kalten und warmen Saucen u.v.m.

HUMMER & LANGUSTE

Amerikanische und Europäische Hummer

Er ist der König der Schalentiere. Das große Krebstier ist eine seltene und teure Delikatesse, die unter Gourmets zum Besten zählt, was auf dem Teller landen kann. Man unterscheidet v. a. zwei Hummerarten, die den Großteil des Marktes unter sich ausmachen: den Europäischen und den Amerikanischen Hummer.

Der Europäische Hummer wird bis zu 60 cm lang und 9 kg schwer und ist an allen europäischen Küsten heimisch. Er ist zumeist kobaltblau, grünlich bis schwarz, an den Seiten braun bis gelb mit hellen Sprenkeln. Durch Überfischung und die Verschlechterung seiner Lebensräume ist er längst zum seltenen Fang geworden. Er wird inzwischen in Aquakulturen aufgezogen und anschließend ausgewildert, um die Bestände anzureichern. Sein Fleisch ist weiß, äußerst fein und delikat aromatisch. Wegen seines milden Eigengeschmacks ist es für eine Vielzahl von Zubereitungsarten geeignet.

Der Amerikanische Hummer, der auch Nordhummer oder Maine Hummer genannt wird und vor allem in den nördlichen Bereichen der US-Ostküste vorkommt, wird noch größer und schwerer als sein europäisches Pendant – und ist bei Weitem nicht so rar. Er bringt bis zu 15 kg auf die Waage. Seine Färbung ist hellgrau bis grau gefleckt auf einem gelb-orangen Panzer.

Unter Kennern besonders beliebt ist außerdem der Norwegische Hummer, besser bekannt als Kaisergranat, Langustine oder Scampo, dessen Fleisch besonders fein ist. Selten trifft man daneben auf den Japanische Hummer und den Kaphummer (Südafrika).

Hummer zubereiten

1 Den gekochten Hummer mit einem ausreichend großen und scharfen Messer in der Mitte zerteilen. Dafür in der Mitte des Rumpfs ansetzen und zuerst zum Kopf hin aufschneiden.

2 Das Messer wieder in der Mitte des Hummers ansetzen und dieses Mal vorsichtig zum Schwanzende hin schneiden. Die beiden Hälften aufklappen und mit der Schale nach unten hinlegen.

3 Die Hälften von Darm und Rogen befreien (beides ist nicht nur essbar, sondern sehr schmackhaft). Mit einer kräftigen Bewegung die Scheren mit Bein vom Rumpf abdrehen.

Delikater Hummer

Das Fleisch aus Scheren und Schwanz ist besonders weiß, zart und saftig und schmeckt warm wie kalt, auch ohne viele Zutaten. Frische Hummer sollten unbedingt lebendig die Küche betreten, tote Exemplare sollen nicht verarbeitet werden.

Hummer werden in der Regel längsseitig halbiert und warm mit Sauce Hollandaise, kalt mit Mayonnaise bzw. Remoulade serviert. Die Schalen der Zangen und Gelenke werden mit Hummerzangen aufgebrochen oder mit der Rückseite eines großen Messers aufgeschlagen, das Fleisch mit einem Hummernagel herausgestoßen oder mit einer Hummergabel herausgezogen. Man kann sie auch in der Schale grillen oder überbacken. Zu den bekanntesten Zubereitungsarten zählen à l'Armoricaine, à la Parisienne, Newburg und Thermidor.

Languste – der noch feinere Krebs

Wie die Hummer gehören auch die Langusten zu den Krebstieren. Sie werden auch Ritterkrebse genannt. Zu unterscheiden sind hier die Europäische, die Mauretanische und die Südafrikanische Languste, die allesamt delikates Fleisch liefern, allerdings zum Teil auch sehr selten sind. Sie werden wie Hummer verarbeitet, ihr Fleisch gilt mitunter aber als noch delikater. Es ist weiß und sehr zart, allerdings meistens trockener als das des Hummers, was allerdings der Qualität nicht abträglich ist. Achtung: Der Schwanz der lebenden Languste muss gekrümmt sein. Exemplare mit einem ausgestreckten Schwanz sind nicht genießbar.

Hummerschere auslösen

1 Mit einem scharfen großen Messer die Scheren von den Beinen trennen. Die Beine enthalten nur sehr wenig Fleisch, können aber als Geschmacksgeber für Fonds und Saucen dienen.

2 Das Fleisch der Scheren vorsichtig herauspulen. Wenn es mit den Händen nicht gelingt, kann man die Schale auch mit einem Messer aufklopfen und aufbrechen und so an das begehrte Fleisch gelangen.

3 Abschließend das Fleisch herausziehen und gegebenenfalls klein schneiden. Es eigent sich hervorragend für Hummersalate oder Saucen. Die Schalen können für Fonds weiterverwendet werden.

KOPFFÜSSLER

Kopffüßler bestehen, so sieht es zumindest aus, aus nichts als einem Kopf und mehreren Füßen. Tatsächlich gehen der Kopf und der doch vorhandene Rumpf ineinander über und bilden eine Einheit. Die meisten bekannten Arten sind ausgestorben, es gibt aber immerhin noch circa 800 der kurios aussehenden Meeresbewohner.

Der kulinarisch bedeutendste unter den Kopffüßlern ist der Oktopus. Im Griechischen ist „okto" die Bezeichnung für „acht", und damit ist auch schon der Unterschied zwischen Sepien und Kalmaren und dem Oktopus angesprochen: Während Kalmare und Sepien zehn Tentakel haben, verfügt der Oktopus nur über deren acht. Sein Zweitname Krake stammt aus dem Skandinavischen und bedeutet so viel wie „entwurzelter Baum" – womit seine Gestalt hervorragend beschrieben ist, da er wie ein Baumstumpf mit Wurzeln aussieht.

Der Oktopus wird in allen Weltmeeren gefischt, früher mit Tonkrügen, heute mit Reusen und Netzen, ist aber im Naturzustand kaum genießbar. Das Fleisch ist ganz einfach zäh. Früher wurde er von Fischern nach dem Fang ausdauernd gegen Felsen geschlagen, um ihn zart zu machen. Durch das Aufplatzen der Zellen werden Enzyme freigesetzt, die die langen Eiweißketten, die für seine Zähigkeit verantwortlich sind, aufsprengen. Heute erreicht man den gleichen Effekt weniger rabiat durch Schockfrosten bald nach dem Fang.

Das Problem setzt sich in der Küche jedoch fort. Bei der Zubereitung drohen die Eiweiße zu verklumpen, wodurch er wiederum zäh würde. Man sollte deswegen zu hohe Temperaturen meiden, ihn schonend schmoren oder kurz grillen oder frittieren. Wenn man ein großes Exemplar hat, lohnt es sich mitunter, vor der Zubereitung wie die Fischer eine Zeit lang kräftig zuzuschlagen, um das Fleisch zarter zu machen. Knoblauch ist die perfekte Würze für den Oktopus, und wenn man ihn richtig gart, gehört er zu den zartesten und delikatesten Versuchungen, die die Küche zu bieten hat.

Um die Frische von Sepien, Kalmaren und Oktopussen muss man sich in der Regel keine größeren Sorgen machen. Nur dort, wo sie gefischt werden, kommen sie auch frisch in den Handel. Dann gilt die gleiche Faustregel wie bei Fisch: Sie sollten nach Meer riechen, nach sonst nichts, denn sie selbst sind – frisch – annähernd geruchsneutral. Zum überwiegenden Teil werden sie jedoch sehr bald nach dem Fang schockgefrostet und auch so gehandelt. Wenn man im Binnenland nicht gefrorene Ware angeboten bekommt, wurde sie höchstwahrscheinlich gefroren geliefert und dann aufgetaut. Das ist problematisch, da jetzt sozusagen die Uhr läuft – besser greift man zu gefrorenen Exemplaren.

Kalmar zubereiten

1 Die Kalmare waschen und den Kopf samt Tentakeln vom Körperbeutel trennen – entweder durch Reißen mit der Hand oder mit Hilfe eines Messers.

2 Die Mundwerkzeuge aus dem Kopf herausdrücken und entfernen. Alles gründlich innen und außen waschen. Bei größeren Exemplaren nach Belieben Tentakeln vom Kopf abtrennen.

3 Aus dem Körperbeutel die transparente innere Schale entfernen, die äußere dünne Haut mit den kleinen Flossen abziehen, unter fließendem Wasser innen und außen waschen.

Kalmar

Auch Gemeiner Kalmar. Es gibt in Mittelmeer, Atlantik und Ostatlantik über 250 verschiedene Kalmararten, alle haben einen lang gestreckten Körper mit rundem Querschnitt. Sie gelten als die delikatesten Vertreter unter den Kopffüßlern. **Geschmack:** delikat, mild-würzig. **Verwendung**: sehr beliebt in Fischsuppen, gefüllt und geschmort, aber auch geeignet zum Braten, Backen und Dünsten.

Oktopus

Auch Gemeine Krake. Größtes Exemplar unter den küchenrelevanten Kopffüßlern. Vorkommen: Atlantik, Pazifik, Indischer Ozean, Mittelmeer und Golf von Mexiko. **Geschmack**: Das magere, feste Fleisch ist mild und leicht süßlich. **Verwendung**: gegrillt, geschmort, gebraten oder gedämpft. Achtung: Damit das Fleisch zart wird, beträgt die Schmorzeit rund 2 Stunden bei schwacher Hitze.

Seeigel

Der handelsübliche essbare Seeigel hat einen Durchmesser von bis zu 15 cm, wiegt bis zu 100 g und stammt meist aus dem östlichen Atlantik. Das Innere besteht fast nur aus Darm und Geschlechtsorganen, diese werden auch verzehrt und gelten unter Feinschmeckern als Delikatesse. **Geschmack**: intensives Fischaroma. **Verwendung**: roh mit etwas Zitrone, wie Austern, oder gekocht zu Pasta u. v. m.

Sepia

Auch Gemeiner Tintenfisch. Lebt hauptsächlich im Mittelmeerraum. Durch seine zebraartige Maserung an der Oberseite gut erkennbar, im Handel aber nur gehäutet erhältlich. **Geschmack**: mild, bisweilen ganz leicht nach Tinte. **Verwendung**: Vor dem Kochen blanchieren, das macht das Fleisch zarter. Danach entweder frittieren, ausbacken, zum Beispiel in Bierteig, oder schmoren.

EIER, MILCH-PRODUKTE & KÄSE

EIER

Eier bestehen aus der Keim- bzw. Eizelle, Nährstoffen und der schützenden Hülle. Mit anderen Worten: aus dem Eigelb, dem Eiklar und der Schale. Zahlreiche Tierarten erzeugen ihren Nachwuchs mithilfe von Eiern – Fische und andere Meeresbewohner, Insekten, Reptilien, Kloakentiere. Üblicherweise werden aber nur Eier von einigen wenigen Vogelarten von den Menschen auf ihren Speiseplan genommen, abgesehen von den Eiern des Störs, dem Kaviar.

Das weltweit kulinarisch bei Weitem beliebteste Vogelei ist das Hühnerei. Daneben werden in Europa auch die Eier von Gänsen, Enten und Wachteln verzehrt. Früher wurde auch das Ei des Kiebitzes gegessen. In Afrika sind Straußeneier beliebt.

Cholesterin

Dass das Ei eine leckere Sache ist, wusste man schon immer. Dass es wegen des im Eigelb enthaltenen Cholesterins gesundheitsschädlich sein könnte, ist eine neuere Einsicht. Seit den 80er-Jahren ist deswegen der Pro-Kopf-Verbrauch sowohl in Deutschland als auch in vielen anderen Ländern deutlich zurückgegangen. In den letzten Jahren ist aber auch der kausale Zusammenhang zwischen dem Cholesteringehalt des Hühnereis und dem Cholesterinspiegel des Menschen infrage gestellt und als „Märchen vom bösen Ei" dargestellt worden. Wie dem auch sei, die seit Jahren sinkenden Absatzzahlen haben sich zuletzt konsolidiert und sind teilweise sogar wieder moderat angestiegen.

Kennzeichnung

Eier müssen in Deutschland einzeln durch einen Stempel gekennzeichnet werden. Er enthält folgende Daten: die Haltungsform, das Land und das Bundesland, wo es erzeugt wurde, sowie die Legebetriebsnummer und jene des Stalles. Ein Beispiel: „0-DE-0512345". Dieses Ei wurde in Biohaltung erzeugt (0), stammt aus Deutschland (DE), genauer gesagt aus Nordrhein-Westfalen (05), aus dem hier willkürlich benannten Betrieb und Stall „12345". Neben Biohaltung gibt es außerdem die Freilandhaltung (1), die Bodenhaltung (2) sowie die Käfighaltung (3).

Zu den wichtigen Informationen, die außerdem auf der Verpackung angegeben werden müssen, gehören die Güteklasse (A frisch), das Mindesthaltbarkeitsdatum (spätestens der 28. Tag, nachdem das Ei gelegt wurde) sowie die Gewichtsklasse. S bedeutet klein (unter 53 g), M heißt mittel (ab 53 g), L heißt groß (ab 63 g), XL bedeutet sehr groß (über 73 g).

Entenei

Enteneier müssen mindestens zehn Minuten gekocht werden, bis sie ganz durchgegart sind, weil sie Salmonellen oder andere Erreger enthalten können. Sie sind etwas größer als Hühnereier und wiegen zwischen 60 und 75 g. Außerdem ist ihr Eigelbanteil im Vergleich höher und sie schmecken deswegen intensiver. Sie sind in Asien sehr beliebt, auf den Philippinen werden sie angebrütet genossen.

Gänseei

Gänseeier müssen mindestens zehn Minuten gekocht werden, bis sie ganz durchgegart sind, weil sie Salmonellen oder andere Erreger enthalten können. Sie sind deutlich größer als alle anderen verzehrbaren Vogeleier (abgesehen vom Straußenei) und wiegen bis zu 200 g. Ihr Geschmack ist, wie auch beim Entenei, deutlich kräftiger als beim gemeinen Hühnerei.

Hühnerei

Das Hühnerei gehört zu den Grundzutaten der Küche. Es wird nicht nur gekocht, als Spiegel- oder Rührei genossen, sondern ist auch beim Backen und Kochen beinahe unentbehrlich. Eiklar, Eischnee und (schaumig gerührtes) Eigelb gehören zu den Grundlagen vieler Teige, Cremes und Saucen. Es ist zart im Geschmack Die Eier von Ente, Gans, Wachtel und anderen Vögeln sind allesamt intensiver.

Wachtelei

Zur Tarnung, um es vor Räubern zu schützen, ist die Schale des Wachteleis gesprenkelt. Es ist deutlich kleiner als das Hühnerei und wiegt nur 10 – 12 g. Es wird aber genauso zubereitet, kann also weich oder hart gekocht und auch gebraten werden. Es schmeckt intensiver als ein Hühnerei und wird ob seines exzellenten Geschmacks in der gehobenen Küche besonders geschätzt.

FRISCHMILCHPRODUKTE

Man unterscheidet Milch nach ihrem Fettgehalt (Rohmilch, Vorzugsmilch, Vollmilch, fettarme Milch, Magermilch) und nach ihrer Behandlung. Auch hier gibt es die Rohmilch, die überhaupt nicht behandelt ist und binnen zwei bis drei Tagen verzehrt werden muss, und auf der anderen Seite des Spektrums die ultrahocherhitzte H-Milch, die ungekühlt mehrere Wochen haltbar ist. Frischmilch gibt es in zwei Varianten: einmal traditionell hergestellt und einmal länger haltbar. Aus ihr wird eine riesige Palette von Frischmilchprodukten hergestellt.

1. Crème fraîche

Eine Variation der sauren Sahne. Ursprünglich französisches Sauerrahmerzeugnis aus Kuhmilch. Der Mindestfettgehalt beträgt 30 %. Sie schmeckt fein und leicht säuerlich und ist gut zum Kochen geeignet.

2. Joghurt

Aus dem Türkischen entlehnter Name, der wörtlich so viel wie „gegorene Milch" bedeutet. Er wird durch Milchsäurebakterien aus verdickter Milch hergestellt und schmeckt säuerlich. Es gibt ihn entrahmt (bis 0,5 % Fett), fettarm (1,5–1,8 % Fett), normal (min. 3,5 % Fett) und als Rahmjoghurt (min. 10 % Fett). Neben dem Naturjoghurt sind zahlreiche Fruchtjoghurts im Handel, außerdem Trinkjoghurts. Aus Indien stammt der Lassi, der aus Joghurt und Milch besteht und süß, aber auch salzig und würzig serviert wird. In der Türkei schätzt man Ayran, mit Wasser verdünnten, gesalzenen Joghurt.

3. Quark

Um Quark herzustellen, wird Milch mithilfe von Milchsäurebakterien und/oder Lab fermentiert. Sie gerinnt, und die festen Bestandteile trennen sich von den flüssigen. Die flüssige Molke tropft ab, zurück bleibt der Quark, der anschließend, je nach gewünschtem Fettanteil, mit Sahne gemischt wird. Beim Backen und für Desserts unverzichtbar.

4. Saure Sahne

Auch Sauerrahm. Sie wird aus Sahne hergestellt, die mit Milchsäurebakterien versetzt wird. Ihr Geschmack ist säuerlich. Saure Sahne ist in verschiedenen Fettstufen (ab 10 %) erhältlich, zum Kochen sollte man eine gehaltvolle Variante wählen.

5. Schmand

Fettreiche saure Sahne, die mindestens 20 % und üblicherweise bis zu 29 % Fett aufweist. Sie kann Stärke oder andere Bindemittel enthalten.

6. Boursin

Französischer Doppelrahmfrischkäse mit einem Fettanteil von 70 %. Er wird immer gewürzt mit Knoblauch, Kräutern, Pfeffer und Schalotten angeboten.

7. Feta

Griechischer Schafskäse (auch Ziegenkäse), der in Salzlake gereift wird. Sein Geschmack ist intensiv salzig. Wird insbesondere gerne in griechischem Salat verwendet.

8. Halloumi

Halbfeste Käsespezialität aus Zypern. Er wird aus der Milch von Kühen, Schafen und/oder Ziegen hergestellt. Halloumi wird oft gebraten und mit einer braunen Kruste serviert.

9. Hüttenkäse

Körniger, fettarmer Frischkäse. Aus pasteurisierter Milch, die sowohl kalt- als auch warmgesäuert wird. Es entstehen kleine Gallertekörner, die mit einer Sauce aus gesalzener Sahne umgeben und aromatisiert werden.

10. Mascarpone

Sehr gehaltvoller Frischkäse aus Crème fraîche und Sahne, ursprünglich aus der Lombardei. Sein Geschmack ist äußerst mild und cremig. Er wird vor allem in Süßspeisen, Torten und Cremes verwendet, z. B. für Tiramisu.

11. Mozzarella

Italienischer milder Käse, entweder aus Büffel- oder aus Kuhmilch. Berühmt vor allem im Insalata caprese zusammen mit Tomaten und Basilikum.

12. Picandou

Frischkäse aus Ziegenmilch aus der Bourgogne. Er hat keine Rinde, ist von cremiger Konsistenz und mildem Aroma, das insbesondere beim Überbacken von Ratatouille zur vollen Entfaltung kommt.

13. Ricotta

Regional sehr unterschiedlicher italienischer Frischkäse aus Schafsmilch- oder Kuhmilchmolke, der geräuchert, gesalzen, getrocknet oder gebacken angeboten wird. Er hat einen sehr hohen Fettgehalt bis 78 % und schmeckt in seiner handelsüblichen Form sahnig-zart. Die äußerst seltene Büffelmilchvariante (Ricotta di bufala) gilt bei Kennern als Delikatesse.

14. Robiola

Frischkäse aus Kuh-, Schafs- und/oder Ziegenmilch. Seine Konsistenz ist feinkörnig, sein Geschmack säuerlich, leicht würzig, zum Teil auch scharf. Der Fettgehalt ist mit bis zu 70 % sehr hoch.

HARTKÄSE

Hartkäse haben einen Wasseranteil in der fettfreien Käsemasse von höchstens 56 %, in der Regel aber weniger. Ihr Trockenmasseanteil liegt normalerweise bei mindestens 60 %. Sie sind damit die „trockensten" Käse überhaupt.

Hartkäse wird mindestens drei Monate gereift, Extrahartkäse mindestens 18 Monate. Vollreife Exemplare werden aber nicht selten bis zu drei Jahre und länger liegen gelassen. Bei manchen Sorten gibt es industriell hergestellte Varianten aus pasteurisierter Milch, die in Folie gereift werden. Sie benötigen weniger Zeit, sind aber deutlich weicher und auch weniger geschmackvoll.

Die traditionell hergestellten Hartkäse entwickeln während ihrer langen Reifezeit ihr intensives, würziges, oft herbes Aroma. In der Trockenmasse weist der Großteil der Hartkäse mindestens 45 % Fett auf. Sie gehören damit zu den Käsen der Vollfettstufen. Daneben gibt es aber auch weniger fette Hartkäse, die zur Dreiviertelfettstufe (30 % oder mehr) oder Fettstufe (40 % oder mehr) gehören. Durch den Wasserentzug während der Lagerung und den vergleichsweise hohen Fettanteil sind Hartkäse besonders lange haltbar.

Bei der Produktion wird Käsemasse durch Einsatz von Lab (tierischen Enzymen) „dickgelegt", das heißt, zu fester Konsistenz gebracht. Die so entstandene Gallerte oder Dickete wird mit einer Käseharfe in sehr kleine Stücke gebrochen, damit so viel Molke wie möglich abfließen kann. Der Bruch wird erwärmt – Hartkäse auf 50 °C, Extrahartkäse auf 55 °C –, um möglichst viel Flüssigkeit zu entziehen. Danach werden die Käselaibe geformt, in Salzlake getaucht und zur Reifung eingelagert. Während ihrer Reifezeit werden viele Hartkäse immer wieder mit Salz eingerieben und gebürstet – wiederum, um die Laibe zu dehydrieren. Während dieses Prozesses entsteht auch die Rinde, die sich bei der Folienreifung nicht bildet. Foliengereifte Hartkäse erhalten eine künstliche Ummantelung durch Paraffin oder Wachs.

Die würzigen Hartkäse werden im Reifestadium oft so fest, dass man sie kaum mehr schneiden kann. Auch zum Verzehr auf Brot sind manche zu intensiv und hart. Sie werden als „Reibkäse" oder „Dessertkäse" eingesetzt, in der italienischen Küche vor allem über Pasta gerieben oder gehobelt beziehungsweise nach dem Menü als Begleiter zum Wein gereicht.

Bergkäse
Sammelbezeichnung; auch Alpkäse. In Deutschland rechtlich geschützt hinsichtlich der Inhaltsstoffe. 45–50 % Fett i. Tr. **Geschmack**: mild bis würzig.

Bitto
Aus Rohmilch der Kuh, mit Anteilen von Schafs- und Ziegenmilch. Stammt aus der nördlichen Lombardei. Feiner **Geschmack**. 22 % Fett i. Tr.

Cheddar
Aus Kuhmilch. Bekanntester britischer Käse. Typische, rötliche Färbung durch den Pflanzenfarbstoff Annatto. Ca. 48 % Fett i. Tr. **Geschmack**: würzig.

Emmentaler
Aus Kuhrohmilch. Echt nur von Emmentaler Milchkühen. Charakteristische Löcher, leicht nussiger **Geschmack**. 45 % Fett i. Tr.

Gouda
Old Amsterdama. Aus Kuhmilch. 18 Monate gereifter Gouda aus den Niederlanden. Goldgelbe Farbe, würzig-pikanter **Geschmack**. 48 % Fett i. Tr.

Grana Padano
Aus Kuhrohmilch. Italienischer Käse. Verwendung: zu Pasta. 32 % Fett i. Tr. **Geschmack**: kräftig, würzig.

Gruyère
Aus Kuhrohmilch. Dt. Greyerzer. Darf nur in einigen Schweizer Kantonen hergestellt werden. Herzhaft im **Geschmack**. 45–50 % Fett i. Tr.

Kefalotyri
Aus Schafs- und/oder Ziegenmilch, als Kefalograviera mit Kuhmilch. 45 % Fett i. Tr. **Geschmack**: salzig-süß.

Manchego
Aus Milch des Manchega-Schafs. Als Queso Manchego geschützt. **Geschmack**: mild bis herzhaft. 50–55 % Fett i. Tr.

Parmigiano reggiano
Aus Kuhrohmilch. Streng geschützter Begriff für sehr festen ital. Käse aus Norditalien. **Geschmack**: sehr würzig und delikat. Min. 32 % Fett i. Tr.

Sage Derby
Aus Kuhmilch. Englischer Käse aus Derby County mit Salbei. **Geschmack**: von mild bis würzig. Ca. 48 % Fett i. Tr.

Sbrinz
Aus Kuhrohmilch. Aus den Schweizer Kantonen Luzern, Obwalden und Nidwalden. **Geschmack**: vollmundig-mürbe. Min. 45 % Fett i. Tr.

SCHNITTKÄSE

Während manche festeren Hartkäse auch „Reibkäse" genannt werden, weil sie kaum mehr geschnitten werden können, besteht die Kategorie der Schnittkäse aus weicheren und saftigeren Sorten. Schnittkäse sind nicht nur in dieser Hinsicht alltagstauglich. Während einige gereifte Hartkäse sich aufgrund ihres ausgeprägten Geschmacks zum täglichen Verzehr mit Brot nicht gerade eignen (wohl aber als Dessertkäse zu Obst und Wein), kann man die Schnittkäse allesamt zur Brotzeit genießen – in der Regel sogar zum Frühstück, weil die meisten Sorten üblicherweise jung in den Handel kommen.

Schnittkäse haben einen Wassergehalt in der fettfreien Käsemasse von 54–63 %. Die Reifezeit liegt zwischen drei Wochen und zwei Monaten. Wenn sie allerdings länger reifen, gehen sie in Hartkäse über, wie der 18 Monate gereifte Old Amsterdam. Gut gereifte Schnittkäse werden dunkler, fester, weniger geschmeidig und letztlich bröckelig, außerdem intensiver und würziger im Geschmack. Die Übergänge sind fließend, auch in die umgekehrte Richtung.

Die sogenannten halbfesten Schnittkäse, mit höherem Wassergehalt und entsprechend weniger Trockenmasse, sind zwar fester als Weichkäse, aber doch so weich, dass sie in manchen Fällen fast nicht mehr geschnitten werden können (z. B. Butterkäse und Esrom). Diese weicheren Schnittkäse sind in der Regel mild, leicht und säuerlich im Geschmack. Allerdings gehören zu dieser Untergruppe auch die Edelpilzkäse. Bei ihrer Herstellung wird die Schimmelkultur Penicillium roqueforti zugegeben. Dadurch entstehen die typischen giftgrünen Schimmeladern im Käse, die für den herzhaft aromatischen, kräftig-pikanten Geschmack sorgen. Edelpilzkäse sind zudem auch reichlich salzig.

Da Schnittkäse als „Käse für jeden Tag" heute in der Regel aus industrieller Herstellung stammen, sind sie zumeist mit einer schützenden Wachs- oder Paraffinschicht überzogen, die sie gegen das Austrocknen schützt. Die Fettstufen reichen von der Dreiviertelfettstufe bis zur Doppelrahmstufe.

Appenzeller

Aus Kuhrohmilch. Als „Appenzeller Käse" geschützt, darf nur im gleichnamigen Schweizer Kanton hergestellt werden. Würziger **Geschmack**. Ca. 45–50 % Fett i. Tr.

Brennnesselkäse

Mit Brennnesseln aromatisierter Käse, in der Regel industriell hergestellt und aus pasteurisierter Kuh- oder Schafmilch. Ca. 50 % Fett i. Tr. Würziger **Geschmack**.

Butterkäse

Aus Kuhmilch. Reifezeit ca. 3 Wochen. Halbfester Schnittkäse, sehr mild im **Geschmack**, erinnert, wie der Name schon sagt, an Butter. 45–60 % Fett i. Tr.

Comté

Aus Rohmilch der Rinderrasse Montbéliard. Ursprünglich aus dem französischen Jura. Mild im **Geschmack**, von fruchtig bis nussig. Ca. 45 % Fett i. Tr.

Edamer

Eigentlich aus Rohmilch der Kuh, heute fast immer pasteurisiert. Ursprünglich aus Edam-Volendam in Nordholland. **Geschmack**: mild-würzig. Ca. 40 % Fett i. Tr.

Esrom

Aus Kuhmilch. Bekanntester dänischer Käse, benannt nach dem gleichnamigen Kloster. Eigenwilliger, herzhaft-aromatischer **Geschmack**. Ca. 45 % Fett i. Tr.

Fontina

Aus Kuhrohmilch. Aus dem norditalienischen Aostatal. **Geschmack**: jung weich und mild, gereift fester und intensiver. Ca. 45 % Fett i. Tr.

Havarti

Aus Kuhmilch. Halbfester Käse mit kleinen Löchern. Nach dem dänischen Bauernhof „Havartigaarden" benannt. **Geschmack**: herzhaft bis pikant. 45 oder 60 % Fett i. Tr.

Iberico

Spanischer Mischkäse aus Kuh-, Ziegen- und Schafsmilch (jeweils zwischen 25 und 40 %). 1–3 Monate gereift. **Geschmack**: mild-würzig bis pikant. 45 % Fett i. Tr.

Leidener Käse/Leidse Kaas

Aus Kuhmilch. Mit Kümmel gewürzter Käse aus Leiden in den Niederlanden. Als „Boeren-Leidse met sleutels" geschützt. 30–40 % Fett i. Tr. **Geschmack**: herzhaft.

Maasdamer

Industrieller Konkurrenzkäse zum Schweizer Emmentaler aus den Niederlanden, aber neutraler im **Geschmack**. Auch als Leerdamer bekannt. 45 % Fett i. Tr.

Maaslander

Aus Kuhmilch. Salzarmer Käse aus den Niederlanden, der nur vergleichsweise kurz in Salzlake liegt. Mild-cremig im **Geschmack**. Ca. 45–50 % Fett i. Tr.

Mimolette Extra Vieille

Aus Kuhmilch. Auch Boule de Lille. Mit Annatto gefärbt. Im **Geschmack** von mild bis extraherb. Im Bild der reife Extra Vieille. 40 % Fett i. Tr.

Morbier

Franz. Kuhrohmilchkäse aus der Region Franche-Comté mit einem markanten Streifen aus Pflanzenasche in der Mitte. Milder **Geschmack**. Min. 45 % Fett i. Tr.

Nelkenkäse

Niederländischer, mit Nelken und Kreuzkümmel gewürzter Schnittkäse, der in der Weihnachtszeit genossen wird. 20-40 % Fett i. Tr. **Geschmack**: kräftig-würzig.

Pecorino

Aus roher Schafsmilch, heute auch mit Kuh- und Ziegenmilch. 4 Sorten: romano, sardo, siciliano, toscano (im Bild). 40–50 % Fett i. Tr. **Geschmack**: würzig-delikat.

Père Joseph

Aus Kuhmilch. Klosterkäse aus Belgien. Hergestellt mittels Rotschimmelreifung. Herzhafter **Geschmack**, unverwechselbar würziger Charakter. 50 % Fett i. Tr.

Provolone

Aus Kuhmilch, auch mit Ziegenlab. Italienischer Käse vom Typ Filata. Mild bis pikant im **Geschmack**. Charakteristisch: Paraffinschicht und Schnur. Ca. 45 % Fett i. Tr.

Pyrenäenkäse

Früher aus Schafs-, heute fast nur aus Kuhmilch. Aus den französischen Pyrenäen. Im **Geschmack** mild, buttrig, feinsäuerlich und nussig. Ca. 50 % Fett i. Tr.

Raclette

Aus Kuhmilch. Für das gleichnamige Schweizer Gericht. Als „Suisse" und „Valdor" ursprünglich aus dem Wallis. **Geschmack**: würzig, leicht süßlich. 48 % Fett i. Tr.

Reblochon

Französischer Kuhmilchkäse, als Reblochon de Savoie herkunftsgeschützt. **Geschmack**: vollmundig und buttrig. 45 % Fett i. Tr.

Schmelzkäse

Durch Zugabe von Schmelzsalzen für das Überbacken und Erhitzen hergestellt. Oft mit Kräutern gewürzt. Im Bild eine geräucherte Variante. **Geschmack**: mild.

Tête de Moine

Aus unbehandelter Kuhmilch. Dt. „Mönchskopf", zuerst im Kloster Bellelay hergestellt. Wird geschabt, nicht geschnitten. 51 % Fett i. Tr. **Geschmack**: würzig.

Tilsiter

Aus Kuhmilch. Nach der Stadt Tilsit benannt, dort zuerst von niederländischen Flüchtlingen hergestellt. **Geschmack**: leicht würzig. 30–60 % Fett i. Tr.

Tiroler Alpkäse

Auch Tiroler Almkäse. Österreichischer Bergkäse aus roher Kuhmilch. Traditionelle Erzeugung während der Almsaison. **Geschmack**: Aromatisch-pikant. 45 % Fett i. Tr.

Tomme de Savoie

Aus entrahmter Kuhmilch. Franz. Käse der Region Rhône-Alpes. Aromatisch und rustikal im **Geschmack**, charakteristische graue Rinde. 20–40 % Fett i. Tr.

Trappistenkäse

Aus Kuhmilch. Von Mönchen des Klosters Notre-Dame de Port-du-Salut (Normandie) erfunden. **Geschmack**: schwach aromatisch. 45–60 % Fett i. Tr.

BLAUSCHIMMEL UND ROTSCHMIERIGE

Blauschimmel

Die Blau- oder Grünschimmelkäse bzw. Edelpilzkäse sind mithilfe der „blauen“ Schimmelpilzkulturen Penicillium gorgonzola und Penicillium roqueforti hergestellte Käse. Diese Edelschimmel sind selbstverständlich nicht schädlich, sondern veredeln im Gegenteil die Käse, bei deren Herstellung sie die entscheidende Zutat sind. Die auffälligen blauen Schimmelkulturen durchziehen die Käse im Inneren mit einer dunklen Maserung, die zum Teil sehr ausgeprägt sein kann.

Blauschimmelkäse werden klassischerweise von Wein begleitet – oder begleiten den Wein. Der mindestens aromatisch-würzige, wenn nicht starke, zum Teil sogar bittere und scharfe Geschmack der Blauschimmel passt hervorragend zu Süßweinen. Stilton und Portwein sind ein unzertrennliches Paar, und auch der Roquefort passt zu dem portugiesisch-englischen Edelwein hervorragend. Aber auch edelsüßer Weißwein, vor allem ein Sauternes, passt ausgezeichnet. Und natürlich sind auch viele trockene Rot- und Weißweine sehr lecker zu den blau marmorierten Käsen.

Neben Wein gehört für den Genuss von Blauschimmelkäsen immer auch Brot, am besten Baguette, auf den Tisch, außerdem Früchte und Nüsse, vor allem Weintrauben, Birnen und Walnüsse, dazu leicht bittere Salate oder Gemüse wie Stangensellerie, Radicchio und Chicorée.

Durch die Kombination all dieser Elemente ergibt sich ein feines Spiel zwischen bitteren und süßen Aromen, das den besonderen Genuss des Blauschimmelkäses ausmacht.

Edelpilzkäse reifen nach dem Öffnen weiter und sollten deswegen luftdicht verpackt und kühl aufbewahrt werden.

Rotschmiere

Die sogenannten Rotschmiere-, Rotkulturkäse, zum Teil auch Gelbschmierekäse genannt, verdanken ihren Namen dem Brevibacterium linens, einem Bakterium, das auf ihrer Oberfläche angesiedelt wird. Der Affineur, der Käseveredler, verwendet dafür eine Flüssigkeit, die Salzlake und meistens Bier, Wein oder Spirituosen sowie das Bakterium enthält. Mit dieser Mischung wird der Käse während seiner Reifezeit regelmäßig „geschmiert“, gewaschen oder besprüht. Das Bakterium baut Eiweiß ab, vermehrt sich und bildet einen orangefarbenen Überzug. Mit der Rotschmiere bildet sich sogleich ein ausgeprägtes, zugleich feines und würziges Aroma heraus.

Rotschmiere wird meistens bei Weichkäsen eingesetzt, auch manche Sauermilchkäse werden auf diese Art behandelt. Manche dieser Käse werden außerdem mit einem Überzug aus weißem Schimmel versehen. Möglicherweise rührt daher der populäre Irrtum, es handele sich bei Rotschmierekäse um eine Edelschimmelsorte.

Geschmacklich unterscheiden sich diese Käse sehr. Sie sind meistens würzig-aromatisch, dabei aber oft genug sehr fein in ihrem Aromenspiel. Die Rinde wird nur bei manchen jungen und weichen Sorten mitgegessen, ansonsten ist davon abzuraten, weil sie oft genug ein unangenehmes, scharfes Aroma entwickelt und auch das Zusammenspiel mit gutem Wein zunichte macht.

Bavaria blu
Cremiger Schnittkäse aus Bayern mit blau-grünem Schimmel innen und weißem Schimmel außen. Pikant, aber mild. 65–85 % Fett i. Tr.

Bleu d'Auvergne
Frzanzösischer Blauschimmelkäse, ursprünglich aus der Auvergne. Ausgeprägter Schimmel, nussig, pikant, sehr würzig. 50 % Fett i.Tr.

Cambozola
Süddeutscher, sehr cremiger Weichkäse mit mildem Blauschimmel innen und weißem Edelschimmel außen. Sehr sanftes Aroma. 70% Fett i.Tr.

Chaumes
Rotschmieriger Käse aus dem Périgord im Südwesten Frankreichs. Würzig, kräftig, von cremiger Konsistenz, aus Kuhmilch. 50 % Fett i. Tr.

Epoisse
Rotschmieriger frzanzösischer Klassiker, der mit Marc de Bourgogne veredelt wird. Vollmundig-würzig, aber äußerst fein. 50 % Fett i. Tr.

Gorgonzola
Nordital. Klassiker aus pasteurisierter Kuhvollmilch. Würzig, mit feiner, süßer Note. 48 % Fett i. Tr. Im Bild Gorgonzola dolce mit Mascapone.

Limburger
Rotschmieriger, ursprünglich belgischer Käse aus Kuhmilch. Oft als „Stinkekäse" denunziert, aromatisch und würzig. 20–60 % Fett i. Tr.

Münsterkäse
Frz. Munster. Rotschmieriger Weichkäse aus dem Elsass und Lothringen (dort als Géromé). Würzig im Geschmack. 40–50 % Fett i. Tr.

Romadur
Rotschmieriger Käse aus Kuhmilch, ursprünglich aus Belgien. Pikanter Geschmack, kräftiges Aroma. 20, 40 oder 60 % Fett i. Tr.

Roquefort
Vollwürziger Blauschimmel mit eher grünlicher Färbung aus Schafsmilch. Im Südwesten Frankreichs beheimatet. 52 % Fett i. Tr. Sehr würzig.

Stilton
Englischer Blauschimmel aus pasteurisierter Kuhmilch. Ausgeprägtes Aroma, nussige Note, klassisch zu Portwein. 48–55 % Fett i. Tr.

Taleggio
Rotschmieriger norditalienischer Weichkäse aus Kuhmilch. Seit der Antike bekannt. Würzig, nussig und fruchtig. 48 % Fett i. Tr.

Brie
Französischer Weißschimmelkäse. Sorten: Brie de Meaux und Brie de Melun. Aus roher Kuhmilch, cremig-mild im **Geschmack**. 60 % Fett i. Tr.

Camembert
Weißschimmelklassiker aus der Normandie. Leicht scharfer **Geschmack**, im reifen Zustand penetrant, nussige Noten. 45–60 % Fett i. Tr.

Coulommiers
Weißschimmelkäse aus dem Nordosten Frankreichs. **Geschmack**: altersbedingt von mild-sahnig bis scharf-würzig, nussige Noten. 45–50 % Fett i. Tr.

Sainte-Maure de Touraine
Ziegenkäse aus Tours an der Loire. Mit dünnem Edelschimmel und einer Ascheschicht ummantelt. **Geschmack**: mild. 23–43 % Fett i. Tr.

Vacherin Mont-d'Or
Kuhrohmilch-Spezialität aus Frankreich/Schweiz in kleinen Holzschachteln. **Geschmack**: cremig-mild, mit feinen Noten. Ca. 50 % Fett i. Tr.

Weinkäse
Unter dem Begriff werden Weich- und Schnittkäse vereint, die – vor allem im Alpenraum – mit Weiß- oder Rotwein eingerieben werden. **Geschmack**: würzig.

WEICHKÄSE

Weißschimmel

Weißschimmelkäse werden mithilfe der Edelschimmel Penicillium candidum oder Penicillium camemberti hergestellt. Während der Candidum-Pilz schneeweiß bleibt, entwickelt der Camemberti einen leichten bläulichen Schimmer. In der Regel werden die Sporen dieser Pilze bereits der Milch zugesetzt, während der Reifung der Käse bilden sie dann den charakteristischen weißen Überzug oder „Rasen".

Die Schimmelpilze wirken sich auch auf die geschmackliche Qualität der Käse aus, genauso wie die verwendete Milch. Die Palette der Geschmacksnuancen ist schier unbegrenzt. Sie reicht von sahnig, mild, fast neutral (beim jungen Tortenbrie) bis hin zu würzig, scharf, aufdringlich (bei gereiften Camembert-Sorten).

Weißschimmelkäse sind meist Weichkäse, doch gibt es auch einige Sauermilchkäse mit Weißschimmel. Zudem gibt es Kombinationen aus blauem und weißem Schimmel, die sogenannten Weiß-Blau-Käse.

Handkäse mit Kümmel

Fast fettfreier Käse aus Hessen. Immer mit Rotschmiere, z. T. mit weißem Edelschimmel überzogen. Wird mit Marinade und Zwiebeln gereicht. **Geschmack**: herzhaft.

Harzer Roller

Sauermilchkäse aus Magerquark mit nur ca. 1 % Fett. Die Rinde entsteht durch Edelschimmel oder Rotschmiere-Bakterien. **Geschmack**: herzhaft.

Kochkäse

Streichfähiger Sauermilchkäse, der durch Natron und Erhitzen bis 42 °C zu zähflüssiger Konsistenz gebracht wird. Oft mit Kümmel. **Geschmack**: sehr delikat.

Korbkäse (Edelschimmelvariante)

Deutscher Sauermilchkäse mit feinem Edelschimmel. **Geschmack**: mit zunehmendem Alter von mild-würzig bis leicht pikant. 30–50 % Fett i. Tr.

Korbkäse (Gelbkäse)

Dem Harzer Käse und dem Mainzer Handkäse verwandter Gelbkäse, oft mit Kümmel gewürzt. Ursprünglich aus Magdeburg. **Geschmack**: herzhaft.

Tiroler Graukäse

Österreichischer Käse aus Topfen (Magerquark) mit nur 2 % Fett. Würzig im **Geschmack**, jung eher säuerlich, reif zunehmend scharf.

SAUERMILCHKÄSE

Sauermilchkäse wird aus Dickmilch oder Labquark (mit Lab dickgelegter Magerquark) hergestellt. Dickmilchbasierte Käse kommen ohne Zugabe von Lab aus, da die Gerinnung in diesem Fall mittels Milchsäure oder anderen Säuren vonstattengeht. Durch die fettarmen Ausgangsstoffe unterscheiden sich diese Käse von fast allen anderen Sorten. Mit Fettanteilen in der Trockenmasse von in der Regel unter 10 % gehören sie zu den seltenen Vertretern der Magerstufe, dafür ist ihr Eiweißanteil sehr hoch. Sie eignen sich also sehr gut als „Diätkäse". Typisch für Sauermilchkäse ist die Würzung mit Kümmel, aber auch andere Gewürze und Kräuter kommen zum Einsatz. Grundsätzlich gibt es zwei Sorten: erstens die mithilfe von Rotschmierebakterien gereiften Gelbkäse, zweitens die von weißem Edelschimmel überzogenen Varianten. Im Vergleich sind die Gelbkäse geschmacklich tendenziell kräftiger. Einige Sauermilchkäse, wie beispielsweise den Korbkäse, gibt es in beiden Ausführungen. Länger gereifte und gelagerte Sauermilchkäse entwickeln nicht nur einen atemberaubenden Geruch, sondern auch einen intensiven, strengen Geschmack.

REIS, NUDELN & GETREIDE

Arborio
Aus Italien, Po-Ebene. Mittelkornreis mit ovalem Korn, klassischer Risottoreis. Beim Kochen wird das Äußere des Korns klebrig, das Innere behält Biss.

Bahia
Aus Spanien, katalanisches Ebro-Delta. Mittelgroßes Korn, nimmt besonders gut den Geschmack der anderen Zutaten auf. Exakte Garzeit von 16 Minuten.

Basmatireis
Aus Indien. Besonders edle und feine Langkornreissorte. Kocht locker und körnig, quillt stark auf und verströmt beim Kochen ein nussiges Aroma.

Duftreis
Auch Jasminreis oder Siam-Reis. Aus Thailand. Duftet beim Garen angenehm süßlich nach Jasmin. Zarte Langkornreissorte, locker und körnig kochend.

Milchreis
Rundkornreis mit dicken, ovalen Körnern. Sie kleben nach dem Kochen zusammen, weichen außen und innen sehr stark auf und ergeben eine breiige Konsistenz.

Naturreis
Auch Vollkornreis. Nicht geschält, daher mit Silberhäutchen und besonders reich an Vitaminen, Ballaststoffen, Mineralien und Eiweiß. Nussiges Aroma.

REIS

Was in Europa Brot ist, ist in Asien Reis. Die bis zu 1,5 m hohe Sumpfpflanze ist hier die wichtigste Getreideart und zugleich das Hauptnahrungsmittel. Die wichtigste Sorte ist Sumpfreis, eine weitere Sorte von Bedeutung der sogenannte Bergreis.

Anbau

Reis braucht viel Wasser und mittlere Wärme. Die künstlich angelegten Becken, in denen die Reispflanzen angebaut werden, sind fast schon so etwas wie ein asiatisches Sinnbild. Doch auch in Italien, Spanien und Frankreich gibt es Reisfelder, auf denen wahre Reisspezialitäten angebaut werden. Weltbekannt ist z. B. der rote Reis aus der Camargue.

Bearbeitung

Reis gehört zu Getreide – und wie dieses werden die Rispen der Graspflanze nach dem Ernten zuerst gedroschen. So fallen die Körner heraus, die allerdings noch in der Strohhülse sitzen und ungenießbar sind. Von diesem Rohreis wird dann die Strohhülse entfernt. Reis in dieser Form trägt noch die Samenschale und den Keim. In der

Parboiledreis
Durch Wasserdampf werden Inhaltsstoffe ins Korn gedrückt, erst danach wird das Korn geschliffen. Viele Nährstoffe bleiben so erhalten. Schnell und körnig kochend.

Patnareis
Ursprünglich aus Indien. Eine der bekanntesten Langkornreissorten. Polierte, lange, dünne, fast durchsichtige Körner. Bleibt nach dem Kochen schön körnig.

Roter Reis
Auch Camargue-Reis. Nur die Außenhaut des Korns ist gefärbt. Roter Reis ist daher immer ungeschält. Bissfest, nussig im Geschmack, lange Kochzeit.

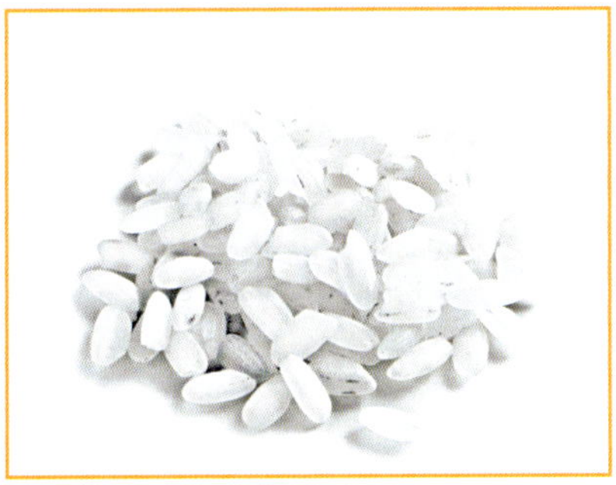

Rundkorn-Klebreis
Aus Thailand. Nach dem Garen kleben die Körner stark zusammen und können mit den Fingern gegessen werden. Findet häufig in Süßspeisen Verwendung.

Schwarzer Klebreis
Aus China und Japan. Langkornreis, der nach dem Kochen sehr stark verklumpt. Nussiges Aroma, beliebt als Dessertreis. Muss 2 Stunden eingeweicht werden.

Wildreis
Kein echter Reis, sondern Korn eines Wassergrases. Nussiges Aroma, sehr körnige Konsistenz, wird heute auch in Europa angebaut. Reich an Nährstoffen.

weiteren Verarbeitung werden sowohl Schale als auch Keim entfernt, dann wird Bruchreis herausgesiebt. Dieser sogenannte Weißreis wird schließlich poliert, das heißt, der Mehlstaub wird entfernt.

Reistypen

Es gibt weltweit ca. 10.000 Sorten Reissorten, die sich in ein paar wenige Grundtypen einordnen lassen.

Langkornreis (Indica) hat eine Kornlänge von mindestens 6 mm. Die schmalen, glasigen Körner sind nach dem Polieren weiß bis leicht gelblich, nach dem Garen sind sie weiß und bleiben schön körnig.

Rundkornreis (Japonica) ist oval-rundlicher Reis, die Kornlänge ist max. 5,1 mm. Rundkornreis wird beim Kochen sehr weich und bekommt eine klebrige Konsistenz. Wird z. B. für Milchreis und Paella verwendet.

Mittelkornreis hat eine Kornlänge zwischen 5,2 und 6,0 mm, er ist gegart leicht klebrig, behält aber im Gegensatz zu Rundkornreis länger einen festen Kern. Bekannteste Sorte ist Arborioreis, der klassische Reis für alle Risottogerichte.

GETREIDE

Schon seit Jahrtausenden ist Getreide eines der Hauptnahrungsmittel der Menschheit. Zu den ältesten Sorten, die bereits in der Steinzeit angepflanzt wurden, zählen im europäischen Raum Emmer, Gerste und Einkorn. Heute sind Reis, Hirse, Mais und Weizen die wichtigsten Getreidesorten.

Beliebtheit von Getreide

Der Stellenwert von Getreide in der menschlichen Ernährung kann nicht hoch genug geschätzt werden, es steht auf den Speisezetteln der Welt an erster Stelle. Kein anderes Lebensmittel kann so vielseitig verzehrt und zubereitet werden wie Getreide, kein anderes Lebensmittel lässt sich über so lange Zeiträume ohne Qualitätsverlust so gut lagern, und kaum ein anderes Lebensmittel hat so gute Nährwerteigenschaften wie Getreide. Die Samen einer Gruppe von Gräserpflanzen haben es also in sich.

Mehrere tausend Sorten Brot weltweit lassen keine Langeweile aufkommen – Brot gehört wie selbstverständlich auf unseren täglichen Speiseplan. Auch als Beilage, für Füllungen, im Müsli, als Bratlinge und in Suppen sind Getreide und seine Produkte unverzichtbar. Nicht zu vergessen sind auch die vielen Backwaren, die uns das Leben versüßen und die ohne Mehl nicht möglich wären.

Geschichtliches

Schon vor etwa 10.000 Jahren begannen die ersten sesshaften Menschen mit dem Getreideanbau – und dies weltweit. Jede Hochkultur besitzt daher ihren ganz eigenen, an die jeweiligen klimatischen Bedingungen angepassten Getreideanbau. Sind es in Nordeuropa Gerste und Roggen, in Südeuropa Weizen und in Asien der Reis, so waren es in Afrika Hirse und in Amerika Mais, die auf eine sehr lange Anbautradition zurückblicken können.

Als Ursprungsgebiet des Getreides wird allerdings der Nahe Osten angesehen. Dort, im Gebiet des sogenannten „fruchtbaren Halbmondes", wurde das erste Getreide angebaut.

Kultiviert und verändert

Heutiges Getreide ist längst keine „natürliche" Pflanze mehr. Jahrtausendelang wurde durch Zucht versucht, möglichst ertragreiche, also mit vielen Körnern versehene, robuste – gegen Schädlinge und Krankheiten, aber auch gegen Klimaschwankungen resistente – und anspruchslose, d. h. auch auf nährstoffarmen Böden gedeihende Pflanzen zu schaffen, sodass unsere heutigen Getreidesorten uralte und immer wieder beeinflusste Kulturpflanzen darstellen. Auf diese Weise konnte durch erfolgreiche Züchtung der Ertrag der Getreideproduktion ständig gesteigert werden.

Amaranth

Aus Asien, Zentral- und Mittelamerika. Die sehr alte Pflanze war schon Hauptnahrungsmittel der Inkas und Atzteken. Was ihre ernährungsphysiologischen Eigenschaften betrifft, stellt sie Weizen, Roggen und Co. in den Schatten. Streng genommen kein Getreide, ist es besonders reich an Zink und Ballaststoffen, Magnesium und Kalzium, hochwertigem Eiweiß und ungesättigten Fettsäuren, dabei glutenfrei. Nussig im Geschmack. **Verwendung**: gemahlen in Brot, Gebäck und Nudeln, als Einlage in Suppen und Eintöpfen, geschrotet im Müsli.

Buchweizen

Ursprüngliche Heimat ist die Mongolei. Streng genommen kein Getreide. Ernährungsphysiologisch von großer Bedeutung durch den hohen Gehalt an Aminosäuren, Vitaminen und vielen Mineralstoffen. Heute wird Buchweizen verstärkt in den USA und Kanada angebaut. Die dunkelbraunen Früchte müssen vor dem Verzehr geschält werden, da ihre Schale auch durch langes Kochen nicht weich wird, nach dem Rösten schmecken sie nussig. **Verwendung**: gemahlen in Backwaren, Pfannkuchen und Pasta, ganz in Bratlingen und Eintöpfen, geschrotet im Müsli.

Bulgur

Bulgur ist vorbehandelter Weizen. Dieser wird gedämpft und getrocknet, anschließend wird die Kleie entfernt. Danach wird das Korn grob oder fein zerkleinert. Bulgur wird fast ausschließlich aus Hartweizen hergestellt. Er ist Hauptnahrungsmittel im Vorderen Orient. **Verwendung**: für Tabouleh, wird auch wie gekochter Reis zu Fleisch-, Fisch- oder Gemüsegerichten gereicht.

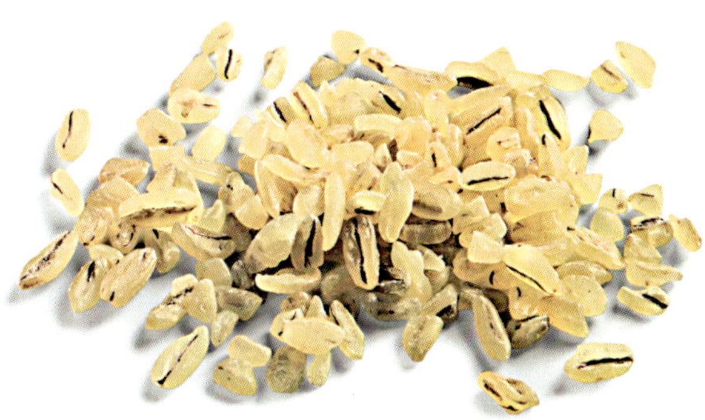

Couscous

Auch Kuskus oder Cous Cous. Wird aus befeuchtetem und zu Kügelchen zerriebenem Grieß meist von Weizen oder Hirse, aber auch von Gerste oder Mais hergestellt. Die Teigware ist wichtiger Bestandteil der nordafrikanischen Küche. Durch die Vorbehandlung gart Couscous nur kurz über Wasserdampf. **Verwendung**: als Beilage wie Reis, für Füllungen und Aufläufe.

Dinkel

Schon Hildegard von Bingen hatte die Vorzüge des Dinkels erkannt. Der nahe Verwandte des Weizens ist diesem in vielerlei Hinsicht überlegen. Dinkel ist reich an Kieselsäure – gut für Haut, Haare und Gehirn –, vielen anderen Mineralien, Spurenelementen, Eiweiß und Vitaminen und dabei äußerst vielseitig in der Verwendung. Vom Geschmack her leicht nussig, beim Backen unproblematisch durch seinen hohen Anteil an Klebereiweiß, also Gluten. **Verwendung**: meist in Backwaren wie Brot, Kuchen und Keksen, aber auch als Kaffee-Ersatz.

Graupen und Perlgraupen

Meist aus Gerste, aber auch aus Weizen hergestellt. Die Körner werden enthülst, entspelzt, geschnitten und danach poliert. Graupen aus ganzen Körnern werden auch als Roll- oder Kochgerste bezeichnet, Graupen aus geschnittenen als Perlgraupen oder -gerste. Graupen enthalten wenig Nähr- oder Ballaststoffe. **Verwendung**: meist für Suppen, aber auch für Risotto und Aufläufe.

Grünkern

Auch Badischer Reis oder Schwabenkorn. Grünkern ist zur sogenannten Teigreife halbreif geernteter Dinkel und somit wie dieser ein naher Verwandter des Weizens. Grund für die frühe Ernte war die Angst vor Ernteverlust durch schlechtes Wetter. Die Körner sind zum Erntezeitpunkt noch saftig und weich, die Stärke ist noch nicht voll ausgebildet. Vor der weiteren Verarbeitung werden die Körner getrocknet und bekommen ein nussiges, kräftiges und würziges Aroma. **Verwendung**: beliebt in Bratlingen, Aufläufen und Suppen.

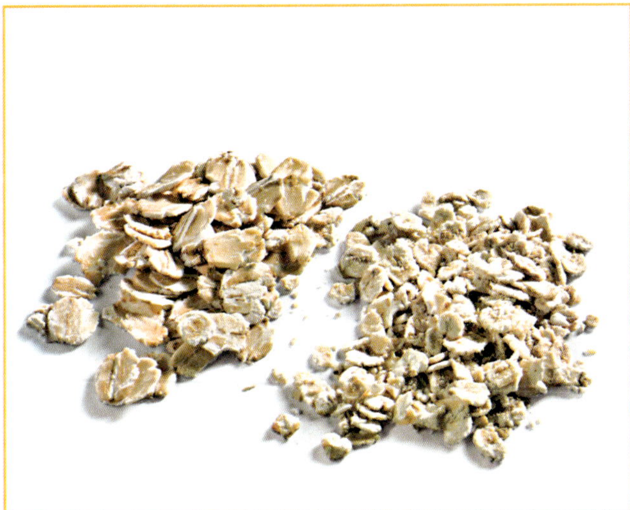

Haferflocken

Für die Flocken werden die Körner erst gereinigt, dann gedämpft und schließlich gedörrt. Durch dieses Verfahren lösen sich die Spelzen vom Korn – denn Hafer muss nicht geschält, sondern entspelzt werden. Die so vorbehandelten Haferkörner werden gedämpft und schließlich flach gedrückt. Es gibt sie von zart bis kernig. Wie der Hafer selbst sind auch die Flocken besonders bekömmlich und magenfreundlich und dabei sehr nahrhaft. **Verwendung**: besonders beliebt in Müslizubereitungen und auch als Beigabe zu Brotteig.

Haferkorn

Hafer enthält viele Proteine und Fett und gilt als besonders magenfreundlich. Vor der Verwendung wird Hafer nicht geschält, sondern entspelzt. So bleiben viele Vitamine im Gegensatz zu geschälten Getreidesorten erhalten. Durch seinen geringen Anteil Gluten ist das Korn zum Backen nicht sonderlich gut geeignet. Ein Großteil des geernteten Hafers geht daher auch in die Futterindustrie. **Verwendung**: meist in Form von Haferflocken im Müsli, im Naturkostbereich auch in Backwaren, Salaten und Breien.

Hartweizen

Auch Durum genannt. Ist mit dem Weichweizen verwandt, gedeiht in Europa nur südlich der Alpen auf nährstoffreichen Böden, ansonsten bevorzugt in Russland und Nordamerika. Er macht weltweit rund 10 % des gesamten Weizenanbaus aus. **Verwendung**: als Grieß Grundlage aller italienischen Pastasorten und neben Hirse auch für Couscous. Gemahlen für Brote und andere Backwaren.

Hirse

Darunter wird eine ganze Gruppe von Getreidearten mit kleinen Samenkörnern zusammengefasst. Hirse ist weltweit zu Hause und gilt als das älteste Brotgetreide. Ernährungsphysiologisch gilt die glutenfreie Hirse als sehr gesunde Getreidesorte, besonders im ungeschälten Zustand. **Verwendung**: meist geschält in Form von Mehl, Grieß und Graupen, besonders beliebt als Couscous.

Kamut

Der uralte Verwandte des Weizens war lange in Vergessenheit geraten, wird aber immer beliebter. Er ist besonders nährstoffreich und enthält deutlich mehr Eiweiß, Aminosäuren, Vitamine und Mineralstoffe als Weizen. Er besitzt sehr gute Klebereigenschaften. **Verwendung**: für Backwaren aller Art, für alle Produkte, die auch mit Weizen oder Dinkel zubereitet werden können.

Maismehl

Mais ist in Form von Maismehl in vielen Ländern ein Grundnahrungsmittel. Körner- oder auch Feldmais ist härter und stärkehaltiger als Zuckermais, aus ihm wird Maismehl hergestellt. **Verwendung**: zum Backen, gibt Gebäck eine attraktive gelbe Farbe. Auch für Waffeln, Aufläufe, Pfannkuchen, Tortillas, Polenta und Cornflakes geeignet. Aus ganzen Körnern wird Popcorn hergestellt.

Quinoa

Südamerikanisches Pseudogetreide mit hohem Nährstoffgehalt. Die Samen sind unterschiedlich farbig, von schwarz über rot bis weiß. Quinoa ist nicht für Kinder unter zwei Jahren geeignet, da Spuren von gesundheitsgefährdenden Saponinen enthalten sein können. **Verwendung**: meist ganz als Beilage wie Reis, aber auch für Aufläufe, Füllungen, Bratlinge und als Beimischung für Backwaren.

Roggen

Getreidesorte, die in Europa schon vor über 2.000 Jahren angebaut wurde. Wird im Oktober gesät und im August geerntet. Enthält viele Mineralien und Spurenelemente, ist sehr ballaststoffreich. **Verwendung**: meist für Brote, diese schmecken länger frisch als Weizenmehlprodukte, da sie innen saftiger bleiben. Ganze Körner, über Nacht eingeweicht, wie Reis.

Saatgerste

Die „Haare" der Ähren nennt man Grannen. Sie fallen je nach Sorte unterschiedlich lang aus. **Verwendung**: zur Bier- und Whiskyherstellung; aus stark geröstetem Gerstenmalz wird Malzkaffee gemacht. Ansonsten in Form von Graupen oder Flocken als Einlage in Suppen, im Müsli, in Gemüsegerichten oder Salat. Zum Backen nur bedingt geeignet, da wenig Kleber.

Weichweizen

Auf dem Foto sind die verschiedenen Verarbeitungsformen des Weichweizens zu sehen. Oben von links nach rechts: Korn, Schrot und Grieß, unten Vollkorn- und Auszugsmehl. Schrot, Grieß und Vollkornmehl sind ballaststoff- und nährstoffreicher als das weiße Auszugsmehl. Weichweizen ist die verbreitetste Weizenform. **Verwendung**: für Backwaren, auch für die Herstellung von Weißbier.

NUDELN

Nudeln sind aus den Küchen der Welt nicht wegzudenken. Es gibt sie in unzähligen Formen und Zubereitungsarten, aus Hartweizengrieß, Reismehl, Weizenmehl, Buchweizenmehl oder Mungobohnenstärke, mit oder ohne Ei, frisch oder getrocknet, in weiß, fast durchsichtig, gelb, grün, rot und sogar schwarz. Das Land, das man sofort mit Nudeln in Verbindung bringt, ist Italien.

Herkunft und Geschichtliches

Anders als vermutet soll es die ersten Nudeln nicht in Italien, sondern in China gegeben haben – aber dennoch waren Nudeln bereits in der Antike in Europa bekannt. Grababbildungen der Etrusker zeigen Mehlsäcke und Nudelhölzer, und auch im antiken Griechenland wurden Nudeln verzehrt. Über Griechenland soll die Nudel schließlich nach Italien gekommen sein. Im 12. Jahrhundert hatten fadenförmige Teigwarengerichte von Italien aus den gesamten Mittelmeerraum erobert.

Nachdem um 1800 die Gabel erfunden wurde, verloren Nudeln bald ihr Arme-Leute-Image und hielten Einzug in die Küchen und auf die Teller der italienischen Aristokratie. Bald schon galt Neapel als Pastazentrum. Der Siegeszug der Pasta war nicht mehr aufzuhalten. Mit einem durchschnittlichen Konsum von 25 kg pro Kopf liegen die Italiener unangefochten an der Spitze des Pastaverbrauchs.

Italienische Nudelnamen

Schon im 18. Jahrhundert gab es in Neapel rund 200 Nudelsorten. Mittlerweile sind es mehrere tausend. Um sich in der verwirrenden Vielfalt ein wenig zurechtzufinden, werden im Folgenden typisch italienische Nudelendungen erklärt.

Endet ein Namen auf „a" (weiblich) oder „o" (männlich), ist eine einzelne Nudel gemeint, endet er auf „e" (weiblich) oder „i" (männlich) sind mehrere gemeint.

Wird vor den eigentlichen Nudelnamen ein „mezze" bzw. „mezzi" gehängt, so wird darauf hingewiesen, dass die Nudel halbiert ist. Steht hinter der eigentlichen Nudelbezeichnung ein „rigate" bzw. „rigati", so besitzt die Nudel eine gerillte Oberfläche; steht dahinter ein „lice" bzw. „lici" ist die Nudelfläche glatt. Mit „lunghe" bzw. „lunghi" wird die Nudel länger; mit „corte" bzw. „corti" kürzer.

Weitere Endungen: „elle" bzw. „elli" machen die Nudel breiter; „ette" bzw. „etti" schmäler. Die Endungen „ine" bzw. „ini" verkleinern die Nudel im Durchmesser oder in der Breite, „one" bzw. „oni" signalisieren eine besonders dicke oder breite Nudelform.

Lagerung und Verwendung

Die meisten italienischen Nudeln bestehen aus Hartweizengrieß, Wasser und Salz und kommen getrocknet in den Handel. Sie lassen sich problemlos monatelang aufbewahren. Frische Pastasorten dagegen sollten im Kühlschrank aufbewahrt und zügig verarbeitet werden. Im Gegensatz zu den getrockneten Exemplaren haben sie eine deutlich kürzere Garzeit. Generell ist wichtig, Pasta in einer ausreichenden Menge Salzwasser zu garen, sodass die Nudeln genügend Platz haben und nicht aneinanderkleben. Des Weiteren sollten Nudeln bissfest, also nicht zu lange und zu weich gekocht werden.

Cannelloni

Große dicke Röhrennudeln, die aus Teigplatten gerollt werden. **Verwendung**: Ungegart mit Fleisch, Fisch oder Gemüse füllen und im Ofen backen.

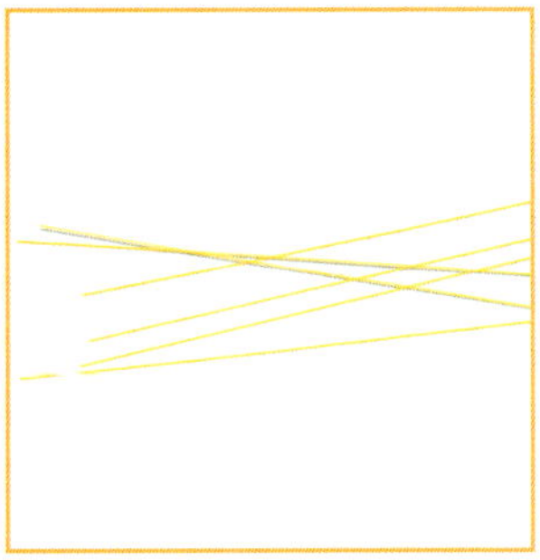

Cappellini

Auch Cappelli d'Angelo (Engelshaar). Hauchdünne, lange Fadennudeln. **Verwendung**: zu leichten, fruchtigen oder einfachen Saucen. Auch in Brühen.

Conchiglie

Nudeln in Muschelform. Kleine Exemplare heißen Conchigliette, große Conchiglione. **Verwendung**: gefüllt und gebacken oder mit fruchtigen Saucen.

Ditaloni Rigati

Kleine, kurze, robuste Hohlnudeln, außen gerillt. **Verwendung**: in Suppen, mit deftigen Pastasaucen (z. B. mit Salsiccia) oder im Salat.

Eliche

Ital. „Schrauben". Große spiralförmige Nudeln von bis zu 7 cm Länge. **Verwendung**: für Salate oder in Kombination mit fleischhaltigen Saucen.

Farfalline

Ital. „kleiner Schmetterling", auch Schleifchennudeln oder Krawättle. Größere Exemplare Farfalle. **Verwendung**: in Salaten oder mit cremigen Saucen.

Fettuccine

Etwas dünnere, lange Bandnudeln. **Verwendung**: häufig in Kombination mit Sahnesaucen, in Verbindung mit Lachs oder Pilzen.

Fusilli

Spiralförmige, korkenzieherartige Nudeln unterschiedlicher Größe. Oft auch gefärbt. **Verwendung**: meist gebacken und gratiniert oder in Salaten.

Gnocchi

Ital. „Nockerl". Kleine, muschelförmige Nudeln. **Verwendung**: meist mit fruchtigen Saucen oder mit Ragouts. Auch in Salaten.

Lasagneblätter

Meist 10 x 15 cm große dünne Teigplatten. **Verwendung**: vorgekocht oder roh mit Fleisch-, Fisch- oder Gemüsesauce im Ofen gebacken.

Lumaconi tricolore

Dreifarbige, schneckenförmige, große Nudeln. **Verwendung**: meist mit Sahnesaucen oder gratiniert im Ofen, auch mit Saucen auf Tomatenbasis.

Makkaroni

Auch Maccheroni. Lange, dicke Röhrennudeln. **Verwendung**: für Aufläufe, aber auch für fruchtige Saucen und Saucen mit Fisch.

Orecchiette
Ital. „Öhrchen". Kleine, halbrunde Nudeln, ursprüngl. aus Apulien und der Basilicata. **Verwendung**: in Salaten, zu Gemüsesaucen und Ragouts.

Pappardelle
Breite, nicht allzu lange Bandnudeln. **Verwendung**: meist mit sahnigen Saucen oder Ragouts. Auch mit Gorgonzola und Spinat.

Penne Rigate
Schräg abgeschnittene kurze Röhrennudeln mit gerillter Oberfläche. **Verwendung**: meist zu fruchtigen Saucen auf Tomatenbasis.

Ravioli
Gefüllte Teigtaschen mit versiegelten Rändern. **Verwendung**: meist mit Ricotta-, Fleisch- oder Eierfüllung, dazu meist fruchtige Saucen.

Rigatoni
Kurze, dicke Röhrennudeln mit gerillter Oberfläche und geraden Enden. **Verwendung**: meist mit fruchtigen Saucen, auch gebacken.

Rotelle Rigate
Robuste kleine Sorte in Form eines Wagenrads mit gerillter Außenfläche. **Verwendung**: meist mit deftigen, dicken Saucen, aber auch in Suppen.

Spaghetti
Bekannteste lange, dünne und runde Nudelsorte. **Verwendung**: meist mit fruchtigen Saucen und mit Ragouts. Auch gebacken.

Spätzle
Schwäbische Spezialität aus Weizenmehl, Eiern und Milch. **Verwendung**: als Beilage zu Schmor- und Wildgerichten, überbacken als Käsespätzle.

Tagliatelle
Durchschnittlich breite Bandnudeln, aus der Emilia-Romagna. Meist zu Nestern gedreht im Handel. **Verwendung**: meist mit üppigen sahnigen Saucen.

Taglierini
Dünne Bandnudeln, meist zu Nestern gedreht im Handel. **Verwendung**: meist mit leichten Saucen zu Meeresfrüchten, auch mit Ragouts.

Tortellini
Ital. „Törtchen". Runde, gebogene Nudeltaschen aus Bologna. **Verwendung**: gefüllt mit Fleisch-, Ricotta- oder Eiermasse in Brühen oder als Salat.

Zitoni
Große, mittellange Hohlnudeln mit glatter Oberfläche. **Verwendung**: meist vorgegart und dann im Ofen gratiniert, aber auch mit Ragouts.

Asiat. Fadennudeln

Aus Mungobohnenstärke, Reis- oder Buchweizenmehl. **Verwendung**: kalt als Salat, gebraten im Wok oder in Brühen.

Chinesische Eiernudeln

Meist in Kurven verpackte lange, dünne und runde Nudeln, kräftiger Geschmack. **Verwendung**: gebraten mit Gemüse, auch in Suppen.

Glasnudeln

Aus Mungobohnenstärke und Wasser. Ungegart weiß, eingeweicht durchsichtig, selten gekocht. **Verwendung**: zu Wokgerichten, in Suppen.

Kanton-Schnittnudeln

Lange, dünne Eiernudeln. Durch die raue Oberfläche können sie gut Sauce aufnehmen. **Verwendung**: meist gegart und im Wok gebraten.

Malayische Nudeln

Reis oder Weizennudeln malayischen Ursprungs. Meist lang und flach, wie schmale Bandnudeln. **Verwendung**: in Brühen und Wildgerichten.

Mee

Auch Mie. Lange chinesische Nudeln aus Weizenmehl, in verschiedenen Stärken und Breiten. **Verwendung**: meist klassisch im Wok gebraten.

Ramen

Japanische Weizenmehlnudeln. Rund, dünn, lang und wellenförmig. **Verwendung**: meist in Brühen und Suppen, auch gebraten im Wok.

Reisnudeln

Trocken fast transparent, gekocht milchig-weiß. Müssen nach dem Kochen ausquellen. **Verwendung**: in Brühen oder in Salaten.

Soba

Lange, dünne, japanische Nudeln aus Buchweizenmehl. Glutenfrei, fest, kräftiger Geschmack. **Verwendung**: warm oder kalt mit Dip, in Brühe.

Somen

Lange, dünne, japanische Nudeln aus Weizenmehl, fest. **Verwendung**: gekocht, dann warm oder kalt mit Dip, auch in Brühen oder als Salat.

Udon

Dickste japanische Nudelsorte aus Weizenmehl. Fast weiß, rund oder flach erhältlich. **Verwendung**: meist in Brühen, auch warm oder kalt mit Dip.

Wan-Tan-Blätter

Dünne chinesische Blätter aus Reisteig, meist tiefgekühlt im Handel. **Verwendung**: mit Fleisch oder Gemüse gefüllt, gekocht, dann frittiert.

KRÄUTER

Basilikum

Kräftiger, warmer Duft und Geschmack, verliert sich durch Kochen. **Verwendung**: für Saucen, Salate, Öle, Essige, Pesto.

Dark-Opal-Basilikum

Großblättrige rote Sorte mit gewelltem Blattrand. Dekorativ. **Verwendung**: für Salate, Öle, Essige, Pesto, Saucen.

Zitronenbasilikum

Aus Indonesien, leicht säuerlich, kleinblättrig. **Verwendung**: für Salate und Saucen, auch für Süßspeisen.

Estragon

Süßlicher, anisartiger Duft und Geschmack. Aromatisch. **Verwendung**: für Saucen, Mayonnaisen, Pesto, Marinaden.

Lavendel

Blumiges, intensives Aroma in Blättern und Blüten. **Verwendung**: für Cremes und Kuchen, auch für Braten und Salate.

Majoran

Leicht bitter, herb, holzig, aromatisch. **Verwendung**: als Wurstgewürz, zu Kartoffeln, für Brotaufstriche und Saucen.

Grüne Minze

Auch Speerminze und Ährige Minze. Die bekannteste Minzart. **Verwendung**: für Saucen, Dips und Sirup.

Pfefferminze

Scharf und frisch. **Verwendung**: für Getränke, Suppen, Salate, Marinaden, Saucen und Süßspeisen.

MEDITERRANE KRÄUTER

Kräuter bereichern jedes Gericht und sind aus den Küchen dieser Welt nicht mehr wegzudenken. Definiert werden sie als oberirdische Teile von nicht verholzenden Würz- und Heilpflanzen, deren Blätter und auch Stängel Aromastoffe enthalten, die in Form von ätherischen Ölen ihre Wirkung in den Gerichten entfalten. Viele Würzpflanzen sind gleichzeitig auch Heilpflanzen – die in zu hoher Dosierung sogar giftig sein können. Wichtig ist hier, wie so oft, das Maß der richtigen Dosierung. Dabei kommt es aber auch auf die Kräuter selbst an. Die meisten Kräuter entfalten frisch gezupft ihre stärkste Wirkung, durch Trocknen oder Kochen wird das Aroma meist gemindert, wenn nicht gar vollständig zerstört. Am aromatischsten sind Freilandkräuter, die durch die Sonne verwöhnt wurden. In mediterranen Ländern haben es Kräuter daher leicht, zu gedeihen und ihre Aromen zu entfallten. Rund um den Mittelmeerraum gedeihen Rosmarin, Oregano, Salbei und auch Thymian wild, die Pflanzen erreichen enorme Größen. Diese genannten Kräuter, zusammen mit Minze, Estragon, Basilikum und Lavendel, sind es auch, die den meisten als Erstes einfallen, wenn von mediterranen Kräutern die Rede ist.

Oregano

Würzig, warmes Aroma, leicht holzig. **Verwendung**: für Pastasaucen, Pizzen, Marinaden, Saucen, Öle und Essige.

Rosmarin

Intensiver würziger Duft und Geschmack, leicht bitter. **Verwendung**: für Kartoffel- und Grillgerichte, in Marinaden.

Dalmatinischer Salbei

Großblättrig, herb-aromatisch, bitter, würzig. **Verwendung**: in Teig ausgebacken, für Marinaden und Saucen.

Dreifarbiger Salbei

Dekorativ, im Geschmack herb-aromatisch wie Gartensalbei. **Verwendung**: in Marinaden, Saucen, Dips, Ölen.

Gartensalbei

Bitter-aromatisch, herb und kräftig. **Verwendung**: in Marinaden, Saucen, Dips, Essigen und Ölen.

Wilder Feldthymian

Auch Feldkümmel. Sehr aromatisch, leicht rauchig. **Verwendung**: zu Fisch, in Saucen, Marinaden und Ölen.

Zitronenthymian

Sehr aromatisch und würzig. **Verwendung**: zu Fisch- und Gemüsegerichten, in Ölen und Saucen.

Thymian

Ätherische Öle wirken schleimlösend. **Verwendung**: für Braten, Fleisch- und Gemüsegerichte, Suppen und Salat.

Verwendung in der Küche

Am besten werden Kräuter frisch verwendet und noch am Tag des Einkaufs zubereitet. Während nämlich Rosmarin, Thymian, Lavendel und Oregano auch noch trocken viele würzige Aromen in Saucen, Marinaden, Grillgerichten und auf Pizzen entfalten, verlieren Basilikum, Minze und Salbei durch die Trocknung sehr stark an Geschmack. Generell gilt: Seien Sie beim Umgang mit mediterranen Kräutern kreativ. Erlaubt ist, was schmeckt, Regeln gibt es bei Kombination und Dosierung keine.

Die eigenen Würzöle: Um Würzöle herzustellen, sind frische Kräuter von einwandfreier Qualität wichtig. Diese werden gewaschen, vollständig trocken getupft, flaschenweise in bestes Olivenöl eingelegt und müssen dann einige Tage ziehen. Sie halten sich am besten dunkel und kühl gelagert – aber nicht im Kühlschrank. Auf diese Weise hergestelltes Öl ist auch ein schönes Geschenk.

Die eigenen Essige: Auch für die selbst aromatisierten Essige eignen sich nur frische Kräuter von bester Qualität. Diese sollten ebenfalls sauber und trocken sein. Sie werden zusammen mit einem Essig nach Wahl in sterilen Flaschen eingelegt und entfalten dann dunkel und kühl gelagert ihre Aromen. Nach einer gewissen Zeit können die Kräuter entfernt werden.

ASIATISCHE KRÄUTER

Die Zeiten, in denen hauptsächlich mit europäischen Kräutern gekocht wurde und sich das Würzen hauptsächlich auf Salz, Pfeffer, Petersilie und Knoblauch beschränkte, sind glücklicherweise lange vorbei. Gerade asiatische Kräuter erleben in den letzten Jahren einen regelrechten Boom.

Seitdem die Schmackhaftigkeit und Bekömmlichkeit vieler asiatischer Gerichte entdeckt wurde, werden auch die Kräuter, die unabdingbarer Bestandteil der asiatischen Küche sind, immer begehrter. Man findet sie längst nicht mehr nur im Asialaden, sondern auch immer öfter auf Märkten, in Supermärkten und sogar auf der heimischen Fensterbank.

Asiakräuter selber züchten

Selbst gezüchtete Asiakräuter haben viele Vorteile: Sie sind von der heimischen biologisch-ökologischen Fensterbank sicher ungespritzt und dabei so frisch, wie man sie im Handel nie bekommt. In Asia- und Supermärkten sind die Kräuter manchmal nur in leicht angeschlagenem Zustand erhältlich. Besonders Korianderkraut nimmt lange Transportwege übel, ist es doch extrem schnell verderblich und verliert einen Großteil seines Geschmacks durch zu lange Wartezeiten in Kühlregalen.

Gerade aber Koriander lässt sich hervorragend im Blumentopf ziehen. Samen dafür gibt es mittlerweile in fast allen Gartencentern oder übers Internet. Das Koriandersaatgut sollte nur mit wenig Erde bedeckt werden und kann ab März in einem Blumentopf auf der Fensterbank gezogen werden. Koriandersamen sollten immer leicht feucht gehalten werden. Bereits fünf bis sechs Wochen nach der Aussaat kann man seinen ersten heimischen Koriander über sein Lieblingscurry streuen.

Neben Koriander lässt sich auch Thai-Basilikum ganz unproblematisch selbst ziehen. Die Samen können ebenfalls ab März in den Blumentopf. Sie sollten allerdings nicht mit Erde bedeckt, sondern lediglich auf die Erde gedrückt werden. Sie mögen es nicht zu feucht, aber austrocknen sollten sie auch nicht. Nach rund acht Wochen lassen sich die ersten Stängel ernten.

Als drittes wichtiges asiatisches Kraut, das unproblematisch im Blumentopf gedeiht, ist Zitronengras zu nennen. Auch hier kann ab März mit der Aussaat begonnen werden, der Samen sollte nur leicht mit Erde bedeckt sein. Zitronengras liebt es feucht – dann kann bereits nach rund zehn Wochen das erste selbst gezogene Zitronengras verwendet werden. Zitronengras kann während der Sommermonate problemlos ins Freie gestellt werden. Die mehrjährige Pflanze, die es im Topf zu einer beachtlichen Größe bringt, ist allerdings nicht winterhart und sollte, sobald es draußen zu kalt ist, zum Überwintern nach drinnen geholt werden.

Asia-Schnittlauch

Auch Schnittknoblauch und Chinesischer Schnittlauch. Größer und kräftiger als europäischer Schnittlauch. Typisches, kräftiges Laucharoma, milder als Knoblauch, zum Trocknen ungeeignet. **Verwendung**: Blätter und Blütenknospen gehackt für Salate, in Käsezubereitungen, Dips, Saucen, Marinaden und zu Kurzgebratenem. Gerne auch in Wokgerichten mit Schweine- und Rindfleisch.

Korianderkraut

Blätter mit petersilienähnlicher Form, aber hellgrün. Würziger, aromatischer Geschmack, dabei herb und erdig, bisweilen auch leicht seifig. Zum Trocknen nicht geeignet, auch sollten die Blätter nicht lange mitgekocht, sondern nur erwärmt werden. Sehr beliebt in der asiatischen und mexikanischen Küche. **Verwendung**: in Currygerichten, zu Fisch und Meeresfrüchten, in Marinaden und Saucen.

Thai-Basilikum

Dunkelrote Stängel mit dunkelgrünen und festen Blättern. Intensiver Basilikumgeschmack, unterschiedliche weitere Aromen. Es gibt 3 Sorten. Horapa: mit Minz- und Anisaromen, sollte nicht mitgekocht werden. Krapao: pfeffrig im Geschmack und zum Mitkochen geeignet. Leichte Zitrusaromen. **Verwendung**: passt zu Fisch- und Gemüsegerichten, sollte nicht mitgekocht werden.

Zitronengras

Auch Lemongras. Kräftiger, frischer und zitronenartiger Duft und Geschmack, dabei säurefrei. Entweder hackt man das weiße Innere der Stängel klein, kocht es und verzehrt es mit oder man schneidet die gesamten Stängel besenartig ein und entfernt sie vor dem Servieren. In Asien ein sehr beliebtes Gewürz. **Verwendung**: zu Curry- und Pfannengerichten, besonders beliebt zu Fisch und Meeresfrüchten.

Bärlauch
Würzig, knoblauchartig, besonders zart vor der Blüte. **Verwendung**: in Pesto, Kräuterbutter, Quark und Käsecreme, auch gekocht.

Beifuß
Auch Wilder Wermut. Leicht bitterer Geschmack, herb-aromatisch. **Verwendung**: für Gans, Wurst und Hülsenfrüchte, in Saucen.

Bohnenkraut
Pfeffrig im Geschmack, kräftig, würzig, herzhaft. **Verwendung**: zu Bohnengerichten, Gurken, Kartoffelsalat und Hülsenfrüchten.

Borretsch
Erfrischender, gurkenähnlicher Geruch und Geschmack, leicht säuerlich. **Verwendung**: in grüner Sauce, für Salate und Dips.

KLASSISCHE EUROPÄISCHE KRÄUTER

Frische und getrocknete Kräuter spielen schon seit Urzeiten in den Küchen der Welt eine bedeutende Rolle. Zum einen liegt es an ihrer Eigenschaft, den Eigengeschmack anderer Lebensmittel vorteilhaft zu betonen, zum anderen liegt es an den ihnen zugesprochenen Heilwirkungen, die zum Wohlbefinden der Menschen beitragen können.

Mit der Entdeckung der Neuen Welt verloren viele klassische europäische Kräuter eine Zeitlang ihren Reiz. Durch die aufkommenden Handelsbeziehungen zu Indien und dem Fernen Osten war es in den adligen Kreisen des damaligen Europas en vogue, exotische Kräuter in den Küchen verwenden zu lassen. Heimische Kräuter überlebten hauptsächlich in Klostergärten, wo sie allerdings eher aus medizinischen Gründen gezüchtet wurden, oder sie wurden von kräuterkundigen Bauern in Form von Wildkräutern gesammelt und dienten der bäuerlichen Gemeinschaft zum einem als Geschmacksverbesserung ihrer einfachen Küche, zum anderen als Heilmittel bei allen möglichen Beschwerden.

Gerade in den letzten Jahren hat mit der Rückbesinnung auf alte Traditionen in der Küche ein verstärkter Trend zu heimischen Kräuterpflanzen eingesetzt. Die Zeiten, in denen sich in Mittel- und Nordeuropa der Einsatz von Kräutern auf Petersilie, Schnittlauch und Dill beschränkte, ist lange vorbei. Heutzutage wird wieder die volle Bandbreite genutzt, von Brunnenkresse, Beifuß und Borretsch bis zu Pimpinelle, Sauerampfer und Kerbel. Die Kräuter werden vermehrt auf Märkten und Biomärkten angeboten, entweder im Topf oder als fertiges Sträußchen – und wenn sie nicht Saison haben, gibt es sie immer öfter auch tiefgekühlt oder aber getrocknet. Wer sich nicht auf die Industrie verlassen möchte, kann selbst für seinen winterlichen Vorrat an Kräutern sorgen. Doch kommen wir zuerst zum Umgang mit frischen Kräutern.

Der Umgang mit frischen Kräutern

Am besten schmecken Kräuter frisch und sollten idealerweise am Tag des Einkaufs noch verarbeitet werden, dies allerdings immer so schonend wie möglich. Wer die Kräuter aber nicht am gleichen Tag verbrauchen kann, der stellt sie entweder in ein Glas mit reichlich frischem Wasser (dies bietet sich zum Beispiel an bei Petersilie, Borretsch, Liebstöckel, Pimpinelle, Pfefferminze, Schnittlauch, Dill, Petersilie) oder legt sie zusammen mit einem angefeuchteten Stück Küchenpapier und in einen Frischhaltebeutel verpackt in den Kühlschrank (z. B. Brunnenkresse, Zitronenmelisse, Kresse, Kerbel, Sauerampfer). Spätestens am nächsten Tag sollten die Kräuter dann allerdings verbraucht werden, sonst verlieren sie zu viel Aroma und Geschmack.

Brennnessel
Herb-frischer Geschmack, aromatisch. **Verwendung**: stark zerkleinert, getrocknet oder erhitzt in Salaten, Quark, Suppen.

Dill
Kräftiger Geschmack, würzig und erfrischend. **Verwendung**: für Salate, Marinaden, Suppen, Saucen, zu Fisch und Kartoffeln.

Kapuzinerkresse
Scharf-würziger Geschmack, kräftig und aromatisch. Blätter, Blüten und Früchte sind essbar. **Verwendung**: in Salaten und Saucen.

Kerbel
Liebliches, anisartiges Aroma, süßer Duft. **Verwendung**: für Kräuterbutter, in Quark- und Frischkäsecremes, Dips und Suppen.

Kräuter konservieren

Da viele Kräuter beim Trocknen enorm an Aroma und Geschmack verlieren, ist es sinnvoll, in der heimischen Tiefkühltruhe für einen Kräutervorrat zu sorgen. Abgesehen von Kerbel lassen sich fast alle Kräuter gut tiefgekühlt konservieren, sodass die Winterzeit damit gut überbrückt werden kann. Wenn die Kräuter Saison haben, lohnt es sich, einmal mehr davon zu kaufen und sie dann küchenfertig vorbereitet einzufrieren. Die Kräuter sollten vor dem Gefrieren vorsichtig gewaschen und trocken getupft werden. Anschließend werden sie gehackt und entweder solo oder in Mischungen mit anderen Kräutern auf Eiswürfelbehälter verteilt und mit Wasser aufgefüllt. Nachdem sie im Tiefkühlfach zu Würfeln gefroren sind, können sie separat herausgelöst und einzeln in Alufolie eingewickelt werden.

Eine weitere Tiefkühlmethode ist es, die gewaschenen und trocken getupften Kräuter in der gewünschten Menge und Kombination auf kleine Tiefkühlbeutel zu verteilen. Vor dem Gefrieren sollte allerdings versucht werden, die Luft so gut es geht, aus den Beuteln herauszudrücken.

Vom kreativen Umgang mit Kräutern

Viele ländliche, deftige Gerichte erlauben eine kreativen Umgang mit Kräutern – und auch sonst gilt die Devise: Erlaubt ist, was schmeckt und gefällt.

Ein paar Anregungen zum Schluss können weitere Inspiration für die Verwendung von Kräutern liefern:

Das eigene Kräutersalz: Eine schöne Idee zum Verschenken, aber auch zum Würzen und Nachwürzen in den eigenen vier Wänden ist selbst hergestelltes Kräutersalz. Hierfür eignen sich ausschließlich getrocknete Kräuter, also zum Beispiel Lavendel. Diese werden im Mörser fein zerstossen und mit Meersalz vermischt.

Fleisch und Fisch mit Kräutern gefüllt: Ganze Fische können wunderbar mit den Lieblingskräutern gefüllt werden, eventuell mit ein paar Scheiben von einer unbehandelten Zitrone. So entstehen immer wieder neue Geschmackserlebnisse. Auch unter die Haut von Brathähnchen können die Kräuter geschoben werden und ihren zarten Geschmack während des Garens abgeben.

Brotaufstriche: Ob im Quark, in der Kräuterbutter oder im Frischkäse – gerade Brotaufstriche eignen sich für die heimischen Kräuterexperimente und können auf diese Weise für tolle Geschmackserlebnisse sorgen.

EUROPÄISCHE KRÄUTER

Wer mit Kräutern kocht, verbessert nicht nur den Geschmack der Speisen, sondern tut dazu auch noch einiges für seine Gesundheit.

Kräuter für eine gesunde Ernährung

Es ist nicht nur der Geschmack der Kräuter, der uns so fasziniert, sondern auch der Duft, der uns das sprichwörtliche Wasser im Mund zusammenlaufen lässt. Das ist auch schon mit ein Aspekt der gesundheitsfördernden Wirkung von Kräutern, denn es bedeutet nichts anderes, als dass die Funktion von Verdauungssäften angeregt wird. Natürlich ist aber die wohltuende Wirkung der Kräuter auch von den ihnen eigenen Wirkstoffen bestimmt. So sind des Salbeis Wirkstoffe besser als jeder Magenbitter. Es lässt sich festhalten, dass Kräuter immer eine Doppelfunktion haben – einmal geschmacklich und einmal gesundheitlich – und deshalb noch häufiger als bisher in der Küche Verwendung finden sollte, am besten frisch aus dem eigenen Garten, und wenn das nicht möglich ist, aus den Blumenkästen auf der Fensterbank. Zwar haben die Kräuter auf der Fensterbank nicht so eine lange Lebensdauer wie die Kräuter aus dem Garten, dem Besitzer ist dennoch über Wochen oder sogar Monate Frische garantiert.

Wissenswertes für den Umgang mit Kräutern aus dem Topf

Kräuter in Töpfen haben viele Vorteile: Sie garantieren unabhängig vom Wochentag und Marktangebot Frische und sorgen so für Unabhängigkeit und Flexibilität in der Verwendung. Gleichzeitig eröffnet die eigene kleine Kräuterplantage bei einer kreativen Verwendung überraschende kulinarische Erfahrungen. Und nicht zuletzt sind Kräutertöpfe auch überaus dekorativ! Dank ihrer Mobilität können sie auch gut einmal als Tischdekoration eingesetzt werden und den Appetit der Gäste durch ihren Duft steigern.

Gärtnertipps für die Kräuterbank

- Es sind alle Kräuter geeignet, die nicht zu tief wurzeln.
- Achten Sie auf kleinere Sorten, denn diese eignen sich besonders gut für die Topfkultur.
- Wählen Sie nicht zu kleine Töpfe.
- Lassen Sie die Erde nie ganz austrocknen, aber ertränken Sie Ihre Kräuter auch nicht.
- Tontöpfe sind attraktiver, als Plastiktöpfe, trocknen allerdings schneller aus.

Kresse
Auch Gartenkresse. Geschmack: scharf, aromatisch und pfeffrig. **Verwendung**: in Salaten, Brotaufstrichen, Suppen und Saucen.

Liebstöckel
Auch Maggikraut. Stark würziger, aromatischer Geruch und Geschmack. **Verwendung**: immer mitgekocht für Suppen, Eintöpfe, Saucen, Fleisch- und Gemüsegerichte.

Krause Petersilie
Würziger, leicht herb-bitterer Geschmack. **Verwendung**: zur Dekoration, in Kräuterbutter, Brotaufstrichen, gestreut über herzhafte Gerichte. Auch glatt erhältlich.

Pimpinelle
Frisches, gurkenähnliches Aroma, dabei leicht bitter. **Verwendung**: für Salate, Eierspeisen, Fischgerichte, Suppen, Mayonnaise und Saucen, bes. in grüner Sauce.

Sauerampfer
Sehr säuerlich, astringierend, dabei erfrischend. **Verwendung**: in Suppen, Saucen, Dips, Kräuterbutter, Quark, Frischkäsecreme und Sauce, bes. in grüner Sauce.

Schnittlauch
Frischer, aromatischer Geschmack, milder als Knoblauch. **Verwendung**: meist frisch in Kräuterbutter, Quark, Dressings und Frischkäse oder über Gerichte gestreut.

Waldmeister
Aromatisch-frischer Geruch, der sich beim Welken der Blätter noch nicht blühenden Krauts entwickelt. Sollte sparsam genossen werden. **Verwendung**: meist für Maibowle.

Ysop
Auch Josephskraut. Herb-würziger Geschmack, leicht bitter. **Verwendung**: zu Kartoffeln und Hülsenfrüchten, für Essige, Öle, Dressings und Brotaufstriche.

Zitronenmelisse
Sehr aromatisch, frisch und zitronig. Ungeeignet zum Trocknen. **Verwendung**: in Getränken und Süßspeisen, auch zu Gemüsegerichten, Ölen, Essigen und Saucen.

GEWÜRZE

Anis
Geschmack: süßlich. **Verwendung**: in der Weihnachtsbäckerei, im Brot, bei Kompott und als Aroma für Schnaps und Likör.

Cayenne
Scharf-rauchige, leicht bittere Chilischote, meist gemahlen. **Verwendung**: in Saucen, Fleisch-, Fisch- und Gemüsegerichten.

Curryblätter
Blätter des Currybaums, meist getrocknet, frisch aber viel aromatischer. Geschmack: frisch. **Verwendung**: in Currys.

Hot red Chili
Kleine, sehr scharfe Thai-Sorte, Handschuhe tragen. **Verwendung**: in der asiatischen Küche, für Currys, zum Marinieren.

GEWÜRZE

Auf den ersten Blick dienen Gewürze bei der Zubereitung von Speisen lediglich dem Zweck, diese geschmacklich aufzuwerten. Schaut man genauer hin, erfüllen Gewürze aber noch viele andere Funktionen. Sie können für eine längere Haltbarkeit, eine farbliche Veränderung und eine bessere Verdaulichkeit der Speisen sorgen. Manche regen den Appetit an, und wieder andere wirken als Geschmacksverstärker. Welche Funktion auch immer die Gewürze jeweils haben – heutzutage sind wir in der glücklichen Lage, dass Gewürze nicht mehr in Gold aufgewogen werden. Sie sind in guter Qualität und zu moderaten Preisen ganzjährig und für alle erhältlich – gute Gründe, bei Gewürzen aus dem Vollen zu schöpfen und die eigene Kreativität walten zu lassen.

Chilischoten

Bereits 1492 entdeckte Christoph Kolumbus die Chilischoten und brachte sie nach Europa. Allerdings hielt er die scharfen Schoten für Verwandte des Pfeffers, weswegen Chilischoten auch heute noch bisweilen „Spanischer Pfeffer" genannt werden.

Pfeffer war zu dieser Zeit ein so begehrtes Gewürz, dass er in Gold aufgewogen wurde – doch der gesamte Gewürzhandel bildete überhaupt ein sehr lukratives Geschäft. Über die damaligen Handelswege verbreiteten sich die Chilischoten bereits im 16. Jahrhundert über die ganze Welt. Heute sind die Schoten aus den Küchen der Welt nicht mehr wegzudenken – den höchsten Pro-Kopf-Verbrauch an Chilischoten hat übrigens Indien.

Schärfegrade

Chilischoten sind nicht einfach nur scharf. Von den vielen verschiedenen Chilisorten hat jede ihr unverwechselbares Aroma – und ihre individuelle Schärfe. Die Schärfe der Chilis sitzt vor allem in den Kernen. Wer also einen sensiblen Gaumen hat, sollte die Kerne vor der Zubereitung entfernen – und beim Schneiden der Schoten auch sicherheitshalber Küchenhandschuhe tragen. Auch ist es möglich, die Schoten nicht zerkleinert, sondern lediglich halbiert den Speisen beizugeben. So können sie leichter entfernt werden, wenn der gewünschte Schärfegrad erreicht ist. Doch wie bemisst sich die Schärfe überhaupt?

Die Schärfe der Chilischoten wird meist in sogenannten Scoville-Einheiten gemessen, die den Capsaicin-Gehalt der getrockneten Schoten angeben. Capsaicin ist ein Alkaloid, das für die Schärfe verantwortlich ist und der Gehalt an Capsaicin pro Gramm liegt bei getrockneten Schoten in etwa um ein Zehnfaches höher als bei frischen. Zwar ist die Scoville-Messung wissenschaftlich nicht unumstritten, dennoch liefert sie zumindest Richtwerte. Doch auch die aus Mexiko stammende Einteilung der Chilischärfe auf einer Skala von 1–10 ist üblich und im Allgemeinen sogar brauchbarer. Hier gilt die Regel,

Jalapeno

7–8 cm lang, meist grün geerntet. Scharf-aromatisch. **Verwendung**: in der Tex-Mex-Küche, gefüllt, frittiert, in Salsas.

Kaffirlimettenblätter

Blätter der Kaffirlimette, getrocknet, frisch oder tiefgekühlt im Asialaden. Zitrusaroma. **Verwendung**: herzhaft und süß.

Kapern

Eingelegte Blütenknospen des Kapernstrauchs; maritimes, würziges Aroma. **Verwendung**: z. B. in Saucen und mediterraner Küche.

Peperoni

Bis 15 cm lang. Milde, fruchtige Schärfe. **Verwendung**: in Salsas und Salaten, Marinaden und Frischkäsezubereitungen.

dass Chilis mit einem Schärfegrad von 9 und höher dringend von Kindern ferngehalten werden sollten. Doch auch weniger scharfe Sorten sind für Kinder in aller Regel nichts.

Da Chilischoten Naturprodukte sind, unterliegt auch ihre Schärfe natürlichen Schwankungen – für Mutige empfiehlt sich daher vor der Zubereitung eine kleine Kostprobe.

Es gibt übrigens auch ab 10 unterschiedliche Schärfegrade. Diese allerdings können vom menschlichen Gaumen nicht mehr unterschieden werden.

Zu den allerschärfsten Chilisorten mit mehr als 500.000 Scoville-Einheiten und einer Schärfeangabe von 10 ++ gehören die Sorten Bih Jolokia, Bhut Jolokia, Naga Jolokia und Naga Morich. Zwischen 100.000 und 500.000 Scoville-Einheiten und einer Schärfeangabe von 10 – 10+ folgen Sorten wie zum Beispiel Habanero, Scotch Bonnet und Caribbean Red.

Rollt man die Skala von unten auf, so gehören zu den mildesten Sorten ohne Schärfe Gemüsepaprika, Pimiento und die Sweet Banana Chilis. Gefolgt werden sie von den blassgrünen türkischen oder italienischen Peperoncini mit Scoville-Einheiten zwischen 10 und 100 und einer Schärfe 1 auf der Skala von 1 – 10. Zwischen diesen Extremen gibt es eine enorme Spanne mit schier unzähligen Sorten. Die meisten Sorten stammen aus Südamerika und Asien, doch selbst in Europa lassen sich Chilischoten im eigenen Garten anbauen.

Heilkraft der Chilischoten

Nicht nur aus den Küchen der Welt sind Chilischoten nicht mehr wegzudenken, längst wurden sie auch als Heilpflanze erkannt. Chilis helfen bei Hexenschuss und Migräne, Gürtelrosen und Kreislaufbeschwerden. Daneben besitzen Chilischoten eine beachtliche Menge an Vitamin C – etwa dreimal so viel wie Zitrusfrüchte und das ganz unabhängig von der jeweiligen Schärfe. Neben diversen weiteren Vitaminen und Mineralstoffen sind Chilischoten auch für die Verdauung eine Bereicherung. Ihre Schärfe regt die Speichelproduktion an, sodass gerade Fettes und schwer Verdauliches durch die Zugabe von Chilis bekömmlicher wird.

Lorbeer
Blätter des Lorbeerstrauchs, meist getrocknet im Handel. Intensives Aroma. **Verwendung**: zum Einlegen, für Marinaden, Suppen, Eintöpfe und Saucen.

Muskatnuss und -blüte
Blüte auch Macis. Heimat Molukken. Blüte feiner im Aroma, Nuss sollte stets frisch gemahlen werden. **Verwendung**: Kartoffel-, Eier- und Fleischgerichte.

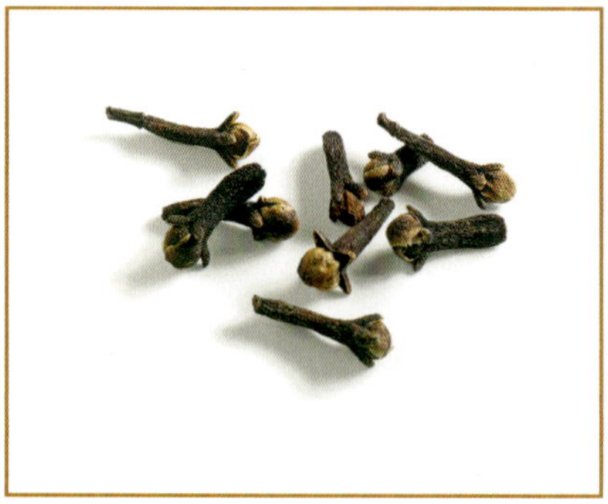

Nelke
Auch Gewürznelke. Blüte des Nelkenbaums, ganz und gemahlen. Intensives Aroma. **Verwendung**: in Marinaden, Glühwein, Currys und zu Rotkohl.

Grüner Pfeffer
Unreif geerntete Früchte, meist in Essig eingelegt oder frisch. Frischer, milder Ge-schmack. **Verwendung**: für Saucen, Pasteten, Fisch- und Meeresfrüchte.

Roter Pfeffer
Reif geernteter Pfeffer, ungeschält, meist eingelegt, aber auch frisch und getrocknet im Handel. Aromatisch-scharf. **Verwendung**: zu Fleisch und Käse.

Schwarzer Pfeffer
Unreif geerntete, getrocknete, ganze Früchte. Scharf-aromatisch, für viele der beste Pfeffer. **Verwendung**: klassisches Uni-versalgewürz, sogar für Süßes.

Weißer Pfeffer
Reif geernteter roter Pfeffer, Schale mittels Fermentation entfernt. Geschmack: scharf-rauchig. **Verwendung**: für Sahnesaucen, Fisch- und Fleischgerichte.

Piment
Auch Nelkenpfeffer. Aroma von Nelke, Pfeffer, Zimt und Muskat. Bester Piment kommt aus Jamaika. **Verwendung**: für Weihnachtsgebäck, Marinaden, Eintöpfe.

Safran
Getrocknete ganze oder gemahlene Narbenfäden des Safrankrokus. Zartbitter-süßliches Aroma. **Verwendung**: für Bouillabaisse, Paella, Fischgerichte, Saucen.

Sternanis

Samen eines südchinesischen Baumes. Anisartig-würziges Aroma. **Verwendung**: in der Weihnachtsbäckerei, in asiatischer Küche zu Fleischgerichten, in Chutneys.

Szechuanpfeffer

Kein echter Pfeffer, sondern getrocknete Samenschalen des Gelbholzbaumes. Scharf-säuerlich. **Verwendung**: in der asiatischen Küche und Gewürzmischungen.

Tamarindenschoten

Schoten des Tamarindenbaumes, süß-saures Aroma. Selten ganz im Handel, häufig bereits als Paste. **Verwendung**: in Currys, Chutneys, Saucen, Getränken.

Vanille

Schoten einer Orchidee. Beste Qualität aus Tahiti. Charakteristisches Aroma. **Verwendung**: für Cremes, Marmeladen, Gebäck, aber auch für Herzhaftes.

Wacholderbeeren

Beeren eines Nadelstrauches mit bitter-würziger, leicht süßer Note. **Verwendung**: für Marinaden, Eintöpfe, Kraut-, Fleisch- und Wildgerichte, auch für Gin.

Zimtpulver

Gemahlene Rinde des Zimtbaumes. Süßlich-feines Aroma. **Verwendung**: herzhaft und süß, vor allem in der arabischen und indischen Küche, auch für Tee.

Zimtstange

Rinde des tropischen Zimtbaumes. Qualitativ besser, je dünner und feiner. **Verwendung**: für Weihnachtsgebäck, in der indischen und arabischen Küche.

Bockshornkleesamen

Ganz oder gemahlen im Handel, wird vor der Verwendung leicht angeröstet. Würzig-bitter. **Verwendung**: meist in Currys.

Fenchelsamen

Intensive anisartige Note. **Verwendung**: für Suppen und Fischgerichte, in Brot, als Tee, gemahlen in Gewürzmischungen.

Kardamom

Eigentliches Gewürz sind die schwarzen Samen in den grünen Hülsen. **Verwendung**: in Currys, Chutneys, für Adventsbackwaren.

Koriandersamen

Geschmacklich ganz anders als das Kraut, würzig-aromatisch. **Verwendung**: zu Fisch und Fleisch, in Pasteten und Backwaren.

ZUR GESCHICHTE DER GEWÜRZE

Gewürze und ihre Verwendung dürften so alt sein wie das Kochen selbst. Schon bei archäologischen Pfahlbaufunden wurde z. B. die Verwendung von Kümmel entdeckt und auch das Konsumieren von Bärlauch konnte bei rund 5.000 Jahre alten Siedlungen nachgewiesen werden. Von Anfang an waren nicht nur die geschmacklichen Vorzüge von Kräutern bekannt, sondern auch deren heilsame Wirkung. Natürlich konnte dies nicht belegt werden, beruhte jedoch auf Überlieferung und Erfahrung.

Bereits 5000 Jahre v. Chr. beschrieben die Sumerer die Wirkungen von Lorbeer, Kümmel und Thymian, 2.000 Jahre später folgten die Chinesen mit Aufzeichnungen über Kräuter und Gewürze als Arznei. Zu diesem Zeitpunkt wurde auch im alten Ägypten Kräuterkunde betrieben und Wissen zusammengefasst. Natürlich wurden Kräuter und Gewürze auch schon im antiken Rom und Griechenland verwendet. Hierher kamen die Gewürze über den Landweg, der lang und beschwerlich war. Dementsprechend kostbar waren sie auch, doch besonders die Römer liebten Gewürze trotz aller damit verbundenen Kosten.

Marcus Gavius Apicius, der erste Kochbuchautor der Welt, dessen Werk in der ersten Hälfte des 1. Jahrhunderts nach Chr. entstanden ist, verwendete beispielsweise in vielen seiner Rezepte Pfeffer. Daneben kochte er natürlich auch mit mediterranen Kräutern – aber auch Ingwer und Kardamom werden bereits als Gewürze erwähnt.

Insgesamt waren Gewürze ein begehrtes und kostbares Handelsgut – wer sie besaß, war reich. Als Zeichen seines Reichtums verbrannte beispielsweise Anton Fugger 1530 Schuldscheine Kaiser Karls des V. in einem Feuer aus Zimtrinde – und demonstrierte auf diese Weise sein unschätzbares Vermögen. Gewürze waren Prestigeobjekt und willkommenes Gastgeschenk an Fürstenhöfen. Gerade Seestädte wie Venedig und Genua verdankten ihren Reichtum dem Gewürzhandel, der ihnen über 400 Jahre lang Wohlstand brachte. Sie profitierten von den Kreuzzügen in Palästina, durch die den Arabern ihr Handelsmonopol streitig gemacht werden konnte.

Gewürze waren so kostbar und prestigeträchtig, dass Fälscher – sofern sie erwischt wurden – drakonische Strafen erleiden mussten.

Gewürze und ihr Wert waren natürlich auch ein starker Anreiz für die Erkundung der Welt. Kolumbus und Vasco da Gama stachen auch deshalb in See, weil sie den Weg zu den Gewürzinseln finden wollten, um durch den Gewürzhandel reich zu werden. Kolumbus gelangte bekanntlich nicht nach Indien, sondern nur nach Amerika – von wo er zum Beispiel die Chilischoten mitbrachte.

Kreuzkümmel

Auch Cumin. Aromatisch, leicht bitter-scharf. **Verwendung**: in der indischen und arabischen Küche, in Gewürzmischungen.

Kümmel

Leicht süßliches, würziges Aroma. Heilpflanze. **Verwendung**: in Backwaren, zu Krautgerichten und fetten Speisen, als Tee.

Schwarzkümmel

Pfefferartiger, charakteristischer Geschmack. **Verwendung**: meist in der arabischen Küche, zu Brot, seltener als Öl.

Senfkörner

Scharfes Aroma. **Verwendung**: zum Einlegen für Gurken, Mixed Pickles, zum Beizen und Marinieren, meist aber als Tafelsenf.

Vasco da Gama jedoch erreichte 1498 auf dem Seeweg Indien – und erlangte damit Zutritt in die Welt der Gewürze. Für fast 100 Jahre hatten von da an die Portugiesen den Gewürzhandel in Ostasien inne und erlangten damit großen Reichtum. Später wurden sie von den Niederländern und Engländern abgelöst, die durch Eroberungen in Asien den Gewürzhandel übernahmen. Die Niederländer eroberten Java und die Molukken und gründeten die Ost- und Westindische Kompanie, die die Ausbeutung Indiens übernahm. Die Engländer gründeten 1600 die East-India-Company – die ebenfalls mit Soldaten und Kriegsschiffen ausgestattet wurde, um das eroberte Land auszubeuten. Beide Kompanien hielten die Preise künstlich hoch, sodass Gewürze weiterhin ein äußerst kostbares Luxusgut bildeten. Um den Schmuggel zu unterbinden und die Kontrolle zu behalten, wurden bestimmte Gewürzsorten auf gesonderten Inseln konzentriert angebaut, auf anderen dann wiederum vernichtet.

Aber natürlich blieben Spannungen zwischen Engländern und Niederländern nicht aus, denn schließlich waren sie im indischen Raum in einer eindeutigen Konkurrenzsituation.

Mit der Vorherrschaft der englischen Flotte und der damit erlangten Hoheit über die Handelswege hatte dies Mitte des 17. Jahrhunderts ein Ende.

Natürlich war Gewürzschmuggel ein zwar gefährliches, aber dafür umso ertragreicheres Unterfangen. Schon sehr früh wurde daher versucht, Gewürzpflanzen in anderen Regionen anzusiedeln, zuerst im Bereich des indischen Ozean zum Beispiel nach Madagaskar, später vor den Küsten Mittel- und Südamerikas oder vor der afrikanischen Ostküste.

Die Franzosen schafften es bereits 1770, geschmuggelte Nelken-, Zimt- und Muskatpflanzen auf den Seychellen anzubauen. Damit war das Ende des Gewürzmonopols besiegelt, und 30 Jahre später machten die Engländer Gewürze zur Massenware. Heute werden Gewürze fast rund um den Erdball angebaut. Lediglich zwei Gewürze sind auf eine bestimmte Region beschränkt: Piment auf die Westindischen Inseln und Zimt auf Sri Lanka.

DIE HEILKRAFT DER WURZELN UND KNOLLEN

Während Knoblauch und Rettich eher dem europäischen Raum zugeordnet werden, ist es für Ingwer und Galgant vor allem Asien. Allen 4 Knollen und Wurzeln ist gemein, dass sie längst nicht nur Gewürz-, sondern auch Heilpflanzen sind. Ganz besonders gilt dies für Ingwer und Galgant.

Ingwer

Seit mindestens 3.000 Jahren ist die Wurzel als Gewürz und Heilmittel bekannt – und schon Konfuzius würzte jede seiner Speisen mit Ingwer. Ingwer zählt zu den Gewürzen, die am frühesten in weit entfernten Regionen gehandelt werden konnten, sind die Wurzeln doch gut zu transportieren und lange haltbar. Ingwer zählt heutzutage zu den beliebtesten Gewürzen weltweit und wird längst nicht nur in seiner ursprünglichen Heimat Zentral- und Südasien angebaut. Fast alle Länder mit tropischem Klima bauen Ingwer an – der beste und aromaintensivste stammt heute aus Jamaika.

In der Küche wird Ingwer sowohl frisch als auch getrocknet oder eingelegt verwendet. Vom Kauf fertig geriebenen Ingwers ist abzuraten, da sein Aroma darunter zu sehr leidet. Auch sollte Ingwer nicht zu lange mitgekocht werden, denn sonst verliert sich sein frisches, zitroniges Aroma und nur die Schärfe bleibt zurück.

Als Heilpflanze ist Ingwer aus der traditionellen chinesischen Medizin schon seit Jahrtausenden nicht wegzudenken. Doch längst sind seine wohltuenden Wirkungen auch wissenschaftlich belegt. Ingwer ist krampflösend, schmerzstillend, appetitanregend, verdauungsfördernd, schweißtreibend und wirkt antibakteriell. Er hilft gegen Übelkeit, Schwindel und Husten, stärkt das Immunsystem, entgiftet, hilft bei Schmerzen wie Hexenschuss, Rheuma und Verstauchungen und hat eine blutverdünnende Wirkung, die allen Herz-Kreislauf-Erkrankungen entgegenwirkt.

Galgant

Auch Galangawurzel, Galgantwurzel und Thai-Ingwer. Gelblich-roséfarben, mit dem Ingwer verwandte thailändische Wurzel, frisch im Asialaden erhältlich, auch Heilpflanze. Geschmacklich weniger scharf als Ingwer, dafür leicht bitter. **Verwendung**: wichtiger Bestandteil aller thailändischen Currypasten, zu Gemüse-, Fisch- und Fleischgerichten.

Ingwer

Südasiatische Wurzel, meist frisch im Handel, aber auch getrocknet als Pulver. Frisch zu bevorzugen, scharfwürziges Aroma, nicht nur Küchengewürz, sondern auch Heilpflanze. Ingwersud ist gut bei Erkältungen. **Verwendung**: eingelegt zu Sushi, gerieben in vielen indischen und asiatischen Gerichten, vor allem in Currys. Kandiert in Süßspeisen, zum Beispiel Panna cotta.

Galgant

Obwohl Galgant im Mittelalter ebenso bekannt war wie Ingwer, ist er heutzutage längst nicht so üblich. Geschmacklich ist Galgant weniger scharf und frisch als Ingwer, dafür herb-aromatisch. Die Schärfe ist etwas schwächer als beim Ingwer. Vor allem aus den thailändischen Gewürzpasten ist er nicht wegzudenken. Galgant wird heutzutage hauptsächlich auch in Thailand, China, Vietnam, Malaysia und Indonesien angebaut.

Schon Hildegard von Bingen hat Galgant als Heilmittel bei Herzbeschwerden und allgemein als kräftigendes und wärmendes Naturmittel beschrieben und empfohlen. Galgant wirkt zudem entzündungshemmend und krampflösend. Er fördert die Verdauung und hilft bei Juckreiz. Während der Schwangerschaft sollte Galgant nicht als Arznei verwendet werden, ansonsten gibt es ihn als Tee, Tinktur oder in Tablettenform in Apotheken.

TIPPS FÜR DEN HAUSGEBRAUCH:

Ingwertee und -milch sind sehr wohltuend bei Erkältungen. Für die Ingwermilch sollte 1 Teelöffel pürierter Ingwer in 1 Becher Milch aufgekocht werden, mit Honig süßen und so heiß wie möglich trinken. Für den Ingwersud wird 1 Stück Ingwer in feine Scheiben geschnitten und mit kochendem Wasser überbrüht. Nach einer kurzen Ziehzeit so heiß wie möglich und mit Honig gesüßt trinken.

Gegen Verstauchungen und rheumatische Beschwerden hilft ein Ingwerbad. Hierfür 2 Teelöffel frisch pürierten Ingwer mit 500 ml Milch aufkochen und in die Badewanne geben. Jucken oder Brennen der Haut signalisiert, dass der Körper allergisch auf die ätherischen Öle reagiert. Hier sollte das Bad sofort beendet werden.

Bei Muskel- und Gelenkschmerzen können Ingwerkompressen helfen: 1 Ingwerknolle in Stücke zerteilen, mit kochendem Wasser überbrühen und 15 Minuten ziehen lassen. Eine Kompresse in dem Sud tränken und möglichst heiß auf die betreffenden Körperstellen legen.

Knoblauch

Ursprünglich aus Zentralasien. Getrocknet oder frisch erhältlich. Frischer Knoblauch ist sanfter. Knoblauch ist auch Heilpflanze, reich an den Vitaminen A, B1, B2 und C und enthält viel Schwefel. Er wirkt keimtötend und hat eine anregende Wirkung. **Verwendung**: für deftig-fruchtige Saucen, für Fleisch-, Geflügel- und Fischgerichte, für Gemüse, Wild, Suppen und Dips.

Meerrettich

Ursprünglich aus Osteuropa stammende Wurzel. Charakteristisch scharf, enthält viel Vitamin C und ätherische Öle, wirkt desinfizierend, daher nicht nur Küchengewürz, sondern auch Heilmittel. **Verwendung**: gerieben in Dips und Saucen zu Fisch- und Fleischgerichten wie Tafelspitz, kaltem Braten oder geräucherten Forellen. Auch zu Eier- und Quarkspeisen, zu Kürbis und Roter Bete.

Paprikapulver, edelsüß
Mild-aromatisch. Darf nicht zu stark gebraten werden, sonst bitter. **Verwendung**: in Gulasch, Salami und Käsezubereitungen.

Paprikapulver, halbsüß
Vor allen in Ungarn verwendete Mischform zwischen edelsüßem und scharfem Paprika. **Verwendung**: für Saucen und Fleischgerichte.

Paprikapulver, scharf
Auch Rosenpaprika. Durch viele mitgemahlene Kerne schärfste Paprikasorte. **Verwendung**: für Saucen und Fleischgerichte.

Delikatesspaprikapulver
Mildeste und feinste Paprikasorte, leuchtend rot, fruchtiges Aroma, keine Kerne mitgemahlen. **Verwendung**: für Saucen und Fleischgerichte.

EINKAUF, LAGERUNG, HALTBARKEIT

Gerade bei Gewürzen lohnt es sich oft, etwas mehr Geld auszugeben und Bio-Ware einzukaufen. Bei Gewürzen, die sehr günstig verkauft werden und aus konventionellem Anbau stammen, läuft der Verbraucher Gefahr, nicht nur Aromen in sein Essen zu bringen, sondern leider auch jede Menge unterschiedlicher Pestizide – das ergab zumindest eine Untersuchung von 2008, die im Auftrag von Greenpeace durchgeführt wurde.

Während es noch vor 20 Jahren im Gewürzbereich zum konventionellen Anbau kaum Alternativen gab, gibt es heutzutage fast jedes Gewürz in Bio-Qualität. Es lohnt sich daher, einen Blick in den nächsten Bio-Laden zu werfen oder im Internet nach Angeboten zu suchen.

Lagerung und Haltbarkeit

Gewürze sind in der Regel recht lange haltbar – doch sollten bei der Aufbewahrung ein paar Dinge beachtet werden. Als Faustregel gilt: Gemahlene Gewürze verlieren deutlich schneller ihr Aroma und sind weniger lange haltbar (6 Monate) als ganze Samenkörner oder Rindenstücke. Die Anschaffung einer feinen Mühle oder eines Mörsers ist daher empfehlenswert. So können ganze Samen leicht in die gewünschte Konsistenz gebracht werden.

Ganze Gewürzsamen wie Pfeffer, Kardamom, Muskatnuss und Zimtstangen sind etwa 2 Jahre haltbar; Anis, Dillsamen, Korianderkörner und Gewürznelken können sogar 4 Jahre lang gelagert werden, ohne ihr Aroma zu verlieren. Allerdings sollten bei der Lagerung ein paar Faktoren beachtet werden:

Gewürze sollten stets dunkel und luftdicht verpackt gelagert werden. Dunkel deshalb, weil direkter Lichteinfall das Aroma zerstört, luftdicht, weil Gewürze schnell fremde Aromen annehmen und ebenso schnell ihre an die Umwelt abgeben. Entweder stellt man also seine Gewürze in einen Schrank oder man nimmt dunkel getönte Apothekergläser. Diese können dann auch griffbereit im Gewürzregal gelagert werden.

Generell empfiehlt es sich, Gewürze in möglichst kleinen Mengen zu kaufen und von Großpackungen abzusehen. Diese sind zwar auf die Menge gesehen preisgünstiger – aber wenn das Aroma verloren geht, hat der Verbraucher davon letztendlich nichts.

Gewürzmischungen selbst gemacht

Gewürzmischungen sind nicht nur ein individueller Gaumenschmaus – sie sind auch ein tolles Geschenk für Freunde. Das Beste an selbst zubereiteten Gewürzmischungen ist aber, dass der Verbraucher selbst ganz genau weiß, was drin ist. Und wer denkt, Currypulver ist ein Buch mit sieben Siegeln, der irrt. Die folgenden Rezepte für Currypulver & Co. geben erste Anregungen für die eigene Gewürzmischung. Doch nach dem ersten Geschmackstest sollten Sie es wie in Indien handhaben:

Currypulver
Gewürzmischung, meist mit Pfeffer, Chili, Koriander, Kumin, Rohrzucker und Gelbwurz. **Verwendung**: in indischen und asiatischen Gerichten.

Garam Masala
Gewürzmischung auf Basis von Koriander, Kardamom, Kumin, Nelke, Muskat und Zimt. **Verwendung**: in indischen und orientalischen Gerichten.

Kurkuma
Auch Gelbwurz. Herbaromatisch. **Verwendung**: Basis des Currypulvers, zum Färben von Reis und Eiergerichten, in Currys.

Wasabi
In Japan auch frisch, sonst nur gemahlen oder als Paste erhältlich. Sehr scharf, aber frisch. **Verwendung**: meist zu Sushi.

Hier hat so gut wie jeder Haushalt sein eigenes Spezialrezept, und der Fantasie sind beim Mörsern und Mahlen keine Grenzen gesetzt. Erlaubt ist, was schmeckt.

Grundrezept für mildes Currypulver

Sie brauchen: 6 El Korianderkörner, 3 El Kreuzkümmelsamen, 1 Tl Fenchelsamen, 1/2 Tl Bockshornkleesamen, 4 Gewürznelken, 1/4 Tl Kardamomsamen, 1 Tl Zimtpulver, 3 getrocknete rote Chilischoten und 1 El Kurkuma.

Alle Gewürze bis auf Zimt, Chilischoten und Kurkuma werden zuerst in einer Pfanne ohne Fett unter ständigem Rühren angeröstet, bis sie anfangen, einen intensiven Duft zu verströmen. Dann die Pfanne vom Herd nehmen, die Gewürze abkühlen lassen und zusammen mit Zimt, Chilischoten und Kurkuma in der Kaffeemühle oder im Mörser fein mahlen.

Grundrezept für scharfes Currypulver

Sie benötigen: 8 El Koriandersamen, 4 El Kreuzkümmelsamen, 1 Tl schwarze Pfefferkörner, 2 Tl schwarze Senfsamen, 2 Tl Bockshornkleesamen, 6 getrocknete rote Chilischoten, 1 Tl Zimtpulver, 1 El getrockneter, gemahlener Ingwer und 1 El Kurkuma.

Alle Gewürze bis auf Chilischoten, Zimtpulver, Ingwer und Kurkuma werden ohne die Zugabe von Fett in einer Pfanne angeröstet, bis sie anfangen, intensiv zu duften. Danach abkühlen lassen und zusammen mit Chilischoten, Zimt, Ingwer und Kurkuma in der Kaffeemühle oder im Mörser fein mahlen.

Grundrezept für die beliebte arabische Gewürzmischung Raz-el-Hanout

2 getrocknete rote Chilischoten, 2 Tl schwarze Pfefferkörner, 2 Muskatblüten, 2 Tl Kubebenpfeffer, 1 geriebene Muskatnuss, 1 kleine, getrocknete Ingwerknolle, 2 Tl Kurkuma, 2 Tl Kardamom, 2 Tl Kreuzkümmel, 1 Tl Safranfäden und 1 Zimtstange.

Alle Gewürze in der Kaffeemühle mahlen oder im Mörser fein zerreiben. Die Gewürzmischung passt sowohl zu Fisch- und Gemüsegerichten als auch zu deftigen Gerichten mit Lammfleisch und bringt sofort einen Hauch von Orient auf den Tisch.

Bei der Verwendung von Gewürzen ist allgemein zu beachten, dass manche Gewürze durch zu viel Hitze bitter werden. Besonders Paprika und Chilischoten sollten behutsam behandelt werden. Doch auch alle anderen Gewürze dürfen nicht überhitzt werden. Bei der Zubereitung der Gewürzmischungen ist daher genau darauf zu achten, dass die Samen wirklich nur so lange auf der Herdplatte geröstet werden, bis sie anfangen zu duften, niemals länger.

GRUNDPRODUKTE

ÖL

Pflanzenspeiseöle sind flüssige Fette, die aus den Samen zahlreicher Pflanzen gewonnen werden. Viele dieser Öle enthalten einen beträchtlichen Anteil an mehrfach ungesättigten Fettsäuren. Ob diese sich günstig auf Cholesterinspiegel und Herzinfarktrisiko auswirken, ist umstritten. Zu den mehrfach ungesättigten Fettsäuren gehören auch die Omega-6-Fettsäuren Linol- und Linolensäure, deren gesundheitsfördernde Wirkung allerdings wissenschaftlich belegt ist. Es handelt sich dabei um essenzielle Fettsäuren, die der Körper nicht selbst produzieren kann. Distel- und Sonnenblumenöl haben den höchsten Anteil dieser wichtigen Inhaltsstoffe.

1. Aromatisierte Öle

Dafür werden eher neutrale Öle mit Gewürzen oder Kräutern aromatisiert, z. B. Knoblauch, Chili, Pfeffer, Trüffel, Rosmarin oder Basilikum. Man kann sie ohne großen Aufwand selbst herstellen: den gewünschten Zusatz einfach in eine Flasche mit Öl geben, eine Zeitlang stehen lassen – fertig.

2. Rapsöl

Bis in die 70er Jahre spielte Rapsöl als Lebensmittel keine Rolle, da die Samen wegen ihrer Bitterstoffe und der gesundheitsschädlichen Erucasäure für die Speiseölgewinnung nicht geeignet waren. Seit der Züchtung unbedenklicher Sorten ist Rapsöl zu einem der weltweit beliebtesten Öle geworden. Kalt gepresstes, qualitativ hochwertiges Rapsöl schmeckt sehr würzig, handelsübliche Sorten eher neutral. Es ist relativ hitzebeständig und kann universell eingesetzt werden.

3. Sesamöl

Sesamöl ist vor allem in der asiatischen Küche sehr beliebt. Öl aus ungerösteten Samen hat eine helle Farbe, schmeckt beinahe neutral und ist zum Braten etc. geeignet. Öl aus gerösteten Samen ist tiefbraun, der Geschmack sehr ausgeprägt. Es wird zum Würzen verwendet und eher nicht erhitzt. Sesamöl enthält circa 45 Prozent Linolsäure.

4. Sonnenblumenöl

Es gehört zu den beliebtesten Sorten weltweit und ist in der Küche universell einsetzbar. Kalt gepresstes, qualitativ hochwertiges Sonnenblumenöl schmeckt würzig, handelsübliche Sorten sind neutral im Geschmack. Letztere können sehr hoch erhitzt werden (bis circa 220 °C) und eignen sich deshalb insbesondere zum Braten und Frittieren. Gute Qualitäten enthalten bis 74 Prozent Linolsäure.

5. Distelöl

Distelöl wird aus den Samen der Färberdistel, auch Saflordistel, gewonnen, die ursprünglich aus Ägypten stammt. Sie wird wegen ihrer intensiv gelb-roten Blüten auch Falscher Safran genannt und vorwiegend in den USA, Mexico und Indien angebaut. Mit einem Anteil von circa 78 % hat Distelöl den höchsten Linolsäuregehalt aller Pflanzenöle. Man sollte es nur mäßig erhitzen, da sein Rauchpunkt bei 150 °C liegt. Sein mild-nussiger Geschmack passt gut zu Salaten.

6. Kürbiskernöl

Kürbiskernöl oder kurz Kernöl wird aus den gerösteten Kernen des Ölkürbis gewonnen. Es ist grün-braun und hat einen charakteristischen, erdigen Geruch. Der Geschmack ist äußerst nussig, sehr intensiv. Daher sollte man es maßvoll dosieren. Es harmoniert perfekt mit Feldsalat. Zum Braten etc. ist es nicht geeignet. Man sagt dem Kernöl positive gesundheitliche Wirkungen nach, es soll insbesondere gegen Prostataleiden helfen.

7. Mohnöl

Es wird aus den reifen Samen des Schlafmohns durch Kaltpressung gewonnen. Der Anbau erfolgt in Europa vor allem im österreichischen Waldviertel. Es hat einen intensiven nussigen Geschmack und wird vor allem für kalte Gerichte verwendet. Sein Rauchpunkt liegt bei 170 °C, es sollte daher mit Vorsicht erhitzt werden.

8. Olivenöl

Olivenöl ist das „goldene Öl vom Mittelmeer", die Königin der Öle. Ein guter Baum trägt pro Jahr circa 20 kg Oliven, aus denen drei bis vier Liter Öl gepresst werden. Im Handel erhältlich sind üblicherweise drei Varianten: erstens Olivenöl (ohne Zusatzbezeichnung), das geschmacksarm und qualitativ schwach ist; zweitens Natives Olivenöl („vergine"), das kalt gepresst und schonend hergestellt wird; drittens Natives Olivenöl Extra („extra vergine"), das darüber hinaus aus erster Pressung stammt und die beste Qualität bietet.

Olivenöl gilt als sehr gesund. Der Zusammenhang zwischen mediterraner Kost und geringer Herzinfarktrate ist statistisch belegt. Es ist zum Kochen, Schmoren, Braten und sogar zum Frittieren bei relativ geringen Temperaturen geeignet, allerdings sollte es nicht über 180 °C erhitzt werden. Hochwertiges Öl kann, abhängig von der Sorte, dem Anbaugebiet etc. geschmacklich sehr unterschiedlich sein, von mild und fruchtig bis aromatisch und herb. Insbesondere bei traditionell hergestellten Ölen lagern sich in der Flasche Trübstoffe ab, die nicht gegen, sondern eher für die Qualität sprechen.

9. Walnussöl

Es wird aus den unbehandelten oder gerösteten Samen der Walnuss gewonnen. Die Färbung ist blassbraun, es hat einen feinen nussigen Geschmack. Es hat mit über 70 % einen sehr hohen Anteil an mehrfach ungesättigten Fettsäuren und ist wegen seines relativ niedrigen Rauchpunkts zum Braten, Frittieren etc. nicht geeignet. Es gilt vor allem in der französischen Küche als besonders edles, delikates Öl.

FETTE

Speisefette sind wichtige Grundnahrungsmittel, die zum Backen, Kochen, Braten und Frittieren unerlässlich sind. Auch als Brotaufstriche sind sie aus dem Speiseplan nicht wegzudenken. Allerdings sollte man sparsam mit ihnen umgehen, weil sie sehr energie- und kalorienreich sind und bei übermäßigem Verzehr ernsthafte gesundheitliche Schäden nach sich ziehen können. Fette, die einen hohen Anteil an gesättigten Fettsäuren haben, sind unbestritten mitverantwortlich für Herzerkrankungen und Schlaganfälle.

Wer verantwortlich und maßvoll mit ihnen umgeht, sollte sich den Appetit aber nicht nehmen lassen, denn schließlich sind Fette äußerst attraktiv für den Gaumen: Sie sind Geschmacksverstärker, durch die viele andere Lebensmittelkomponenten erst so richtig zur Entfaltung kommen. Schokolade ohne Fettzusatz ist beispielsweise undenkbar. Und eine Sauce ist erst dann, wenn sie mit Butter aufmontiert wird, ein würdiger Begleiter zum guten Sonntagsbraten.

1. Butter

Für die moderne Butterherstellung wird Milch in eine Zentrifuge gegeben und so der Rahm separiert. Er enthält circa 40 % Fett. Anschließend wird der Rahm pasteurisiert, und gekühlt einige Stunden „gereift". Der letzte Fertigungsschritt ist die sogenannnte „Verbutterung". Der Rahm wird dafür in den Butterfertiger gegeben, einen rotierenden Zylinder, um die Buttermasse von der Buttermilch zu trennen.

Butter wird in drei Grundvarianten hergestellt. Erstens die Sauerrahmbutter, für die vor der Reifung Milchsäurebakterien zugegeben werden. Sie reift 7–10 Stunden. Ihr leicht säuerlicher Geschmack ist tendenziell für deftigere Speisen geeignet, aber auch zur Geschmacksverstärkung bei Süßspeisen. Zweitens die Süßrahmbutter, die ohne Zusatz hergestellt und 10–15 Stunden reift wird. Sie schmeckt am besten zu süßen Brotaufstrichen und eignet sich besonders gut zum Binden von Saucen. Drittens die mildgesäuerte Butter, die erst gereift und dann mit Milchsäure versetzt wird. Sie liegt geschmacklich in der Mitte, ist universell einsetzbar und die beliebteste Sorte. Sehr beliebt sind außerdem gewürzte Buttervarianten wie Kräuter-, Salz- oder Knoblauchbutter.

Butter hat einen nicht unbeträchtlichen Wasseranteil, der allerdings 16 % nicht überschreiten darf. Sie ist deswegen für hohe Temperaturen, z. B. zum Braten, nur eingeschränkt geeignet. Butter wird als Streichfett auf Brot verwendet, zum Backen, beim Kochen als Geschmacksträger und zum Binden von Saucen usw. Butter ist seit Jahrtausenden eines der wichtigsten Grundnahrungsmittel überhaupt. Wegen ihres Cholesteringehalts haftet ihr der Ruf an, koronare Herzerkrankungen zu begünstigen.

2. Margarine

Aus einem Versorgungsproblem der Heere während des Krieges beauftragte Napoléon III. 1869 den Chemiker Hippolyte Mège-Mouriés, ein billiges und haltbares Butterersatzprodukt zu schaffen. Das Ergebnis war die Margarine, die „Butter für Arme". Heute werden Margarinen eher konsumiert, um tierische Fette zu vermeiden. Sie wird auf Basis von Palm-, Erdnuss- und Sojaöl oder Ähnlichem hergestellt.

3. Butterschmalz

Zur Herstellung von Butterschmalz wird Butter geschmolzen und von Milcheiweiß, Milchzucker und Wasser getrennt. Zurück bleibt reines Butterfett, das deutlich höhere Temperaturen aushält und auch zum Braten und Frittieren geeignet ist. In der indischen Küche spielt Ghee eine wichtige Rolle, das länger erhitzt wird als westliches Butterschmalz. Daraus resultiert eine leicht bräunliche Färbung und ein köstlicher nussiger Geschmack.

4. Gänseschmalz

Gänseschmalz wird aus dem Unterhautfettgewebe geschlachteter Gänse gewonnen, dem sogenannten Gänseflomen. Es hat einen für tierisches Fett vergleichsweise hohen Anteil ungesättigter Fettsäuren. Es ist leicht gelblich und stark glänzend, wird zumeist mit etwas Schweineschmalz versetzt und eignet sich z. B. für Gänsebraten, Schmorgerichte, Eintöpfe und als deftiger Brotaufstrich.

5. Griebenschmalz

Auch Grammelschmalz. Es wird aus dem Bauchwand- oder Rückenfett des Schweins, auch aus dem Unterhautfettgewebe von Gänsen, gewonnen. Beim Auslassen des Fetts entstehen die „Grieben" oder „Grammeln", dem das Schmalz den Namen verdankt. Es wird häufig als herzhafter Brotaufstrich verwendet, dafür mit Zwiebel- und Apfelwürfeln ausgelassen und mit Majoran und Thymian gewürzt.

6. Kokosfett

Das Fett der Kokosnuss, das bei Raumtemperatur fest ist. Es ist weiß, geschmacklich mild, beinahe neutral mit einer leichten Kokosnote. Es ist hoch erhitzbar und zum Kochen, Backen, Braten und Frittieren hervorragend geeignet. Es dient außerdem als Ausgangsprodukt in der Süßwarenproduktion. Wegen seines hohen Anteils an gesättigten Fettsäuren ist es in gesundheitlicher Hinsicht nur eingeschränkt zu empfehlen.

7. Palmfett

Palmfett oder -öl wird aus dem Fruchtfleisch der Ölpalme gewonnen, die vor allem in Westafrika und Südostasien beheimatet ist. Weil die Früchte einen hohen Karotingehalt haben, ist auch das Öl bzw. Fett orangerot. Auch aus den Kernen der Ölpalmfrucht wird Fett gewonnen. Dafür werden diese getrocknet, gemahlen und gepresst, aus dem resultierenden Öl entsteht durch Raffination ein helles Fett. Es wird für Schokoladenprodukte und andere Süßwaren verwendet. Palm- und Palmkernfett sind hoch erhitzbar und werden vor allem in Afrika und Asien als universell einsetzbare Speisefette geschätzt.

ESSIG UND SENF

Essig wurde schon in den ältesten uns bekannten Hochkulturen hergestellt und gehört auch heute noch zu den grundlegenden Würzmitteln der Küchen in aller Welt. Handelsübliche Essige haben eine Essigsäurekonzentration von 5–6 %. Sie werden hauptsächlich aus alkoholhaltigen Getränken hergestellt, aber auch aus Traubensaft. Klassisch wurde Essig von jeher durch die Orléans-Methode gewonnen. Eine alkoholhaltige Flüssigkeit wird mit einer Essigbakterienkultur, der sogenannten Essigmutter, geimpft und anschließend in offenen Behältnissen gelagert. Im 19. Jahrhundert erfand dann Johann Sebastian Schützenbach das Schnellessigverfahren, wobei Buchenspäne mit in die Flüssigkeit kommen, die das Wachstum der Essigbakterien erheblich beschleunigen. Moderne industrielle Verfahren ersetzen die Buchenspäne durch Keramikscherben oder beschleunigen das Bakterienwachstum durch technische Kniffe.

1. Aceto balsamico

Essig aus der norditalienischen Provinz Modena in der Region Emilia-Romagna. „Echt" ist er nur, wenn er die Bezeichnung „Aceto balsamico tradizionale di Modena" oder „Aceto balsamico tradizionale di Reggio Emilia" trägt. Ist dies der Fall, dann ist er mindestens zwölf Jahre gereift, mit dem Zusatz „extravecchio" mindestens 25 Jahre. Für die Herstellung wird der Saft von spätgelesenen Trebbiano-Trauben eingekocht, gefiltert, mit Balsamessig und Wein versetzt und dann in verschiedenen offenen Fässern gelagert: Eiche, Edelkastanie, Vogelkirsche, Esche und Maulbeere. Durch Verdunstung entsteht der sirupartige, dickflüssige Aceto balsamico, der zu den edelsten und teuersten Lebensmitteln gehört.

In Supermärkten wird unter der Bezeichnung Aceto balsamico ein Produkt verkauft, das aus Weinessig, Traubensaft, Zuckercouleur, Farb-, Aroma- und Konservierungsstoffen industriell hergestellt wird, mit dem echten Aceto balsamico aber nur sehr entfernt verwandt ist.

2. Aceto balsamico bianco

Helle Variante des industriell hergestellten Aceto balsamico, die nicht dunkel eingefärbt wird. Als Alltagsessig genau wie die dunkle Variante für Vinaigretten etc. tauglich.

3. Aromaessige

Um aromatisierten Essig herzustellen, nimmt man in der Regel einen Weinessig und versieht ihn mit Fruchtextrakten, Kräuterauszügen oder Gewürzessenzen. Himbeeren, Brombeeren oder andere Beerenfrüchte, Zitronenschale, Zitronenmelisse, Pfefferminze, Majoran, Thymian, Salbei, Estragon, Bärlauch, Knoblauch, Liebstöckel sind sehr beliebt, allerdings ist damit nicht einmal ein Bruchteil der möglichen Beigaben genannt.

4. Branntweinessig

Wird aus verdünntem Branntwein gewonnen, der aus Zuckerrübenmelasse, Getreide oder Kartoffeln destilliert wird. Schmeckt relativ neutral und wird vor allem als Einlegeessig verwendet.

5. Obstessig

Obstessige werden aus Obstweinen durch Fermentation gewonnen. Der bekannteste Obstessig ist der Apfelessig, der nicht nur erfrischend und fruchtig im Geschmack ist, sondern dem in der Naturheilkunde auch zahlreiche positive medizinische Wirkungen zugeschrieben werden.

6. Reisessig

Aus Reiswein hergestellter, milder, säurearmer Essig. Er wird in Japan „Su" genannt und ist vor allem in der asiatischen Küche beliebt, etwa für Sushi-Reis. Er ist wertvoll wegen seiner blutdrucksenkenden Wirkung.

7. Weinessig

Aus Wein hergestellter Essig, in der industriellen Produktion zumeist aus Überschuss- und Abfallweinen, dann relativ neutral im Geschmack. Gute Produkte aus höherwertigen Ausgangsweinen sind entsprechend geschmackvoller und aromatischer.

Senf

Senf wird aus den Samenkörnern des weißen/gelben, braunen und schwarzen Senfs hergestellt. Sie werden gemahlen, mit Essig, Wein oder Wasser vermischt und mit Zuckerstoffen, verschiedenen Gewürzen und gegebenenfalls Kräutern abgestimmt. Sein Geschmacksspektrum reicht von aufdringlich süß bis sehr scharf. Er ist zudem mit unendlich vielen anderen Geschmacksträgern kombinierbar, mit Estragon, Meerrettich, Knoblauch, Honig, Mohn und vielem mehr. Senf wird klassisch zu Fleischprodukten genossen, ist für Vinaigretten und Mayonnaisen unentbehrlich und die Basis der berühmten Senfsauce zu Fisch.

8. Bayerischer Senf

Süßer Senf aus gelber und brauner Senfsaat, der mit Zucker und oft mit Apfelmus gesüßt wird. Er begleitet klassisch Weißwurst und Leberkäse.

9. Dijon-Senf

Die burgundische Stadt Dijon erhielt im 13. Jahrhundert ein Senf-Monopol verliehen und steht heute stellvertretend für französischen Senf. Der Dijon-Senf wird aus braunen Senfkörnern gewonnen und ist maßvoll scharf. Er wird nicht mit Essig, sondern mit „Verjus", einem Saft aus unreifen Trauben, gesäuert. Es gibt ihn mit vielen Zusätzen.

10. Estragonsenf

Berühmteste Variation des Dijon-Senfs. Er hat eine charakteristische grünliche Färbung und harmoniert besonders gut mit hellem Fleisch, Geflügel und Fisch.

11. Feigensenf

Süßlich-scharfe Senfvariation, die gut zu einigen Käsesorten passt, zum Beispiel zum Taleggio oder zu würzigen Hartkäsen.

12. Rotisseur-Senf

Sammelbezeichnung für nur grob geschroteten Senf, auch mit ganzen Senfkörnern. Meistens in milden bis mittelscharfen Varianten. Insbesondere für Grillmarinaden geeignet.

Demerara

Auch Demerera. Nicht-raffinierter, hellbrauner Rohrzucker mit größeren Kristallen. Er ist benannt nach einer ehemaligen niederländischen Kolonie im Norden Südamerikas, die von 1752 – 1824 unter diesem Namen existierte. Demerara-Zucker wird aus Zuckerrohr gewonnen. Er wird insbesondere gerne zum Süßen von Tee verwendet. Er schmeckt aromatischer, malziger und karamelliger als herkömmlicher brauner Zucker und ist z. B. gut für Crème brûlée geeignet.

Fructose

Oder dt. Fruchtzucker. In der Natur kommt Fructose vor allem in Früchten und Honig vor. Sie ist aber auch Bestandteil des normalen Haushaltszuckers aus Rüben oder Zuckerrohr, hier allerdings als Zweifachzucker in Verbindung mit Traubenzucker. Sie hat eine sehr starke Süßkraft (circa 20 % höher als Rübenzucker). In der industriellen Produktion wird sie überwiegend aus Stärke gewonnen. Die Fructose-Intoleranz, eine Stoffwechselkrankheit, ist weit verbreitet.

Kandis

Große, grobe Stücke Zucker, die langsam aus konzentrierten Zuckerlösungen auskristallisieren. Es gibt neben weißem auch braunen Kandis (im Bild), der aus karamellisierter Zuckerlösung entsteht; außerdem gelben Kandis, der mit Zuckercouleur eingefärbt wird. Kandis spielt insbesondere eine große Rolle in der Teekultur. Als Nebenprodukt der Kandisherstellung fällt Kandisfarin mit kleineren Kristallen ab, das vor allem für die Herstellung von Gebäck verwendet wird. Zerstoßener Kandis heißt Krümelkandis.

ZUCKER

Vom „weißen Gold" zum Grundnahrungsmittel

Zucker ist der Brennstoff des Lebens – und heute ein äußerst günstiges Grundnahrungsmittel. Das war aber nicht immer so: Bis um 1800 konnte Zucker nur aus Zuckerrohr gewonnen werden, das vor allem in tropischen Zonen wächst. Vor der Entdeckung Amerikas durch Kolumbus war Zucker in Europa eine unbezahlbare Seltenheit. Erst 1747 entdeckte der deutsche Chemiker Andreas Sigismund Marggraf, dass man auch aus der in gemäßigten Zonen prächtig gedeihenden gemeinen Runkelrübe Zucker extrahieren kann. Aber erst 1801 öffnet dann die erste Zuckerrübenfabrik in Schlesien. Europa wurde damit hinsichtlich des Zuckers unabhängig von seinen Kolonien. Heute werden 90 % des in Europa verbrauchten Zuckers auch hier produziert.

Flüssiger Zucker

Bei der Verarbeitung von Zuckerrohr oder Rüben wird der Zucker in der Regel mithilfe von Wasser von seinem Ausgangsprodukt getrennt – und dann wiederum von dem verwendeten Wasser. Wenn er eingedickt wird, aber noch nicht auskristallisiert ist, ist seine Konsistenz dickflüssig. In diesem Zustand wird Süße seit jeher rund um den Globus sehr gerne genossen.

1. Honig ist das älteste Süßungsmittel überhaupt und war lange das einzige, das in Europa in größeren Mengen zur Verfügung stand. Man unterscheidet zwischen den Blütenhonigen, wie Akazien-, Heide-, Klee-, Lindenblüten- oder Rapshonig, und den Waldhonigen, wie Fichten- oder Tannenhonig.

2. Ahornsirup ist der eingedickte Saft des Zuckerahorns, der vor allem im Nordosten der USA und in Kanada verbreitet ist. Der Pflanzensaft wird eingekocht und karamellisiert dabei. Ahornsirup hat eine satte goldbraune

Kristallzucker

In Europa aus Zuckerrüben gewonnen. Dafür werden die Rüben geschnetzelt und der Zucker mit heißem Wasser ausgewaschen. Es entsteht zunächst der Dünnsaft, durch Konzentration dann der Dicksaft. Er wird weiter durch Verdampfen eingedickt, bis der Zucker auskristallisiert. Er wird durch Raffination gereinigt und heißt deswegen oft Raffinade. Er besteht zu annähernd 100 % aus Saccharose und ist die gebräuchlichste Form des Haushaltszuckers.

Palmzucker

Palmzucker wird aus den Blütenständen von Atta-, Nipa- und Zuckerpalmen gewonnen. Er wird in Form von Palmsaft geerntet, der dann gesiebt und anschließend so lange gekocht wird, bis er eindickt und schließlich auszukristallisieren beginnt. Die erstarrte Masse kann dann zerkleinert werden. Er eignet sich insbesondere zum Süßen von Kuchen und Süßspeisen. Er hat eine vergleichbar geringe Süßkraft, dafür aber ein umso stärkeres, prägnant karamelliges Aroma.

Ursüße

Auch Succanat oder Vollrohrzucker. Alternative Zuckerart, die sich insbesondere im Öko-Segment des Handels immer größerer Beliebtheit erfreut. Zur Herstellung wird Zuckerrohrsaft pasteurisiert, gefiltert und durch Erhitzen unter ständigem Rühren eingedickt. Die abgekühlte und erstarrte Masse wird gemahlen. Der Geschmack ist leicht malzig. Im Unterschied zu herkömmlichem Zucker enthält Ursüße erhebliche Mengen Mineralstoffe wie Magnesium, Kalzium und Eisen.

Farbe und einen exzellenten, intensiven, vollmundigen Geschmack.

3. Zuckerrübensirup (auch Rübenkraut, Rübensaft etc.) ist ein Nebenprodukt der Zuckerherstellung. Es ist dunkelbraun, fast schwarz, und zeichnet sich durch ein intensives, würziges Aroma aus.

GELIERMITTEL UND SALZE

Geliermittel sind Zusatzstoffe, die bei der Zubereitung vieler Speisen und der Produktion zahlreicher Lebensmittel eingesetzt werden, um eine festere Konsistenz zu erreichen. Sie werden in der Regel aus tierischen oder pflanzlichen Eiweißen gewonnen. In Europa dominiert die aus Schlachtabfällen gewonnene Gelatine, in Asien Agar aus Algen. Es gibt aber noch einige weitere pflanzliche Geliermittel: das Pektin, das mit hohem technischen Aufwand gewonnen wird; das Johannisbrotkernmehl, das auch unter dem Namen Biobin erhältlich ist; das verwandte Guarkernmehl; das Pfeilwurzelmehl, das aus der tropischen Marantapflanze extrahiert wird und das wie Agar aus Algen stammende Carrageen. Wenn man auf tierische Gelatine verzichten möchte, bieten sich also einige Alternativen an.

Agar

Auch Agar-Agar, Ceylontang, Japanischer Fischleim oder Chinesische Gelatine. Agar wird aus Algen hergestellt und ist eine gute vegetarische Alternative zu Gelatine. Der dezente Geruch nach Meer verfliegt bei der Verarbeitung. Es wird zumeist als Pulver, aber auch in Form von Flocken, Stangen, Streifen oder Blättern angeboten. Die Verwendung ist einfach – damit es geliert, muss es bloß aufgekocht werden.

Gelatine

Bindemittel aus Tierknochen und -häuten. Im Handel wird es vorwiegend in dünnen Platten angeboten. Man weicht sie in kaltem Wasser ein, drückt sie aus und löst sie in erwärmter oder erhitzter Flüssigkeit auf. Beim Erkalten geliert die Masse. Gelatine wird zur Produktion zahlreicher Lebensmittel, z. B. für Gummibärchen, Backwaren, Milchprodukte und Würste, verwendet.

Fleur de Sel

Die „Blume des Salzes" ist sozusagen das Filetstück des Meersalzes. Es wird bei der Meersalzgewinnung per Hand abgeschöpft. Fleur de Sel kommt klassischerweise aus Frankreich, aus der Bretagne und der Camargue. An der portugiesischen Algarve und auf Mallorca wird das iberische Pendant, das Flor de Sal, geerntet. Fleur de Sel wird unbehandelt und in grober Körnung gehandelt.

Jodsalz, Salz mit Zusätzen

Tafelsalz wird oft mit Zusätzen versehen: Jodsalz versorgt den Menschen mit dem essenziellen Spurenelement Jod. In der frühkindlichen Entwicklung ist die ausreichende Versorgung mit Jod entscheidend für die Entwicklung des Gehirns. Außerdem werden fluoridierte Speisesalze, denen Natrium- und Kaliumfluorid zugesetzt werden, angeboten. Sie sollen der Kariesprophylaxe dienen.

Meersalz

Meersalz wird in Salinen oder Salzgärten gewonnen. In großflächigen, nicht allzu tiefen Becken verdunstet das Meerwasser, die Konzentration des Salzes steigt immer mehr, bis das Wasser gesättigt ist und das Salz kristallisiert. Es wird von unerwünschten Stoffen gereinigt und in die gewünschte Körnung gebracht. Etwa ein Drittel der Weltsalzproduktion stammt aus dem Meer.

Steinsalz

Der Anteil von Steinsalz am Weltmarkt beträgt etwa zwei Drittel. Es ist sozusagen das Meersalz der Prähistorie. Es stammt aus unterirdischen Salzschichten, die sich vor über 250 Mio. Jahren gebildet haben, als Meerzonen austrockneten und das Salz zurückblieb und bis mehrere hundert Meter dicke Schichten bildete. Nur ein geringer Anteil des Steinsalzes wird als Speisesalz verwendet.

Tafelsalz

Auch Koch- oder Speisesalz. Es wird aus Stein- oder Meersalz gewonnen. Im Handel wird es es vor allem in feiner Körnung angeboten, insbesondere in den letzten Jahren sind gröbere Körnungen aber immer beliebter geworden. Tafelsalz ist das wichtigste Gewürz überhaupt, das in allen Küchen der Welt verwendet wird und praktisch in keinem Rezept fehlen darf.

KÜCHEN-PRAXIS

Dämpfen
Schonendes Garen im aufsteigenden Wasserdampf bei 80 – 100 °C, Nährstoffe und Aromen bleiben weitgehend erhalten.

Dünsten
Garen in wenig Flüssigkeit, wie Fond, Wasser oder Wein, bei geschlossenem Deckel und Temperaturen knapp unter dem Siedepunkt.

Frittieren
Fettbacken in siedendem Fett bei 140 – 180 °C. In der Fritteuse oder einem Topf unter Verwendung von hoch erhitzbarem Fett.

Grillen
Garen mit Holzkohle über offenem Feuer oder auf dem Elektrogrill. Fleisch, aber auch Fisch und Gemüse, erhalten so Röstaromen.

GARMETHODEN

Was heißt „garen"?

Was „garen" eigentlich bedeutet, ist gar nicht so einfach zu sagen. Wenn wir die Küche betreten, sprechen wir normalerweise davon, dass wir kochen. Oft kochen wir dann tatsächlich etwas, aber wir machen noch viele andere Dinge, die technisch gesehen kein Kochvorgang sind. Immer aber garen wir, es sei denn, wir bereiten eine Rohkostmahlzeit zu. Was heißt also „garen"?

Die beiden geläufigsten Methoden sind das feuchte und das trockene Garen. Beim feuchten Verfahren wird unmittelbar in Wasser oder anderen Flüssigkeiten, wie Brühe oder Wein, gegart – oder in heißem Dampf. Bei trockenen Verfahren wird dagegen in heißer Luft – im Backofen, aber auch auf dem Grill – oder mit heißem Fett gearbeitet. Dämpfen, Dünsten und Pochieren sind also feuchte, Frittieren, Grillen und Kurzbraten trockene Gartechniken. Das Schmoren kombiniert beide Varianten, und auch beim asiatischen Pfannenrühren wird zunächst gebraten, am Ende aber möglicherweise Flüssigkeit, wie Sojasauce und Reisessig, zum Aromatisieren zugegeben.

Backen und Braten sind die typischen trockenen Garmethoden, das Kochen in Wasser die klassischste und reinste Form des Feuchtgarens. Außerdem ist das Kaltgaren durch Säure zu erwähnen: Beim Beizen von Fisch mit sauren Marinaden wird die Eiweißstruktur durch Hydrolyse (dt. Auflösung) zart gemacht. Andere Beizen, beispielsweise beim Sauerbraten, dienen dagegen lediglich der Vorbereitung des eigentlichen Garvorgangs.

Genießbar werden Lebensmittel nicht nur durch Garmethoden, sondern auch durch Techniken, die man gemeinhin als Konservierungsmethoden bezeichnet: durch das Trocknen oder Dörren, z. B. bei luftgetrocknetem Schinken wie dem Parma- oder dem Serranoschinken, aber auch bei Bündnerfleisch. Der bekannte Stockfisch wird zumeist erst gewässert und dann weiterverarbeitet, kann aber auch in getrocknetem Zustand genossen werden. Salz spielt bei der Trocknung immer eine große Rolle, insbesondere Pökelsalz wird zur sogenannten Salzgarung verwendet. Durch den Wasserentzug beim Pökeln bzw. Umröten wird die Zellstruktur verändert und das Fleisch genießbar. Hier ist auch das Räuchern angesiedelt, wobei man zwischen Heißräuchern (bei 50–85 °C), Warmräuchern (bei 25–50 °C) und Kalträuchern (bei 15–25 °C) unterscheidet.

Ob mit heißer Flüssigkeit, heißem Fett, heißer Luft oder durch Säure: Garen meint immer, dass ein rohes Lebensmittel durch Zellveränderung genießbar bzw. genussfertig gemacht wird. Dabei ist die Grenze zu den Konservierungsmethoden Räuchern, Trocknen und Pökeln fließend, schließlich werden auch dadurch Lebensmittel genussfertig.

Kurzbraten
Auch Sautieren. In der Pfanne mit Fett garen, v. a. Fleisch. Die Hitze muss so hoch sein, dass das Gargut kein Wasser zieht.

Pfannenrühren
Asiatische Garmethode. Im Wok oder einer tiefen Pfanne wird bei großer Hitze so lange gerührt, bis alles gar, aber noch knackig ist.

Pochieren
Langsames Garziehen unterhalb des Siedepunktes bei 75–98 °C in viel Flüssigkeit. Besonders geeignet für empfindliches Gargut.

Schmoren
Auch Braisieren. Kombination von Braten, Kochen und Dünsten. Insbesondere für langfaseriges Fleisch zusammen mit Wurzelgemüse.

Fleisch richtig braten

Wenn Gemüse, Nudeln oder Reis zu kurz gegart werden, sind sie zu hart; werden sie zu lange gekocht, werden sie matschig – allerdings gibt es hier fast immer einen gewissen Spielraum. Außerdem kann man immer mal wieder probieren und ist so mit etwas Übung kaum in der Gefahr, den richtigen Zeitpunkt zu verpassen. Auch bei Fleisch mit langen Garzeiten, bei Braten, Gulasch und Co., ist die Sache einfach. Das Zeitfenster, in dem das Fleisch schon lange genug, aber noch nicht zu lange im Topf war, ist komfortabel. Ganz anders sieht es dagegen bei Kurzgebratenem aus. Hier entscheiden oft Sekunden darüber, ob das Fleisch innen noch zu blutig oder schon zu ledrig ist – und probieren kann man in diesem Fall auch nicht. Was also tun, um das perfekte Steak auf den Tisch zu bekommen?

Um den Garpunkt von kurz gebratenem dunklen Fleisch bestimmen zu können, gibt es den Drucktest. Man drückt dafür mit einem Finger kurz auf das Fleisch, um zu sehen, wie stark es nachgibt. Als Vergleichsgröße dient das Drücken auf den Handballen unterhalb des Daumens. Man berührt dafür nacheinander mit der Daumenkuppe die vier anderen Finger der Hand an ihrer Spitze.

Daumen und Zeigefinger – der Handballen gibt deutlich nach. In diesem Fall ist das Fleisch „englisch" bzw. „raw", das heißt innen noch roh und blutig. Daumen und Mittelfinger – der Handballen gibt leicht nach. Das Fleisch ist innen noch ein wenig blutig bzw. „rare", insgesamt aber schon rosa. Daumen und Ringfinger – der Handballen gibt kaum nach. Das Fleisch ist jetzt „medium" bzw. „à point" gebraten, ganz und gar rosa. Daumen und kleiner Finger – der Handballen gibt eigentlich gar nicht mehr nach. Das Fleisch ist jetzt „well done", nicht oder kaum mehr rosa, sondern komplett hell durchgebraten.

Dieser Handballentest ist für Rindersteaks gedacht, eignet sich aber kaum für anderes Fleisch. Schwein, Geflügel und die meisten Fischsorten sollten in der Regel sowieso durchgebraten werden, ohne allerdings innen auszutrocknen. Lammlachs und -filet schmecken mit einem rosa Kern am besten. Rind und Lamm sollte man nach dem Braten in Alufolie ruhen lassen, damit sich der Saft verteilen und das Fleisch entspannen kann.

Eine gute Methode insbesondere für hochwertiges Fleisch ist das Niedrigtemperaturgaren. Dafür wird das Fleisch kurz angebraten, um ihm Farbe zu geben, dann wird es in Alufolie gewickelt und im Ofen bei 60–80 °C gegart. Im Fleisch entstehen dabei Temperaturen zwischen 55 und 70 °C. Zwar gerinnt bei diesen Temperaturen das Fleischeiweiß und es gart, jedoch verliert es kaum Wasser und wird nicht zäh und hart.

Ablöschen
Auch Deglasieren. Scharf angebratenes Fleisch, aber auch Gemüse mit Flüssigkeit ablöschen, um den Bratensatz zu lösen und mit ihm eine Sauce zu ziehen.

Abschrecken
Auch Refraichieren. Garprozess von Gemüse durch Übergießen mit kaltem Wasser oder Eintauchen in Eiswasser abrupt unterbrechen, um die Farbe zu erhalten.

Abseihen
Abgießen der Kochflüssigkeit mithilfe eines Seihtuchs, Durchschlags oder Siebs, um die festen Bestandteile von den flüssigen zu trennen.

Zur Rose abziehen
Andicken einer (Eigelb-)Masse, bis sie sich auf dem Kochlöffel beim Daraufpusten in Form von Rosenblättern wellt. Hauptsächlich bei Cremes gebräuchlich.

Ausnehmen
Entfernen der Eingeweide eines geschlachteten Tieres. Während man bei gezüchteten Tieren und Fischen von Ausnehmen spricht, wird Wild ausgeweidet.

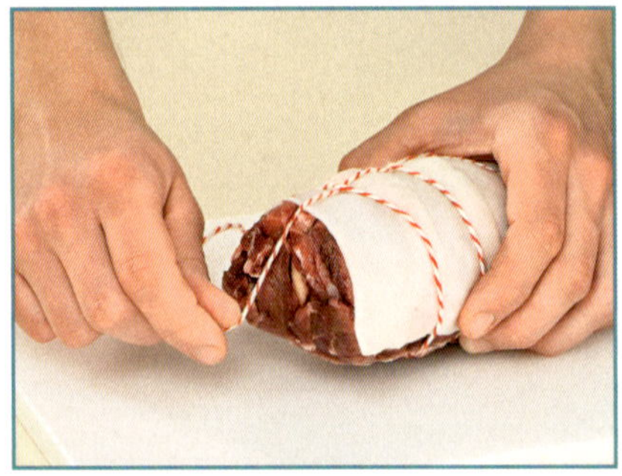

Bardieren
Umwickeln von Geflügel, aber auch magerem Fleisch, mit einem Mantel aus Speck, damit es beim Garen nicht austrocknet, sondern schön saftig bleibt.

FACHBEGRIFFE

Die Küchensprache ist seit dem 19. Jahrhundert, als westlich des Rheins die Haute Cuisine (die „hohe Küche") erfunden wurde, französisch. Alle klassischen Zubereitungsarten – von à l'amiral bis à la viennoise – hören auf französische Bezeichnungen. Bei den Techniken, Garmethoden und Fachbegriffen ist es nicht anders.

Der Aufstieg der französischen Küche zu Weltruhm verdankt sich in gewissem Maße der Französischen Revolution. Durch die Revolution wurden nämlich zahlreiche Köche, die vorher in Diensten des Ancien Régime gestanden hatten, arbeitslos und eröffneten bald eigene Restaurants. Die große Konkurrenz führte zu einem Wetteifer sondergleichen und zu immer neuen Spitzenleistungen. Von Marie-Antoine Carême über Auguste Escoffier bis zu Paul Bocuse hat Frankreich seither die berühmtesten Köche der Welt hervorgebracht.

Kleines Einmaleins der Sauce

Man sagt, mit der Sauce stehe und falle ein Gericht. Nachstehend einige Grundbegriffe:

Blanchieren
Auch Überbrühen. Kurzes Kochen im aufwallenden Wasser. Um Fleisch, Gemüse, aber auch Pilze oder Obst, für weitere Verarbeitungsschritte vorzubereiten.

Blindbacken
Vorbacken eines Teigs (Mürbe- oder Blätterteig), mit einer Gabel eingestochen oder mit Hülsenfrüchten beschwert, damit er nicht so stark aufgeht.

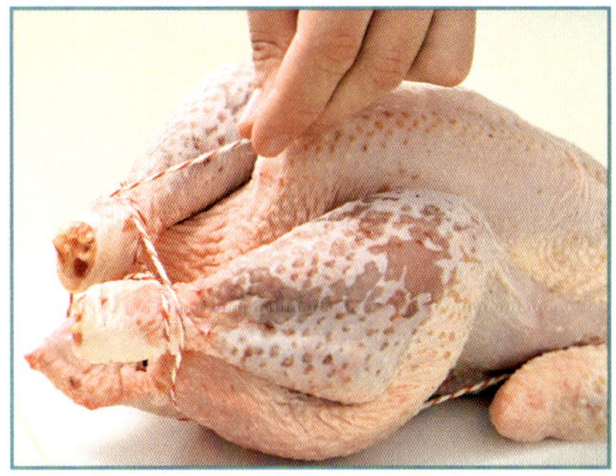

Dressieren
Gefälliges In-Form-Bringen oder Anrichten vor oder nach dem Garvorgang, z. B. Fleisch binden oder Püree mit Spritztülle in dekorative Form bringen.

Flambieren
Spektakuläres Anzünden von Speisen, die mit hochprozentigem Branntwein versetzt wurden, um zusätzliche Röst- oder Karamellaromen zu erzeugen.

Glasieren
Geschmacklich aufwertendes Überziehen von Backwerk, Gemüse, Fleisch und Früchten zum dekorativen Schutz vor der Austrocknung.

Gratinieren
Erzeugen einer gebräunten, aromatischen und knusprigen Oberfläche im Backofen bei starker Oberhitze. Am bekanntesten ist das Kartoffelgratin.

Fond kochen: Man setzt einen Fond an, indem man Zwiebeln, Wurzel- bzw. Röstgemüse, ggf. Fleisch und Knochen (oder Fisch mit Abschnitten) in einem Topf mit Wasser und Gewürzen lange ziehen, aber nicht kochen lässt. Ab und zu den entstehenden Schaum abschöpfen.

Reduzieren: Das starke Einkochen von Saucen, Fonds etc., um den Geschmack zu intensivieren.

Klären: das Entfernen aller festen Bestandteile aus einer Sauce oder Brühe, um sie glatt bzw. klar zu machen.

Binden: das Andicken von Saucen, entweder durch Bindemittel oder durch Emulsion von Fett und Wasser, das sogenannte Legieren. Häufig werden Mehl (Mehlschwitze, Mehlbutter) oder Stärke verwendet, außerdem Butter, Sahne, Eigelb etc.

Montieren: das Aufschlagen von Saucen mithilfe des Schneebesens. Oft wird dabei Butter untergeschlagen. Das Montieren muss direkt vor dem Servieren geschehen.

Kandieren
Auch Konfieren. Früchte, aber auch Rosenblätter, Veilchen oder Ingwer und Ähnliches, in konzentrierte Zuckerlösung tauchen und dann trocknen.

Karamellisieren
Zucker ohne Fett erhitzen, verflüssigen und wie gewünscht bräunen, um Röst- bzw. Karamellaromen freizusetzen. Nicht nur für Süßspeisen.

Marinieren
Einlegen von Fleisch, Fisch, aber auch Gemüse, in würzige, oft auch saure Flüssigkeit, um die Lebensmittel geschmacklich aufzuwerten und zarter zu machen.

Mehlieren
Einstäuben von Lebensmitteln, meistens Fleisch, mit Mehl bzw. das Wälzen in ihm, um sie zu panieren oder um beim Braten eine schöne Kruste zu erhalten.

Panieren
Der Klassiker: das Wiener Schnitzel. Es wird zuerst mehliert, dann in geschlagenem Ei gewendet und bekommt schließlich seine Panade aus Semmelbröseln.

Passieren
Um ausgelaugtes Gemüse, Körner oder Klümpchen zu entfernen, passiert man Saucen, Suppen und Ähnliches durch ein Sieb, Passiertuch oder einen Durchschlag.

FACHBEGRIFFE

Kleines Wörterbuch Küchenfranzösisch-Deutsch

Da die moderne Kochkunst ihre Wurzeln in Frankreich hat, ist Französisch weltweit Küchensprache Nummer eins. Hier einige der wichtigsten Begriffe mit sinngemäßen Übersetzungen und kurzen Erklärungen:

À la minute – „auf die Minute genau". Die hohe Kunst, die Arbeitsprozesse so zu koordinieren, dass alles gleichzeitig fertig wird.

Bouquet garni – „Kräutersträußchen". Man bindet verschiedenste Kräuter zu einem Bündel oder steckt sie in ein Säckchen, um Suppen, Saucen etc. zu aromatisieren und um sie später einfacher entfernen zu können.

Brunoise – „kleine Gemüsewürfel". Eine Schneideart, bei der Gemüse in ca. 2 mm große Würfel geschnitten wird.

Demiglace – „Kraftsauce". Braune Grundsauce, die so stark eingekocht wird, dass sie „halb erstarrt".

Pürieren
Zermusen von zumeist gekochten Lebensmitteln mithilfe eines Pürierstabs, aber auch mit Sieben, Stampfern etc. Der große Klassiker ist das Kartoffelpüree.

Rösten
Bei großer Hitze und in direktem Kontakt mit der Hitzequelle – ohne Flüssigkeit und Fett – Aromen und Bitterstoffe freisetzen, z. B. Nüsse, Kaffeebohnen.

Schmelzen
Zerlassen von Butter oder Schokolade bei mäßiger Hitze. Kuvertüre benötigt idealerweise Temperaturen zwischen 28 und 32 °C, am besten im Wasserbad.

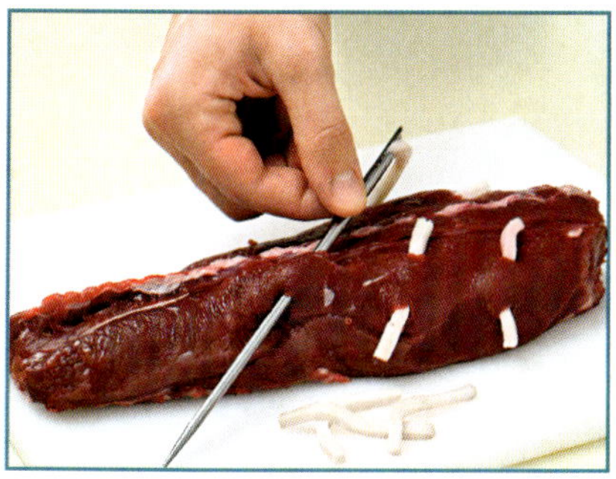

Spicken
Auch Bigarrieren/Lardieren, siehe auch Bardieren. Durchstechen von magerem Fleisch, oft Wild, mit Speckstiften, aber auch mit Trüffeln, Knoblauch etc.

Tranchieren
Zerlegen und Portionieren insbesondere von Fleisch, Geflügel, Wild oder Fisch mit Tranchiermesser und -gabel oder anderem Spezialbesteck.

Verquirlen
Flüssigkeiten, sehr häufig Eier, auch zusammen mit festen Bestandteilen, z. B. Zucker, mit dem Schneebesen oder Handrührgerät aufmixen bzw. schlagen.

Fond – „Grundlage". Die Flüssigkeit, die beim Braten, Dünsten oder Kochen von Fleisch, Gemüse etc. entsteht und die erste Basis für Saucen und Suppen ist.

Glace de viande – „Fleischextrakt". Hoch konzentrierter, dunkelbrauner, zähflüssiger Extrakt aus Rindfleisch, der für Saucen und Suppen verwendet wird.

Julienne – „Gemüsestreifen". Lange, dünne Streifen von u. a. Wurzelgemüse.

Jus – „Saft ". Konzentrierter, evtl. gebundener Bratensaft.

Mirepoix – „Röstgemüse". In kleine Würfel (ca. 2 cm) geschnittenes Wurzelgemüse mit Zwiebeln, Schinkenspeck und Kräutern. Bildet die Grundlage zahlreicher Fleischgerichte und Saucen.

Papillote – „in Backpapier". Garprozess, z. B. von Fisch oder Gemüse, in einer Hülle von Backpapier.

Supréme – „das Höchste". Bezeichnung für das Beste von Geflügel oder Fisch.